施敏洁

主编

阳明心学在日本

ZHEJIANG UNIVERSITY PRESS
浙江大学出版社

图书在版编目（CIP）数据

阳明心学在日本 / 施敏洁主编. —杭州：浙江大学
出版社，2021.6（2024.8重印）
ISBN 978-7-308-21354-7

Ⅰ．①阳… Ⅱ．①施… Ⅲ．①王守仁（1472—1528）
－心学－研究 Ⅳ．①B248.25

中国版本图书馆CIP数据核字（2021）第089725号

阳明心学在日本

施敏洁　主编

责任编辑	陈丽勋	
责任校对	高士吟	
封面设计	春天书装	
出版发行	浙江大学出版社	
	（杭州市天目山路148号　邮政编码　310007）	
	（网址：http://www.zjupress.com）	
排　版	杭州林智广告有限公司	
印　刷	广东虎彩云印刷有限公司绍兴分公司	
开　本	787mm×1092mm　1/16	
印　张	14.5	
字　数	260千	
版印次	2021年6月第1版　2024年8月第3次印刷	
书　号	ISBN 978-7-308-21354-7	
定　价	45.00元	

前言

党的二十大报告中提出:"我们必须坚持解放思想、实事求是、与时俱进、求真务实,一切从实际出发,着眼解决新时代改革开放和社会主义现代化建设的实际问题,不断回答中国之问、世界之问、人民之问、时代之问,作出符合中国实际和时代要求的正确回答"。在党的二十大精神的指引下,高校通识教育理应体现时代性的创新以作回应。

阳明心学作为重要的中华优秀传统文化思想,在国际上具有广泛的影响力,阳明心学在全球范围内的传播促进了不同文化间的交流与对话。

阳明心学的"致良知"理念强调内心的自觉与觉醒,主张通过内心反省来实现道德自觉,这与坚定文化自信、弘扬中华优秀传统文化的精神相契合。同时,"致良知"的实践精神,强调内在道德修养与外在行为的一致性,这对于推动高质量发展具有重要意义。"知行合一"理念强调理论与实践相结合,鼓励人们勇于探索、不断创新,与科技创新、经济社会高质量发展相呼应。"万物一体之仁"思想强调人与人之间的相互关爱与责任,强调人民至上,把人民放在心中最高位置,不断满足人民对美好生活的向往;"万物一体之仁"还强调人与自然、人与社会的和谐共生,与生态文明建设、共建美好家园的目标一致。

高校通识教育应加强中华优秀传统文化教育，重视理想信念教育，培养学生的国家观念和民族意识，增强学生的民族自信心、认同感和自豪感，激发学生的社会责任感和使命感。在日益全球化的今天，"万物并育而不相害，道并行而不相悖。只有各国行天下之大道，和睦相处、合作共赢，繁荣才能持久，安全才有保障"。因此，高校通识教育在增强学生民族自信心的同时应着眼于人才培养的国际化。激励学生关注全球问题和新时代人类命运共同体的发展问题。

　　作为通识教材的《阳明心学在日本》，除了加强理论学习与教育，引领大学生深入学习阳明心学与党的二十大精神的内在关联以外，还致力于促进理论与实践的结合，鼓励学生将阳明心学的"知行合一"理念运用到实际工作中，推动各项事业的发展。并通过学习阳明心学中的"致良知"理念，加强个人道德修养，提高大学生的道德水准。同时借助阳明心学的国际影响力，加强与其他国家的文化交流，讲好中国故事，传播中国声音，在"万物一体之仁"思想的指引下共同打造新时代人类命运共同体。

编者

2021 年 5 月

（2024 年 5 月修改）

目 录

第一章

日本人的心性与阳明心学的渊源

日本人的精神世界与儒学关系密切，源远流长。阳明心学受到了日本人的广泛喜爱，对日本社会的影响十分深远。

我们从日本人的领导者精神与阳明心学的关系入手，逐步学习儒学在日本的存在形式及历史意义。

一、日本人的领导观念

吉田和男在《塑造日本人心性的阳明学》一书中说过，不论是在政治界、经济界，还是在企业界，日本社会不重视培养领导人，日本民众不热衷于成为领导人，也就是说领导人弱化的社会现象已经广为人知。换言之，日本各界的领导人士不具备强大的领导能力，有能力的人不愿意成为领导者。

出现这种现象的很大原因在于日本人不愿意冒险。当领导者意味着需要承担更大的风险，自然不能吸引大量日本人投身于此。这里又必须要与日本的平等主义社会联系起来分析。所谓平等主义社会，通俗点理解，就是全民中产的社会，贫富差距较小，生活水平类似。一般情况下，领导与普通员工的收入差异很小，从经济划算、内心安逸的角度考虑，直接导致了大部分人不愿意做规划决策、苦心经营的领导，而选择做一个按部就班、服从指挥的员工。因此，在日本的企业经营中，常常出现"现场主义的立场"，意思是让身处现场的人做出判断，而不是去征求领导的指示。

日本是典型的集团主义国家，主要以基于意见一致的连带责任型体制为基础，大到国家，小到企业，似乎不需要领导也可以正常运转。因此，在日本的各个组织或团体中，重要的往往不是领导者，而是主管人。但他们做出的决定往往不是基于战略性的判断，而是考虑如何达成员工意见的一致。

相反，如果发挥强大的领导力，那就会被指责为"独裁者"，得不到众人的支持。这导致在提拔领导者的时候，往往是领导力弱的人当选，而其他人则悄悄团结起来，在保持各方平衡的基础上展开工作。这种现象并不局限于政治领域，在日本社会的各个侧面都有所体现，它迥异于欧美社会，这就是日本"派系社会"的现状。

在日本，好的领导者需要极度抑制"小我"，善于综合各方的意见，使其平衡并付诸实践。领导者的业绩更多地体现了众人智慧和团队利益，个人观点及个体光芒相对弱化。这需要领导者有高洁的品质、无私的精神，然而现实生活中高洁之士跃升领导层又谈何容易，不得不说是现实的反讽。

日本人不愿意冒险，是最近几年才出现的现象。回溯过去，日本并不存在不需要领导者的历史。在每个历史时期，都有引领时代进步和发展的关键核心人物，他们从政治、经济、商业各个方面贡献其卓越的才能。正是领导者的作用，才使日本社会不断发展到了今天。只是，相对于欧美重视领导力的培养，日本更注重培养领导者的品行，也就是说注重领导者的精神世界，更胜过其能力水平。历史上，引领社会发展的领导者都体现出强大的精神信念，正是他们引领着日本走向发展。

而在日本领导者精神支柱的确立过程中，儒学发挥了巨大的作用。即使到了现在，儒学依然作为宝贵的财富，引导社会领导者发挥其基础作用。从儒学中学习、吸收甚多的人，最终可能成为社会的领导者。

二、儒学与武士

儒学也被称作儒教，但与其他宗教不同的是，它注重"政治"。儒学的目的之一就是实现《大学》中提到的"明明德"（实现尧舜所推行的以道德支配的政治），可以说学习儒学的过程就是学习政治的过程。特别典型的例子就是在中国历史上长期存在的科举制，其功能就是选拔熟读儒学经典的人才来实施具体的政治措施。苦读儒学，通过科举考试实现在朝为官、治理国家的抱负，是古代文人的常见人生轨迹。可见，儒学更应该被视为对个人、对国家、对社会进行全面阐述的大学问。

儒学在日本的真正普及始于江户时期（1603—1868年），德川家康将朱子学导入武士阶层。日本战国时代结束后，社会趋于和平稳定，需要以"文"治世，于是当时在中国居于主流思想的朱子学被德川家康看中，在长达260多年的历史中占据了官学的位置。"花为樱花，人为武士"，在日本人眼里，樱花是花中最好，武士是人中翘楚。武士要时刻严格要求自己，让自己成为民众的典范。要成为合格的武士，其修养的核心内容就是儒学。江户时期武士阶层作为社会的统治阶层，接受了以儒学为主的精英教育，并将儒学的影响扩展到平民百姓之间。最终，儒学通过道德实现了国家治理，武士也作为社会领导者积蓄了资质。儒学的精神在幕府倒台后仍然扎根在日本社会中，不断滋养着日本人的精神世界。

明治维新后，日本向欧洲学习，改革东方式的政治经济制度。第二次世界大战后，日本引进美国式的社会制度，再一次否定了传统的思想与模式，其中儒学被认为是强制人们遵守的封建道德而逐渐淡出了人们的视野，取而代之的是西方制度。通过物质刺激来产生竞争，利用欲望而实现高效率是资本主义的基本模式。在这个模式下，领导者会为了取得巨大的经济利益而挖空心思，甚至利用职权之便获取私利。因此通过这样的方式产生的领导者，很难指望他们引领社会朝着更好的方向发展。

从历史事实看，儒学应该重新回到人们的视野中，重新发挥其"修身、齐家、治国、平天下"的积极作用，克制一己之私，重振领导者的强大作用，推动社会的良性发展。

三、儒学与日本人精神

对日本人的传统精神成长来说，儒学是无法绕过去的营养源泉。日本自德川家康确立儒学的官学地位以来，江户幕府历代统治者都着力于开展儒学教育，建立起真正意义上的教育体制。

在日本战国时代，武士们依靠战事建功立业。但进入江户幕府的安定期后，再无战事，武士想要出人头地的最快方法就是精通儒学。虽然日本在引进儒学的同时并没有借鉴中国的科举制，但是精通儒学却成为日本武士立身扬名的基本条件。在成为统治阶层后，暴力和武力无法解决社会治理的难题，于是，德川家康采用朱子学来建立全新的统治理念。朱子学提倡"新民"，即倡导通过人格教育、通过教化人民来实现社会治理。由于朱子学贯彻了《大学》的核心思想"修身治国"或者说是"修己治人"，因而被幕府作为政治手段吸纳进来。武士作为社会精英，学习儒学，加强了自身修养的积累，并领悟到了治理民众的方法。更进一步地，武士们通过学习朱子学，对自己的精神世界有了克己律己、孜孜不倦的追求。修身然后方能治人，方可谈治国。武士在儒学的滋养下逐渐成为民众楷模，精神丰盈，品行高洁。可见，对当时刚刚晋升成为统治阶层的武士来说，儒学是非常重要的心灵支柱。中国儒学在朱子学的盛行期被日本江户幕府引进，成为官学，因此日本儒学往往指的就是朱子学，这是和中国明显不同的。

在日本江户时期，除了武士在官办学校机构里学习朱子学外，普通百姓也可以在"寺子屋""手习指南所"等民间机构中接受儒学教育，他们以《论语》等儒学经典为教材，学习读书、习字、打算盘，这对日本儒学普及起到了相当大的推动作用。得益于此，当时日本的民众识字率高得惊人，在全世界名列前茅。于是，通过教育，儒学在日本全民的精神世界中扎根下来。

日本人的精神世界主要由神、佛、儒三大泉流汇集而成，其中佛和儒都是舶来品，神道为日本本土宗教。日本人是以神道这一自然宗教为基础而形成其精神构架的。而"神道"，是非常难以定义的。神道没有特定的教典，也没有特定的教祖，对日本人来说，加入家附近的神社，祭祀同一个氏族神是极其自然的事。在过年、结婚等日常生活当中，日本人都与神道保持着密切的联系。

神道的基础认识是，因为自然与人是一体的，所以神与人也为一体。神道是多神教，实际上每个人也都可以成为神，还可以为特别优秀的人修建神社。神道思想与佛、儒融合后，日本人的精神得到了进一步的发展。佛教给日本人的精神中加入了无常的理念，而作为武士的思想，儒学则追求"明明德"（道德支配的社会），从而形成了能领导民众的社会秩序建构者的思想。神道的精神主旨——"祓禊信仰"（类似于中国的除灵、去秽的法事，但日本神道除了追求形式上的法事，更注重心灵的净化），主要追求"高洁的生活"，儒学中"善为人之本"的教诲，佛教中"真为人之本"的思想，这些最终都融入到日本人的精神中。

原本"精神"这一词语，与"心""魂"具有同样的含义。从字义来看，"精"是由表意的"米"字和表音的"青"字构成的，"青"字的意思是清洁，合起来就是选米并加以清洁的意思。这象征着纯粹、细微和致密，后来衍生出精神、精灵的意思。而"神"则是由表示祭祀对象的"示"和表音的"申"构成的。"申"的意思是"震"，形容打雷时的声音。来自天的雷声即天声，即为神。由此可见，"精神"这个词语表示的意思是纯粹性和上天的意志。而儒学中的"天理"可以理解为遵从天的意志而推行政治的意思。因此，"精神"这个概念与国家政治有密切的关联，后来发展成广为人知的国民精神、民族精神等表达方式。

四、儒学思想

在介绍阳明心学在日本人的精神世界中到底发挥何种作用之前，作为预备知识，我们先来整理一下儒学及阳明心学的相关思想。儒学当中，四书五经（《论语》《孟子》《大学》《中庸》《周易》《诗经》《尚书》《礼记》《春秋》）被奉为经典。但对于朱子学和阳明心学，即所谓的新儒学来说，《大学》是最重要的教材。此书阐述了"缘何做学问"的问题，无论是宋代的朱熹还是明代的王阳明，都将《大学》奉为最重要的书目。此书明确了儒学的目的是通过学问来拯救人民，并教导我们人该如何活，如何端正我们所创造出来的社会。

在《大学》中，开篇阐述：

大学之道，在明明德，在亲民，在止于至善。

也就是说，做学问的目的是要将明君尧舜及周朝所推行的"为政以德"在现实的政治中加以实现。并且要亲爱人民，让社会维持在"全然的善"的状态。另外，学问还应推及大众，其最终目的是"善"，也就是道德支配的理想状态。

江户时期在官有朱子学，在民有阳明心学，新儒学深深影响了当时的武士阶层及普通民众。儒学与政治不可分割，并且以救济大众为最终目的，以"为政以德"为目标来构筑社会秩序体系。王阳明也反复强调，与佛教、道教等其他宗教不同的是，儒学不仅仅是单纯的个人救赎，还是心怀天下的学问。

《大学》明确阐述了实现理想社会的具体方法：

古之欲明明德于天下者，先治其国。欲治其国者，先齐其家。欲齐其家者，先修其身。欲修其身者，先正其心。欲正其心者，先诚其意。欲诚其意者，先致其知。致知在格物。

将上文进行整理可得追求学问的先后顺序如下：

格物→致知→诚意→正心→修身→齐家→治国→平天下

个人的理想抱负，可以按这个顺序来追求和实现：通过研习学问，明白什么是人所必须知晓的，以此再去思考，就可以让意念变得真诚并能端正内心。具备端正的心态，可以成为优秀的人物；成为内外兼修的优秀人物之后，就能够正确地维持家庭的运作；积累了维持家庭良好运转的经验，进而就能够统治国家；国家治理有序时，世间才会变得和平、和谐，从而才能实现由道德支配的理想社会。《大学》指引有志之士从做学问开始，然后通过自身修养来实现国家治理。学习的目的是通过完善自我人格，进而向天下万民展示"德"。在实现理想社会的过程中，不仅要求君子有其操守，更阐述了包括普通大众在内的所有人的生活方式。可以理解为学问不仅是君子的事，更是所有人的事；只有成为万民的学问，才能引领人们成功创建理想社会。可见，《大学》体现了学问的平等性和广适性，人人都需讲学问，人人都应做学问，人人都能有学问。

五、朱子学与阳明心学

在日本人的理解中，朱子学就是儒学，但实际上，必须认识到儒学本身是丰富多彩的。就差不多同一时期传入日本的新儒学而言，应该全面客观地看待朱子学和阳明心学的存在。《大学》是朱子学和阳明心学都特别重视的儒学经典，关于书中"格物"一词该如何理解，是朱熹和王阳明争论的要点。朱熹认为"格"就是"至"，"格物致知"就是"至物致知"，意思就是只要正确学习现象和概念，抓住事物的本质，就能够具备知识。"格物"就是穷究真理的"穷理"，应该认真学习。

与之相对，王阳明认为，"格者，正也，正其不正以归于正之谓也"。就是说"格物"的意思是将事物中存在的不正确之处改正过来，使其回归正道。王阳明进一步指出，"格物如孟子'大人格君心'之格，是去其心之不正，以全其本体之正"。孟子认为，大人能够刚正不阿地去端正君主的思想，王阳明就是用孟子的表述来解释"格"的意思。当时朝廷官员的责任就是劝谏君主，王阳明自身就是在批判宦官时遭到了不公正的待遇，被贬龙场。批判宦官，也是为了劝谏君主，这正是格物的体现。与端正君主的思想类似，去除自我心中的不正也是对自我的端正，这就和《大学》中"格物"的意思相同。

王阳明指出，"无时无处不是存天理，即是穷理。天理即是明德。穷理即是明明德"。无论何时何地，都应该让内心保持天理，这才是"穷理"（穷究真理）。王阳明认为天理就是明德，而实践穷理就是"明明德"。他认为，"格物"与朱子的"穷理"

及《大学》中的"明明德"是一体的。他主张，"格物"是端正自我，以此达到"明明德"的境界。他认为可以通过端正社会来"致知"。如此一来，意念就会变得诚实，心也端正起来，从而实现修身，最终走向齐家治国平天下的境界。从整体来理解从格物到平天下的过程是王阳明思想的特点，也是稍显艰深之处。在王阳明看来，穷究"万物的理"并不重要，重要的是努力"让万物达到应有的状态"。换言之，重要的不是"追求理"，而是"实现理"。从结果上看，朱熹和王阳明对《大学》的解释互为对立。

朱子学和阳明心学孰是孰非？朱熹和王阳明两者处于不同的历史时期，当然不存在直接论争。明代的王阳明通过批判宋代朱熹的形式，确立起了阳明学说。朱子学和阳明心学，在儒学的广阔天地中，做出了不同的演绎。朱子学有其合理之处，先做学问，然后明确事物的道理，进而致知的逻辑过程是非常自然的。读书明理、人格高尚，自然有利于齐家、治国，最终实现以道德支配的社会，天下大安。这个过程完全没有问题。当时的读书人也大多以此为模板，学习四书五经，通过科举考试入朝为官，从而施行善政。这个思维模式和实施流程流行了上千年，但王阳明从新的角度解释儒家经典，实现了儒学发展的新阶段。

《论语》有言："学而不思则罔，思而不学则殆。"学习固然重要，但如果是没有思考的学习则毫无意义；而一味思考却不学习，也是非常危险的。做学问的过程中，学习和思考两个方面都不可偏废。从孔子的这句名言来理解朱熹和王阳明的论争，就会发现朱熹更强调对学习的重视，强调"思而不学则殆"。但是如果只是学习，却不去端正社会中的扭曲和不正，那学习的意义何在呢？因此，王阳明从"学而不思则罔"的角度出发，指出"格物"是端正乱世的治学之法。王阳明自身的经历和性格，就是从实践上证明了"端正社会"的重要性。

朱子学将做学问的过程分为几个阶段，几个阶段呈阶梯式递进，相互之间有很深的关联。由于朱子学比较容易理解和操作，因此几百年来被奉为经典。而阳明心学把从"格物"到"明明德"看作一个整体，更加突出对实践的重视。在日本人的理解中，朱熹是"从理出发的探索"，而王阳明却是"从情出发去追求万物一体之仁"。王阳明认为所有都是一体的，只要行动起来就能成为拯救民众的领导者。

阳明心学中最受日本人喜爱的"万物一体之仁"思想，指的是世间万物成为一体并且相互关联。不仅是人类，动物与草木瓦石也同为一体，万事万物的心是联系在一起的。由此而产生的平等主义是非常受日本人欢迎的。阳明心学在日本盛行的原因也在于对人不加分别，平等对待。王阳明的魅力就在于人的品性，以及对世界进行"万物一体之仁"的实践。"万物一体之仁"要求领导者心系百姓，并在施政中努力实现"仁"，阳明学徒们力争成为这样的领导者。

朱子学被德川家康作为儒学主流引进日本，成为官学，而阳明心学基本上都是在野私塾的学问。在日本，朱子学引导人们追求"道理"，努力形成人格并且掌握"修己治人"，而阳明心学则引导人们追求高尚的自我行为方式与良好的经济、社会运行状态。阳明心学展现出王阳明的独特魅力，文武双全、才能卓越、心系天下的王阳明受到了诸多武士的认同和崇拜。

● 思考题

1. 成为领导者需要哪些能力？请列举你认为最重要的三条。

2. 结合本章的学习，你认为在现代社会中应该如何运用朱子学和阳明心学？

3. 如果领导人培养方式可以分为以儒学为主的东方式和以经济刺激为主的西方式，你怎么看待这两种方式？

4. 做学问能达到什么目标？选出你的答案（多选题）：＿＿＿＿＿＿＿＿。

A. 拯救人民

B. 完善自身

C. 建设社会

D. 提升生活

E. 保护环境

F. 其他 ＿＿＿＿＿＿＿＿（请补充内容）

5. 你心中的理想社会是怎样的？

6. 如何处理"情"与"理"，才能让我们大学生学习更加愉快，生活更加轻松？

第二章

江户早中期的阳明学者

第一节 阳明心学传入日本

一、阳明心学传入日本的路径

如图 2.1 所示，王阳明创立的阳明心学，经过几代日本学者的努力，在日本形成了独立学派。

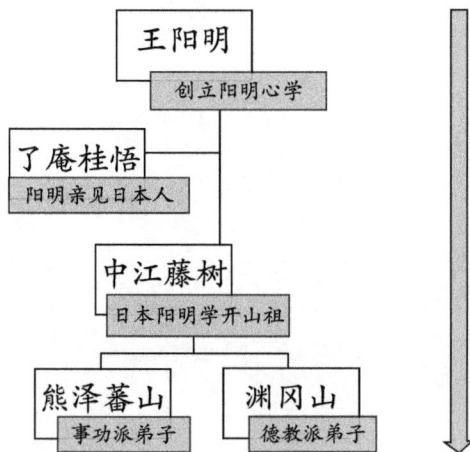

图 2.1 阳明心学传入日本的人物关系

（一）王阳明与了庵桂悟的亲交

在日本，出现阳明学者是 17 世纪中期以后的事。但是，早在室町时代就有日本人与王阳明有过往来。日本历永正七年（1510 年），日本禅僧，五山大老之一了庵桂悟（1425—1514 年）以 85 岁高龄，奉室町幕府将军足利义澄之命出使中国，因遭逆风而未完成出使任务，于是在永正八年（1511 年）再次登陆，抵达北京。在贡献方物达成使命之后，明武宗（朱厚照）慕其高龄，命其在宁波阿育王山广利寺小住，并赐以金澜袈裟。其间，了庵常与当地的文人墨客相交往。中国历正德八年（1513 年），王阳明与门人徐爱等游四明而经过宁波时，曾会见了庵。同年五月，王阳明听说了庵桂悟即将东归，乃作《送日本正使了庵和尚归国序》相赠。此序没有被收入《王文成公全书》，却被载入日本的有关典籍，如师蛮《本朝高僧传》、伊藤威山《邻交征书》、斋藤《拙堂文话》及伊藤东涯《嗑钗录》等，赠序之真迹原本藏于山田祠官正阜人家，后辗转流传至旧摄津三田藩主九鬼子爵家，如今藏于日本三田博物馆。

日本学者非常重视这一史实。井上哲次郎称："桂悟亲与阳明接触，为哲学史上决不可看过的事实。"川田铁弥在其论著《日本程朱学之源流》中认为："如桂悟禅宗之外，兼传程朱之学余姚之学，论知行合一之义，为日本王学倡导之篙矢，其在斯人乎！"武内义雄在其《儒教之精神》中则直接指出："日本阳明学之传，从了庵桂悟开始。"然而，桂悟回国后第二年即谢世，恐怕当时桂悟不可能为阳明心学的传播做出更多的贡献。但是，桂悟与阳明亲交，阳明作序相送这段佳话，实是日本与阳明心学接触之开始，也可算作日本阳明学派的渊源。

（二）《传习录》等书籍影响

尽管 17 世纪中叶以前日本尚未出现阳明学者，但根据日本学者柴田五郎的研究，在日本最早的《传习录》版刻有自庆长至元禄年间禅僧丹后的昙首座版刻的文献，中江藤树门下之子孙所传的《传习录》有"庆安参仲秋风月宗知刊行"的字样，其他均未明记刊行的日期。但从各种材料推测，王阳明的文录、文集、则言、《传习录》等，均是在 16 世纪中叶的"后五山僧侣"时期传入日本的。当时大批的禅僧、医生和朱子学者都怀着对一门新学问的好奇而广泛地阅读王阳明的书籍。如日本朱子学派始祖藤原惺窝和林罗山都明显受到过阳明哲学的影响。但这时尚未演变为日本的阳明学派。

作为一个学派，日本阳明学的创立则是从中江藤树开始的。

（三）日本阳明学的创立

日本阳明学的创立者是中江藤树，因常在藤树下讲课，被尊称为"藤树先生"，也称"近江圣人"。37 岁时，他购得《阳明全书》读之，潜心于阳明著作，完全转向阳明心学，他亲书"致良知"（见图 2.2）三个大字，揭于楣间，并使其门人皆攻读《阳明全书》。

图 2.2　中江藤树手迹"致良知"

中江藤树作为一名阳明学者，虽未重复王阳明"心即理"的命题，但与王阳明一样，认为"心"是万物本体，他说："心，统体之总号，太极之异名也。合理气，统性情……其大无外，其小无内。"因此他也就当之无愧地成为日本阳明学的始祖。这也说明，王阳明的思想首次在日本开出了真正的花朵。

（四）其他日本阳明学者

日本的阳明学派在中江藤树开创之后，大致可分为两派。

一派是具有强烈内省性格的德教派（一说存养派），如渊冈山、梁川星岩、春日潜庵等人，以渊冈山为中心，忠实地继承了藤树的思想。

另一派则注重实践，是以改造世界为己任的事功派，如熊泽蕃山、大盐中斋、吉田松阴等人，其中有领导都市平民起义的（为大盐中斋），也有幕末志士（如吉田松阴）。

二、日本阳明学派的历史发展进程

从历史发展的进程看，日本阳明学派大体上呈马鞍形。

第一次高潮以日本阳明学元祖中江藤树和他的弟子熊泽蕃山为代表（前期阳明学），熊泽蕃山死后（1691 年）即进入沉寂阶段，近百年没有出现具有重大影响的阳明学者。

江户时代（又称德川时代）中期，三轮执斋（1669—1744 年）在友人家中偶然得到《传习录》，读后就舍朱而归王。但他所任职的藩主并不支持阳明心学，于是他就辞职回家，专心倡导日本阳明学的复兴。三轮执斋撰写了《日用心法》和王阳明的《四句教讲义》，并在正德二年（1712 年）翻刻王阳明的《传习录》。在三轮执斋活跃的时代，政府有令禁止阳明心学的传习，但对阳明心学信奉笃深之士并未因此而放弃，其中尤以三轮执斋的功劳最大。他宣传阳明心学，与朱子学进行对抗，做了很多奠基性的工作，但终未形成日本阳明学的中兴，只可看作过渡期。

直到 18 世纪末 19 世纪初，即江户时代后期，阳明学派才再度勃兴，形成了继古学派之后与朱子学相抗衡的局面。

● 思考题

1. 在阳明心学向外传播的过程中，你觉得哪些条件是助其成功的因素？

2. 阳明心学传入日本后，经历了较长的发展历程和曲折的命运沉浮，其中最重要的是各位阳明学者的突出贡献，那么你最想了解的是哪些方面的内容呢？请从以下选项中至少选择三项内容：＿＿＿＿＿＿。

A. 人物生平及经历

B. 人物逸事

C. 思想学说

D. 讲学著书

E. 社会实践经历

F. 后世影响

G. 其他＿＿＿＿＿＿＿＿（请补充内容）

第二节　中江藤树的文武兼修

一、生平简介

中江藤树（见图 2.3）（1608—1648 年），本名为原，字惟命，同称与右卫门，号默轩，又号颐轩。因讲学于藤树下，世称藤树先生。藤树被尊为日本阳明学的"开山祖师"。他是一位品德高尚的儒者，享有"近江圣人"之美誉。他"孝敬父母"的言行被记载在日本小学的道德课本中。藤树曾经背着母亲步行，以这样的言传身教的方式向孩子们展现"孝"的重要性。

图 2.3　中江藤树像

藤树出生于近江国（今滋贺县）小川村的农民家庭，父亲名吉次，母亲被称为小川氏。幼年成长于农村，但藤树丝毫没有沾染周围粗俗卑下的风气，从小表现出非凡的资质。藤树父亲与祖父性格不合，且父亲本人也不喜欢武士生活，祖父吉长作为武士，为了让自己的身份后继有人，在 69 岁那年不顾藤树父亲反对，把九岁的孙儿、家中独子藤树带到身边作为养子来抚养，并一起生活了六年。九岁离开家人的藤树成为在米子藩担任武士的祖父的养子。从此开始跟着祖父学文识字，其才能常常让周围人叹服。第二年，藤树移居伊予（今爱媛县）大洲藩。11 岁时开始学习《大学》，以此为契机树立起人生志向：努力学习，以学问接近圣人。12 岁时从餐桌开始处处认真体会父母之恩、祖父之恩、君主之恩，并片刻不敢忘其恩，日日省思。

15 岁那年祖父去世，藤树正式继承其武士身份，开始在大洲藩入职奉公，担任"郡奉行"这一藩务要职。18 岁那年收到父亲去世的讣告，藤树痛不欲生，迫切希望回到故乡操持葬礼，但由于身份及工作的因素，终未实现。藤树作为百石俸禄的武士，家中的家臣也是为数众多的，一个十几岁的孩子要管理这么大的家，其压力也是常人难以想象的。这种环境也许是造成藤树神经质性格的原因之一。藤树外表严厉内心却很脆弱，他不能容忍任何小小的错误，包括自己的过错。他白天要和其他人一起练武，到了晚上就要避开别人的眼睛去读书。有时他因为自己犯下的小小过错就寝食难安，纠结状态甚至会持续一个多月。就连窗外的细微动静也会使他从梦中惊醒，这种状态让他的生活非常压抑，使他总是找不到自由呼吸的出口。27岁时，因为藩内纷争不断，自己身体状态不佳，再加上母亲身体有恙，藤树向藩主请辞却遭到拒绝。但藤树念及母亲在家无人侍奉，独居乡下，实在不忍。曾经尝试接母亲来大洲，但母亲不愿远离家乡。于是藤树顾不得大好前程，立即变卖家具退返俸给，毅然决定离职脱藩。当时正值江户时代开始不久，脱藩者常常会受到追查。因害怕被藩主追捕定罪，藤树没有直接回家，而是暂时躲居在京都好友家，谨慎观察三个月，等风头过去后才得以如愿回到故乡。

藤树在27岁时脱离大洲藩，其表面原因是，要奉养在故乡寡居的母亲。归乡后，藤树以零售酒水来维持生计。然而，在回到阔别近20年、令人怀念的家宅之后，藤树不分昼夜，一有闲暇便卧床酣睡。在调养生息中度过了回家后的第一年。藤树的疾病源自藩内孤立与同僚不和，是一种神经过敏焦虑症、自主神经功能失调症、失眠症、自我厌弃感等混合交织在一起的神经症。面对自己的境遇，藤树意识到，脱离现实的世界及自身的真实，盲目地追求理想是危险和愚蠢的。而要重振失意的人生，就需要有一种冒死脱藩的大动力。回到故乡后的踏实及自由，让之前的冒险脱藩显得非常值得。

在流行早婚的时代，藤树却到30岁才迎娶高桥久，与其结为夫妇。可见他严格遵守朱子学"三十而有室"的教诲，并且拘泥于形式到达何种程度。因高桥久样貌丑陋，藤树的母亲十分不喜欢，令其离婚，但藤树说新妻虽然外表不美，但她聪明性格好，贤惠心善良，再加上"朱子学中无此礼法"，没有服从母亲的意志。可见藤树提倡的"孝"并非无条件服从父母的"愚孝"，而是合乎人情事理的理性之"孝"。

藤树在近江，远离武士生活，在经营酒家的同时开设私塾，一边照顾寡母起居，一边与门人一起钻研学问。藤树在开设私塾10多年间，培养了熊泽蕃山、渊冈山等多位知名学者。因病逝世时藤树年仅40岁，与阳明心学接触不到五年，还来不及将阳明心学放到更广阔的领域进行实践，实属遗憾。

二、追求学问

在学问方面，严于治学的祖父是藤树的启蒙老师。11 岁时，藤树开始读《四书》之《大学》，感慨于"自天子以至于庶人，壹是皆以修身为本"。他小小年纪就深感从天子到庶民都要以修身为本，修身之本在于圣人之学，而圣人之学必须学，不学不会。中江藤树从 18 岁开始专心攻读主张众人皆可习儒以成"圣人"的朱子学，独自发奋钻研。然而当时的社会风气是，武士中间遍是蔑视求学之人，以学文为软弱，藤树如饥似渴地读圣贤之书的行为，遭到周围人的毁谤。为了避免麻烦，藤树不得不白天藏起书本，在同僚熟睡之深夜起身读书。22 岁的某一天，痴迷于"圣人"学问的藤树因被同僚轻浮地戏称为"孔子大人"而大怒，厉声呵斥道："尔醉乎？孔子岂非逝于两千年前乎？""尔文盲、奴仆也。"骂至对方道歉为止。藤树以礼法自居，常拘泥于形式。主张"士而无文，与奴仆何异"，严格求道，极力遵守格法。到 23 岁时逐渐达到了朱子学的境界。

27 岁脱藩后，藤树逐渐发现，一直以来自己严守格法，言辞及处世都按朱子学教诲，却越来越感觉到规则与标准的僵硬和不合时宜，在生活和工作中遇到的难题及困惑大多不能从朱子学中找到解答，于是开始对以往追求的学问及思想进行反思，对朱子学的信仰产生了动摇。

33 岁时开始读《孝经》和《性理会通》，对其内容产生了强烈共鸣，开始每天祭拜皇上帝。是年开始撰写其代表著作《翁问答》，讲述作为一名武士应有的行为方式与处事原则，以对话的形式对自己的思想及观点与弟子进行探讨。这年冬天，藤树读到了《王龙溪语录》，才开始真正意义上接触阳明心学。

37 岁那年藤树在书店看到《阳明全集》却无力购买，慨然解下佩刀与店主交换，从此舍弃朱子学，投向阳明心学，用他本人的话说："读此书后，诸多问题可以得到印证，我心甚悦。其学也可精进。"可见此书对藤树思想起到了巨大的革新作用。能够得到《阳明全集》是"受到了上天的恩惠，也是一生中的大幸"。藤树已经完全为阳明心学思想所倾倒，并自称为阳明学者。他实践阳明心学的时间很短暂，但他的思维方式和处世之道本身就是阳明心学的典范。他的做法引起了众多弟子的共鸣，并得到了广泛传播。

藤树学习阳明心学后的心情有多畅快淋漓，从他下面的文字中可以窥见一二：

"比照得学后之心，往昔甚为不可及也。懊悔矣，过昔不知是非，恣意于当下一念。何事皆为游戏之世中，以之为苦之人，悲惨之至。良知者，如岩间之苔筵，比之愉悦之事无也。"这里，藤树毫无掩饰地表达了学习阳明心学后的喜悦之情，即"忆及为学前昔日之自我，顿觉毛骨悚然。的确，投身学问乃一大快事也"。他咏叹自己沉浸朱子学时期的痛苦经历，更突出了阳明心学于他的巨大意义，让他的人生从此更加光明起来了。

藤树在短暂生涯中，治学勤勉、著作颇丰，罗列如下：《易卦图》《翁问答》2卷，《孝经考》《孝经讲释闻书》《孝经启蒙》《附点孝弟论》《鉴草》6卷，《假名书写孝经》《古本大学全解》《古本大学旁训》《五性图说》《四书考》《四书合一图说》《首经考》《捷径医筌》6卷，《神方奇术》《大学解》《大学考》《大学启蒙》《大学朱子序图说》《大学序说》《大学蒙注》《中庸解》《中庸续解》《持敬图说》《知止歌小解》《藤树先生精言》1卷，《读四书法》《文集（文、诗、书、杂著）》《文武同答》1卷，《明德图说》，以及《论语解》《论语乡党翼传》《倭文集（倭歌、倭书）》。可见藤树除了对儒家经典进行文字解读外，还以图解的形式进行普及推广，以便让庶民都可理解和接受。此外，还可发现几部医学相关著作，这是藤树回到近江后，为了生计学了易学和医学，做乡村教师兼乡医的缘故。藤树被当地百姓爱称为"近江圣人"，除了因为他孝敬母亲的善行之外，也因为他作为医生仁心仁术、治病救人的贡献。

然而，藤树身处封建时代，身份固定，行动受到诸多限制。儒者追求"修己治人"，而对于私塾教师藤树来说，偏安地方一角的教学生涯，明显欠缺外向"治人"的契机，被限制在内向"修己"的层面。其高足熊泽蕃山曾以"未熟"来形容藤树的学问，其原因即是藤树思想仅局限于"修己"一个方面。藤树去世后，他在消化中国儒学基础上构建的日本藤树学，由蕃山在思想和政治层面进行了深化与发展。这包括藤树的"孝"之实学、文武合一之士道（儒学式武士道）、谦虚之德，以及"时、处、位"论——"礼仪作法须应时、应地、应人而异，切忌不知变通"等思想。藤树的代表性学说经过弟子们的传承，得到了发展和传播。日本的阳明学思想逐渐发扬光大，并且在诸多领域进行了实践探索，取得了日本式的发展和应用。

三、思想特征

藤树认为，无论多么伟大的理想和学问，如果与周围产生隔阂，与自身相抵触，就绝不是圣人之道。他37岁时对朱子学的方法论产生了怀疑，在获得《阳明全集》后为之惊喜不已。藤树指出，学问必须心、事（理想与现实）一致，即务必是"明德亲民"（知天赋灵明之心的作用，亲人爱人）的实学。"良知"这一精辟的用语，就实践性地诠释了其所追求的明德亲民之学问。

藤树的学问源自朱子与阳明，其核心是关于"孝"的实学。所谓"孝"，本意是指奉养双亲的本能之爱。与此同时，藤树认为，万事万物没有不属于"孝"的范畴的，"孝"是宇宙的普遍现象。我们不只应对父母尽孝，还要追溯本源，对祖先、天地也要尽孝。"孝"可以扩展至敬爱万民及"天地万物一体之仁"。

藤树对"孝"的解释非常形象有趣。他认为，从象形的"孝"字中就可以发现这样一个真理："孝"就是老与子的关系。如果"子"在"老"的旁边，就是一种对抗和不顺，是不孝；如果"老"在"子"下，就是逆而不顺，也是一种不孝。因此，"老"在上、"子"在下才是顺理成章之事，就是象形，也就是说，"孝"来自事物本身存在的样相中。"老"喻指面向死亡的老人，与之相对，"子"被形象化为面向生存的幼儿。使"老"和"子"统一并同时产生的力量是"孕"，"孕"是一座桥梁，连接"老"与"子"两代人。这既是一种上下连接关系，也是一种相生关系。因此，天地是"老"，生于天地之间的万物是"子"；父母是"老"，孩子是"子"。总之，山河大地，禽兽草木都有雌雄，胎孕虽各不相同，但是共同点就是生者称为"老"，受生者称为"子"，这种"老与子"的关系就是一种"孝"。万事万物没有不属于这种"孝"的，"孝"是宇宙的普遍现象。总之，"孝"承载的是天地万象的相对关系，同时也包括了向天之"老"与向地之"子"，即死与生、天与地、阴与阳等相反二极。依此类推，作为儒学根本原理的"修己治人"，如果能同时实现内向"修己"与外向"治人"的两极，那在两极之间的动态中期待"自我"的成熟及王道乐土的实现，也能纳入"孝"的践行范畴。

四、思想影响

中江藤树的学问及教育实践在当时影响了社会的各个阶层，日本民间流传着这么一个故事：

有一次藤树深夜从郊外回家，半路遇到了一伙强盗，他们抢了藤树的财物，还想抢衣服和佩刀。藤树临危不惧，打算拔刀与强盗拼了，并报上了自己的姓名。谁知强盗听后立刻放下了武器，并且拜倒在地，说："在我们这个地方，就算是个孩童，也都知道藤树先生是圣人，我等虽然靠打劫为生，但也不能抢劫圣人。望先生能原谅我等不知之过！"藤树回答说："人谁无过，过而能改，善孰大焉！"并且当场劝说他们要知行合一，强盗们听后感激涕零，全部洗心革面，做了良民。

强盗们听了藤树一席话，是否真的就能改邪归正，其真实性值得怀疑。但强盗一听是圣人之名，立刻就放弃了抢劫，可以说明藤树在当时的日本影响之广。

中江藤树的思想体系对后世的日本影响很大。而他的孝道思想也因其理论上的独特性和他的躬身践行，在日本孝道历史上绽放异彩。这主要是因为他把孝道理论由传统的伦理道德意义，拓展到了孝的本体论。其精神实质可以用"全孝"来加以概括。具体地说，表现在以下三个方面。

其一，伦理性。以"爱敬"为主要内容，"爱"是"亲"的意思，指爱天下之人；"敬"是敬上，意思是不能鄙视他人。合起来表示在与人的交往之中，要爱人、敬人。而此种"爱敬"之心，始于爱父母、孝顺父母的赤子之心。

> 爱亲者，不敢恶于人；敬亲者，不敢慢于人。爱敬尽于事亲，而德教加于百姓，刑于四海。
>
> ——《孝经》

父母的位置比其他任何人都更重要，是"孝"的源头。作为子女首先要对父母尽孝，然后再将此孝心扩展开来，成为对其他人群的道德之心，对其他人也应持有敬爱之心，不敢怠慢。虽然《孝经》中认为人有天子、诸侯、卿大夫、士与庶民之分，但藤树认为，不管何种身份之人，因为各自所属的领域不同，职业有异，他们的孝行呈现出大小高下之分的表象，但实质上所有人具备的孝德是一体的、平等的、无差别的，不分高低尊卑的。

天子（在日本，对应的是天皇）的孝行就是向天下明示孝德，具体表现包括重视贤才，任人唯贤；并且通过各部门贤才的工作，让国家运行顺畅，让百姓安居乐业，使天地间充满真正的孝德，敬爱万民。

诸侯（在日本，对应的是大名）的孝行就是向国家明示孝德，推进国政有节有制，不偏不倚；敬重老臣、体恤臣下，臣子之间齐心协力，承担起国家委任的职务，行政工作坦坦荡荡，杜绝徇私舞弊；怜爱百姓，抚恤鳏寡孤独群体，以臣民喜欢的方式发展国家经济政治，协助君主推行清明统治。

卿大夫（在日本，对应的是臣子）的孝行就是在履职中明示孝德，正心修身，率先垂范，谨小慎微，为君为国而不计较个人利害，平时为保安泰殚精竭虑，战时作为大将身先士卒，英勇冲锋，为保卫祖先事业及百姓家园而不顾个人安危。

士（在日本，对应的是武士）的孝行就是无二心，宁可舍弃自己的利益乃至生命也要敬爱君主，严守职责，建立功勋。面对事务灵活应对，言辞柔和，言行符合义理，通晓社会礼节，在军事方面勇敢机警，无愧于自己的职位。

庶民（在日本，对应的是百姓）的孝行就是认真劳作，勤勤恳恳，懂得积蓄，善于节俭，身心谨慎，敬畏公权，遵守法律。在家中爱敬父母先于爱护妻儿，让父母欣慰，家庭和睦，并言传身教让孝德代代相传。

"孝"是非常自然的伦理，存在于万事万物之中，儒学也是以此为基点，并且广泛地将其作为伦理的指导原理。在中江藤树的思想中，"孝"是一切的开始和源头，是生成万物的"太虚"。对于作为封建武士的他来说，如此明确地将"孝"作为一切的出发点是非常宝贵的，因为如大家对日本文化的了解一样，武士社会往往更加强调"忠"，对武士来说"忠"才是第一位的，而"孝"作为家庭内部的私人品行常常不入公家之言。这也可以说是藤树的过人之处，也是他的学说能够传播甚广的原因之一。

其二，宗教性。孝之所以延伸出宗教性也是藤树孝道思想的特色。这种宗教性源于人与宇宙之间的形而上的亲子关系宇宙观。藤树认为，人是由父母而生，而终究其根源则源于太虚（宇宙、天地的别称）。在人伦之中，孝顺父母是最基本的。那么，祭祀人类间接的父母——天（祭天）也是理所应当的。这样，就唤醒了人对天地神明的宗教自觉性。藤树把日常生活中对人的爱敬和对父母的孝顺称为"小孝"；把"严父配天"的孝行（用孝顺父母的心情来祭拜天地）称为"大孝"。藤树自己持有大乙神（即皇上帝）信仰，主张以"皇上帝"为中心的一神论。他认为皇上帝创造了万物，并决定了万物的本性；皇上帝赋予人们职务和俸禄，并赐予人们幸福。皇上帝是人格化的神。藤树每日诵读《孝经》，并且虔心敬拜皇上帝。此种行动，表现了藤树的孝道思想的宗教性。

其三，尊德性（修身性）。藤树在强调孝的伦理性及宗教性之外，还要求人们通过提高自身的修养等方式行孝。具体的做法体现为"明明德"和"致良知"。藤树认为，"明德"就是人要懂得善恶之源，要永远追求善道。按照藤树的"全孝"理论来理解，"明德"可以等同于"孝德"，"明明德"可以用"孝行"来实现。而在尽孝的过程中，最核心的是立身行道，身体力行。"明明德"的关键在于以良知为镜子，尽行慎独。也就是说要求在内心对"孝"进行自我领悟，激发起内在的天性，主动发掘自由自在的活泼的内心。人的身体发肤都受之父母，因此不能将自己当作私有的对象，自己与父母始终都是一个整体。要做到爱父母、敬父母，首先要做到尊重父母所给予的"自己之身"，触发内心的良知，以良知为参照，提高自身修养，才能不辱皇上帝赋予的天职。在日常生活中遵守秩序，尽职尽责也是符合各自身份的"孝行"。履行职责的"孝行"也是一种对父母的敬爱表现，它和服侍父母生活，遵从父母意志一样，都是尽孝的不同层面的体现。

五、中江藤树的"文武兼修"

儒学本是"文官的学问"，中国古时采用科举制考查儒学经典，选拔出来的也都是文官。在日本，藤树却从《孝经》《大学》《中庸》三经中获得启示，认为孝行、忠节、勇强等品质都是用来描述武士的，是真正的武士该受的教诲。他将儒学作为"武士的学问"加以传授，突出"文武兼修"的特色。

孝行、忠节是武士的精神，在藤树的理解中，"孝"包含了"忠"。

"文武乃车之两轮，鸟之双翼"，文武两个方面缺一不可，"行文道必由武道，武道之根在于文。武道发威不离文道，文道之根在于武"，意思是在当时全社会崇尚武力的形势下，如果习武之人不习心学（儒学），就会只知道打仗杀人，和魔头一样。文武两者相辅相成，相互成全。藤树认为，不学文的武士终将覆亡，因此文武兼修是非常重要的。不学儒学的武士是很危险的，没有儒学修养，没有人生信仰和原则，不懂义理坚守,势必容易邪心四起,所作所为也容易超出世间礼数规程。内心没有儒学操守,容易为名利所左右,难以成就仁义大勇,容易偏离武士应有的发展轨道,无法成为文武兼修的成功典范。

在治学方面,藤树和王阳明一样,都排斥"口耳之学",提倡"真正的学问"。何谓真正的学问? "真正治学,则必懂受让,以此明心修身,人间心想之事则莫有不成者也。此等有益之事与世间无多,即使略有所学,亦能相应受益。"真正的学问,必然要去除私心,坚守义理,抑制自满之心,对父母尽孝,对君主尽忠,与兄弟和谐,与友人和睦。做真正的学问,必将使自己的内心和行为焕然一新。人虽有身份高低,但学问是纯粹的,做学问不应受身份尊卑的限制,而要追求学问本来的状态并乐在其中。藤树认为,一旦投入真正的学问,就可以明心修身,心想事成,治学好处多多。

"慎独"是儒学经常提倡的修养方法,意思是在他人耳目不可及之处也要去除名利之心,时常静坐反省,摒除内心各种杂念。藤树认为,慎独的根本在于良知。依照良知修行才是正道。良知人人都有,属于出生自带,与学识高低无关。回到他的"全孝"思想来,良知最根本的意思是自孩提时代起就敬爱父母的最初善念。也就是说在无人监督的情况下,要时刻反观内心,是否保持着始终如一的善念和孝德,这是治学的一部分。而将良知与"孝"相关联是中江藤树思想的独特之处。他倡导的是建立在以"孝"为轴心的道德基础上的"文武兼修"思想。

六、中江藤树对阳明心学的吸收

关于儒学中强调的"存天理,去人欲",藤树的理解也有不同之处。他认为升官蓄财也不能就说是贪欲,弃官舍财也不能就说是无欲。如果行为违背天理就该称之为"欲",是要去除的;如果行为合乎天理就可以称之为"无欲",可以保留。简言之,是否蓄财、是否升官不能一刀切,重点是要判断其是否顺从天理,再决定是要"存"还是要"去"。并且藤树认为应该活用现实中的"欲",这是他对儒学的日本式解读。日本人普遍信仰的神道教即是自然宗教,是以"自然"为轴心的思维集成。而藤树指出,其实"欲"也是自然的存在,而自然的欲并不是恶欲,不应该一味地去除,若能善加运用,将有良好的社会效应。

王阳明的义利观认为,义不是一成不变的"格套",而是建立在现实经验基础上的社会存在。只有务实地思考、具体地对待，才能使"义"适应现实的需要，符合时代的要求。从重义轻利转向义利两全的阳明心学义利观，在日本近代武士道精神的转化过程中发挥了重要作用。

藤树没有全盘接受儒学，而是在儒学当中寻求"武士之心"。"以儒学为手段，坚守武士之道。"在日本，像藤树这样以日本的传统为基础，通过输入学问而强化自身立场的做法才是"传统的"。阳明心学是从中国传入日本的，那与日本本土宗教神道教之间是否冲突？为了解决这个问题，藤树从阳明心学倡导的"万物一体之仁"的角度，将神道和儒学结合起来同等对待。藤树认为，神道包含了一切天神人物，神道的仁慈普降于万物，是神道之仁；而儒学中提倡亲亲、仁民、爱物，要求做到孝敬父母、仁慈民众、爱护事物，对天地万物持仁爱之心，是儒学之仁，两者相同之处即可归纳为"万物一体之仁"。不过稍有区别的是，武士按照神道的精神去行使武力，在日本神道中也为仁。

藤树作为一名武士引进阳明心学，使日本人得以大范围地学习和吸收阳明心学，究其根本也是因为日本人的民族性中原本就有与阳明心学思想相通的东西。藤树以"良知"为轴心展开说教，其魅力也在于其授课不仅针对武士，也接纳农民、商人等，大家不再受身份的限制，只因为对学问的追求而共处一室，在学问中找到共鸣，在学问中实现平等，也体现了藤树教育中对庶民所抱有的"万物一体之仁"的情怀。

中江藤树虽然被尊为日本阳明学的开山祖，但是在作为一个儒学家之前，他首先是一个武士。在他以武士身份活跃于职场的年代，德川幕府的统治刚刚确立，武士阶层的行为方式和人生目标也没有完全确立。战国时期的武士仅凭武力就可以闻名天下，但只是暴力集团而已，而德川幕府时期的武士，要履行好"统治者"的职责，必须要补充短板——"文"的修养。藤树在恰当的时代背景下，解决了武士所面临的"文武矛盾"。

当时武士要进入儒学的殿堂，有两个选择：如果尊奉朱子学，以理为本，其充分条件是知识之积累；如果尊奉阳明心学，以心为本，其充分条件是心灵之净化。对于武力有余、文力不足的武士来说，阳明心学是武士进入儒雅圣堂的方便法门。武士向儒者转化手段和过程的简易化，既是江户初期社会的现实需要，也是武士阶层提升文化素养的最佳选择，而阳明心学为这种选择提供了最佳范本。

藤树不是牵强地将阳明心学用于武士的规范，而是将神道与阳明心学进行融合，吸收外国学问却不受其驾驭，是典型日本式的外来文化处理方式。阳明心学与日本传统思想之间存在高度的亲和性。日本人之所以不以自己的习惯来强烈对抗异国的思想文化，而是常常在接受后将其同化，这是因为日本民族不善于主客对立，而具有主客一体的思想方法，结果实践比理论受到更多重视，简易比烦琐更受欢迎。日本人可以说具有潜在的爱好阳明心学的性格。

对江户武士来说，阳明心学不仅易于推动为政者的文武兼修，而且与日本传统思想之间的亲和性也促进了阳明心学的普及。相对于战国时期以"武"为中心，江户武士的重点转移到"文"，日本人一直以来都遵从神道教的观点，而阳明心学又与神道教存在诸多相似之处，于是武士阶层通过阳明心学，用较为便利简易的方式提升文化素养，也是情理之中的选择。对于武士来说，从阳明心学中寻求自我安身立命的文化基础是极其自然的，而在与传统不相矛盾的前提下加以运用也是他们的功夫所在。

七、孝与教育

《孝经》有言："身体发肤，受之父母，不敢毁伤，孝之始也；立身行道，扬名后世，以显父母，孝之终也。"人的所有都是父母给予的，因此自我爱护是对父母尽孝的最初级形式；扬名后世且出人头地，从而彰显父母之名，这是对父母尽孝的高级形式，也意味着孝行的完成。藤树提倡"忠孝一体"，只有先做到"孝"，才能做到"忠"，"孝"是人伦的基础。儒学以"孝"为出发点，进而扩展到五伦，对于日本人来说，也是共通的。藤树的"孝"，为武士的行为方式及精神信念提供了重要的依据和实践准则。五伦始于孝，但身为武士，"忠"也非常重要，因此只要从五伦始于自然的人的存在这一点出发来理解，就能接受前面所说的先有"孝"，后有"忠"的说法了。

中江藤树将"孝"这一概念与教育结合起来，指出"孝德"是人所固有的天性，而教育就是要引导被教育者发挥这种天性。"孝"是人之所以成为人的根本特征，在"孝"的层面上人人平等，这促进了四民平等意识的养成。

藤树对教师的个人修养也有独到的见解。他在《翁问答》中指出，教化的根本是德教。慎独自己的行为举止，就是德教。教师不仅要向弟子传授知识，而且更应该注重德行教育。"教以身教为基础，必以慎独为主，不可以声色之教。"他主张道德教育不应该用言传的方式，而要以慎独为基础，做到"无声的教育"。应采取引导、发现、启发等方法来培养弟子们的道德品质。教育本身也是教师自身修身养性的过程，教师只有从自己做起，以身作则，通过自己的行为来感染弟子，让弟子耳濡目染，才能使他们真正爱上学习，并持之以恒。这个阳明心学的教育理念，正好契合当今中国师德师风建设的倡议，对现代教书育人的方式方法也是有所裨益的。

藤树在其教育生涯中始终看重被教育者的自身的修养，在他为弟子们所立的《藤树规》中，包含了学问修行、为人处世、待人接物等各个方面的准则。在学问修行方面做到"言忠信，行笃敬，惩忿窒欲，迁善改过"，在为人处世上要做到"正其义，不谋其利，明其道，不计其功"，在待人接物上要做到"己所不欲，勿施于人，行有不得，反求诸己"。要求弟子们做到格物、致知、诚意、正心、修身，特别强调个人道德修养的要求。而修身之本就是"畏天命、尊德性"，对天理心存敬畏，尊崇道德修养。如果要获得学问，必先从修身开始，而修身的方法包括"博学、审问、慎思、明辨、笃行"五个方面。《藤树规》是书院的教育纲领，贯穿于整个教育活动中。

藤树在教育实践中，非常注重营造自由民主的学习氛围，采取生活讨论学习、来信咨询学习等灵活的方式开展教学。他教育弟子注重生活体验和教材经典相结合，做到知行合一，防止"死读书"；并督促弟子通过"自己洞察学习法"来理解和把握学问的精髓，强调学习的主动性。师生间通过问难论辩的方式答疑解惑，活跃弟子的思想，这种注重与弟子讨论切磋的教育方式在当时的日本是非常难能可贵的。

中日在"孝"的理解上存在明显的差异。王阳明把"孝"看成爱亲的本性，认为"孝"是出于血缘伦理最基本的道德品质，是人伦关系的基础，是良知。中国人的"孝"也反映出父母对孩子的疼爱，所谓"父慈子孝"，父母疼爱子女，子女孝敬父母，两者兼容并存；而日本人的"孝道"以报恩为核心，日本强调"孝"，并不以父慈为前提，而是强调晚辈对祖辈的无条件的服从，进而发展为武士对主君的绝对服从。当忠孝难两全时，中国人更重视"孝"，日本人更重视"忠"。

武士身份从"武"的支配转换为"文"的支配，意味着从表面上的"武士"到实质上的"官僚"的转型。中江藤树因为脱藩及早逝，并没有长期实践阳明心学的经历。但其弟子熊泽蕃山是政治家，从财政、经济等方面进行了阳明心学的实践。他身上闪耀着突出的领导力和舍己奉公的官僚传统，都是宝贵的财富。

中江藤树的学说被称为"藤树学"，它是日本阳明学的出发点，是武士社会所拥有的"精神"侧面之一。从字面看，这些学说貌似都在描绘大道理，对具体的社会治理并没有提供直接的参考，但在当时却为日本 260 年的安稳统治做出了巨大的贡献。

思考题

1. 请你结合实际谈一谈，如何从"孝"的视角看待"万物一体之仁"。

2. "治人"与"修己"，表示的是教导他人和自身修养的两个方面，我们作为大学生，在生活中有哪些具体事例体现了这两个方面呢？

3. "孝"与提高自身修养之间有什么联系呢？打开你的思维，找到自己的答案吧。

4. 从孝顺父母开始，发展到对人的敬爱之情，请寻找你身边的典型例子来体现"孝"。

第三节　熊泽蕃山的经世济民之学

一、生平简介

熊泽蕃山（见图 2.4）（1619—1691 年），京都人，名伯继，字了介，号蕃山，通称次郎八、助右卫门。日本江户时代前期阳明学派最主要的代表人物之一、政治家。他原本姓野尻，是父亲野尻一利和母亲熊泽龟女的长子。因为他父亲是个浪人，所以家庭非常贫困，蕃山八岁时便被寄养在其母亲的娘家，即在水户藩任职的外祖父熊泽守久家，并成为其养子。蕃山的个性极为谦虚温和，相貌被认为如同美妇一般。

图 2.4　熊泽蕃山像

德川时代末期的人物逸闻集《想古录》，记载了两种截然相反的熊泽蕃山肖像画———种是"容貌魁伟，气宇轩昂"，另一种是"温文尔雅"，展现了蕃山完全不同的两种气质。

熊泽蕃山虽是江户时代屈指可数的大儒，但与他人不同的是其学儒时间较晚，22 岁时才开始学习儒学的基本典籍《四书》。蕃山年轻时埋头于修炼武道，自诩为"日本武士"，对他而言，武士的首要目标应是掌握作为经世实学的"修己治人"之道。在蕃山眼中，当时的儒者多为脱离"修己治人"之实学，只知玩弄字句考证和标榜唯心论的学术贩子与卖艺之人，因为学问作为武士的"秘技"应深藏于内而不为人所知。

16 岁时，养父熊泽守久去世，随后他经由远亲的推荐，离开水户藩，前往冈山藩为池田光政效力。在这几年中，蕃山生活规律，练习武术，强身健体，学习兵法，做好了武士的第一本分。四年后他深感作为统治者的武士必须掌握学问，于是在 20

岁时以体弱多病为由辞官。成为浪人后生活陷入极度贫困，但他在粗茶淡饭中更加努力苦读，精进学问。蕃山一边自学一边寻求名师，最终拜入中江藤树门下，研修阳明学说。在经历了濒临饿死的穷苦生活之后，27岁重入池田光政府中任家老，深得宠信，参与藩政改革。32岁时被破格提拔为俸禄3000石的总管，开始执掌藩政中枢，致力于推行仁政。反对佛教、基督教，提倡儒学，主张实行仁政。治山、治水、禁赌博、毁淫祠、赈贫济困，颇有建树。日本各地学者慕名投其门下。

蕃山的前半生风光无限，后半生却遭到幕府的忌惮和中伤，境遇凄惨。

由于藩内同僚的嫉妒、修订藩士世袭俸禄引发的冲突，以及被幕府视为危险人物等，蕃山在39岁时再次辞官。蕃山辞官后，移居京都，修国典，学雅乐，讲授阳明心学。因阳明心学与作为官学的朱子学相抵触，蕃山受到公卿和大名排挤。贞享四年（1687年）冬，他上书幕府，请求改革海内政务。因上书内容与将军的旨意相违背，蕃山受到流放、禁锢等处罚，被迫辗转于各地，最后被幽禁于茨城境内的古河城下。蕃山不仅批判幕政，而且在离开冈山藩之后，依然基于儒学的理想主义立场，通过养子——藩主嗣子池田政论（光政的三子），反复批评藩政，以致与光政断绝关系。蕃山与孔子类似，被视为"天之戮民"，即作为上天责罚而被赋予坚持追求儒学理想使命之人，最终在幽禁中走完了他的人生旅程。

在熊泽蕃山的一生中，有很多关于他严谨治下、心胸宽广的事迹流传于世，下面就简单介绍一两件。

蕃山32岁时被风光提拔为冈山藩"番头"（江户时期幕府官僚首长，蕃山当时担任的是冈山藩官僚之首），享俸禄3000石。作为一藩明君池田光政的左臂右膀，蕃山以其学识和见识广受好评，受世人尊敬。33岁时跟随藩主光政参觐交代（江户幕府的大名统制政策之一，原则上一年一轮换，让各大名轮流在江户和领地居住的制度）去往江户，结识了众多大名和贵臣，他们纷纷向蕃山请教，一时之间蕃山名扬四海。除了学识和见识之外，蕃山在个人风格及行事方式方面也与常人不同。在江户时期，蕃山出门时所带随从很少，尽量不引起人们的注意。这件事凑巧被尾张藩藩主知道了，他早就知道蕃山人品贵重，就算好了蕃山回来的时间，派了一个可靠的人悄悄地去打探他的行踪。那人打探回来复命："熊泽蕃山本人的行为并无特别之处，但是他的随从们却表现奇异，他们冷静而稳重，从容而淡定。可见主人的高尚品格，在下人们的身上都有明显的体现。"还汇报了另一件打探来的事：在大家都睡觉后，有一个随从开始逐个检查大家卧房中的灯烛，为每个灯烛减去一根灯芯。想来是出于节省蜡油吧，或者是因为点两根灯芯会过早燃尽，不管是什么原因，可见其细心之处。尾张藩藩主听后感叹道："这点小小的区别，体现的正是熊泽蕃山伟大的过人之处啊！"蕃山主张"君子之学心行无二，心正行才正，心柔行必和"，他本人的言行一致，也感化了随从们。时间久了，身边之人也拥有了出众的品行。

在蕃山辞去公务开始隐居生涯的某一天，有个友人来拜访他。发现与当年在冈山藩纵横四方、一呼百应的红火景象截然不同，现在的生活寂寥至极，怕他接受不了这种鲜明的对比，于是就想办法安慰了蕃山一番。然而，蕃山却说："为善这件事，我从来就没有停止过。哪里来寂寥一说呢？"友人反问他说："蕃山你现在身为一介浪人，即使要为善，也是无计可施吧？"蕃山平静地回答说："束发、洗手等日常小事，也和统帅诸侯大名这些大政治一样，都是内心指挥的结果，在专心做事这一点上是没有区别的。要为善，处处皆可。"蕃山要说的是，保持本心，仁义处事，即使是个人梳洗等琐事，也是为善。若是不仁不义，哪怕拥有了统帅天下诸侯的权力，也是对天下无益无用的。对蕃山来说，在日常琐事中尽仁义，和经世济民的大事业是一脉相通的。

二、求学治学之路

熊泽蕃山于1642—1645年间就学于中江藤树门下，研修阳明学说。

关于拜师的经历，还有一段广为流传的佳话。

蕃山在四处寻求名师的过程中，偶遇一人给他讲述了一件自己亲身经历的真事：我有一天为主君出远门办事，押送200两金子赶路。行走一天寄宿驿站，换租马匹时忘了将马鞍下的金子取出。当时人已十分困乏，进屋就睡下休息。到半夜醒来突然想起金子的事，立刻惊得没了睡意。料想这金子一定是丢了，痛心疾首，悔恨不已。思来想去，也没有办法追回金子，于是开始哀叹老天对自己不公，为何要遭遇如此悲凉的境地，自己也赔不起这些金子，差点就要以死谢罪了。这时听到一阵急促的敲门声，一问原来是马夫，于是立刻出门迎接。马夫拿出金子说："我回家后清洗马匹，解下马鞍时发现了这些金子，猜想一定是您遗忘的，不见了这么多金子，肯定要急坏了，所以连夜拿来归还。"金子的封印看起来完好无损，我惊喜得不知所措，马上解下腰间钱包，另外拿出 16 两金子作为酬谢，马夫不肯收，说："这本来就是您的金子，物归原主罢了，为何要重谢我呀？如果说为了感谢我连夜赶路来此，就给我 200 钱足够啦。"我坚持谢他："是我自己的过失差点丢了重金，多亏你的义心，才让我有了继续活下去的希望。你的义举如我的再生父母一般，我再怎么报答也不为过，这点金子只能聊表心意罢了。"见马夫坚决推辞，我又将酬金减为 8 两，马夫仍然不肯接受，我又逐渐减少酬金，最后降到 2 两。马夫言辞掷地有声："请您不要为难我了，我有我的原则。"我又说："如今这世道，对金子不起贪念的人已经不多见了，更别说像你这样拾金不昧还不收酬谢的人，在遇到你之前我是连想也没敢想过的。那敢问你的原则是什么？"对方答："我一介马夫，收入仅能糊口，怎会不想多挣点钱？这是中江藤树先生的教诲，我日日都去听课，先生教导我们要端正内心，提升个人修养，应该孝敬父母，要忠诚主君，不取他人财物。不要因为自己家境贫寒、身份低微就妄自菲薄，没有原则。"说完马夫就离开了。

蕃山听了这个逸事后思虑良久：一个乡间马夫，不懂道为何物，容易唯利是图，而这个马夫的高尚义举可以和古人君子相提并论，必定是良好教育造就的。他说到的中江先生，可以想象其德行和学问到达何种高度，在这世上，除了他还有谁值得追随呢？于是即日便寻到中江藤树府上，藤树以自己的学问不足以为师为由加以拒绝，蕃山不死心，多次拜师，被拒绝三次之后终于以其赤诚之心打动先生，被藤树收为入室弟子，听藤树讲授《孝经》《大学》《中庸》等儒家经典。

熊泽蕃山跟随中江藤树学习的时间并不长，但两人之间缔结了"以性命相友爱"的师生情谊，从蕃山离开时藤树所赠送的《送熊泽子》可以看出，藤树不仅把蕃山看作门生，而且把他视作心心相印的莫逆之交，非常看重这个学生。这种亦师亦友的师生之谊，可以成为后世的楷模。

明历三年（1657 年）熊泽蕃山辞官隐居后，便专心著书立说。主要著作有《宇佐问答》2 卷，《易经小解》7 卷，《雅乐解》《何物语》3 卷，《孝经小解》2 卷，《孝经外传或问》2 卷，《三轮物语》15 卷，《神道本义》《集义和书》16 卷，《集义外书》16 卷，《神道大义》《心学文集》《女子训或问》《紫女物语》《葬祭辩论》1 卷，《大学小解》1 卷，《大学或问》2 卷，《中庸小解》2 卷，《二十四孝评》《贱草》1 卷，《孟子小解》7 卷，《夜会记》8 卷，《论语小解》7 卷。著作有的讲述隐退后在京都与公卿们吟诗作对的交友生活，有的阐述其基于阳明心学的政治实践，有的论述阳明心学与神道教的融合，内容涵盖面广，其中不少是后世广为好评的优秀学说合集。但在蕃山的著作中，很少可以直接看到阳明心学的"良知""知行合一"等字眼，蕃山师从中江藤树时首次接触《阳明全集》，的确引起了内心的共鸣。但是蕃山不是阳明心学绝对主义者，他主要从王阳明的思想中吸取"自反慎独""向心内求"等重视内心的部分。

三、藩政改革实践

1645—1657 年间熊泽蕃山出仕冈山藩，参与藩政改革。在冈山藩期间，辅佐光政也是对学问的实践，或者说他是以一个政治家的身份来展开活动的。承应三年（1654 年），冈山藩因为干旱及洪水的双重灾害，出现了大饥荒。在困境中，蕃山发挥其力，大力兴政，并以此扬名。蕃山实施惠政赈济灾民，他不计较是否有少数人冒充灾民而骗取赈济物资，而是全面救济灾民，以迅速恢复生产为第一要旨，不计财政支出，也不拘泥于其他藩国的惯例。从他的施政举措看，他实践了孟子的"贵民"思想，推行惠政。在蕃山离开冈山藩 30 余年后，他当年所推行的政行教化仍然发挥着作用。由此可见，熊泽蕃山不仅是一位学者，更是一位很有作为的管理者、改革者和实干家。

熊泽蕃山视教育为治国平天下的根本手段，学校是教授圣人之道，培养有用之才的场所。主张设立学校，在冈山藩的新学校开学典礼上，蕃山亲自举行释典，制定学制，并主讲《孝经》。从教育重点看，蕃山主张学习六艺之礼、五典十义、明明德、真善等道德层面的内容。其中六艺中的"礼"即礼仪道德教育，"乐"即现在的音乐，"御"和"射"可归入现在的体育，"书"就是现在的语文，"数"就是数学，与现代教育科目形成几乎对应的关系。蕃山的教育思想与现代教育理念非常合拍，他认为教育的最终目的是实现孝德。也就是说蕃山继承其师中江藤树的"孝"理念，并贯穿到教育中，以"孝"作为开展其他事业的基础。

蕃山是一位自由思想家和权衡思想家，其思想遵循的是既不绝对又不僵化的精神能动性与"中和之心法"。其主张即使在今日也不过时，可以说具有超时代性。熊泽蕃山所确立的思想广泛吸纳中国儒学及王阳明"良知"说、天地万物一体论，其主要观点有：受教于藤树并进行发展的"时、处、位"论，以孟子王道思想为基点，主张学问的功效在于针对"时弊"，解决问题，因此他非常注重"行"；在他出仕冈山藩藩主池田光政的 10 余年间，不仅大力宣传阳明心学思想，而且提出了许多经世济民的改革措施，积极推进藩政改革，因而有学者称他为"实践的王道儒学"。针对幕府当时实行的"公七私三"税赋制，他提出了恢复古代的"十抽一"制，以利于生产的发展；面对日益突出的诸侯贫困现象，他提倡减轻交替参觐的负担；为了解决随着商品经济的发展和全国性市场形成而日益突出的武家贫困和武士堕落问题，他提出了兵农一致论，主张武士、浪人移居乡村，救济农民，进而实现粮食自给、地方复兴。总而言之，他的改革主张包括商品经济统制论、参觐交代缓和政策、山林保护论、公家文化的复兴等。

蕃山曾对当时人口急增及货币经济、城市建设等导致的乱开发现象敲响警钟："天下山林，十有八尽"，主张保护森林资源，堪称是生物学家生态共生文明论的先驱者。此外，蕃山主张人是身处时（时代）、处（环境）、位（立场）的存在，其所言的"时、处、位"，与海德格尔的"在世界之中存在"或魏克斯库尔的"周围世界"，具有相同的意义。当时，武士为追求现实功利性而恣意消耗人生，蕃山将其痛斥为"榨干大津马血汗之举"，并将自己喻为庄子所言的"无用之木"，暗示自身的一种人生态度，即拒绝轻率地成为受制于"时、处、位"的奴隶。蕃山认为，人只有面对现前的世界，才能获得充实自我、实现自我的手段；人应在充满制约与限定的世界中独立生存，努力追求于存在的根底涌动的"生"之真实，并在其深厚与丰饶中享受它。由此可见，蕃山的思想深层蕴含着一种透彻的实存性现实主义。

四、熊泽蕃山的经世济民之学

蕃山认为阳明心学是"经世济民之学"，他明确表示自己的政治目标就是经世济民。他认为，民乃国之根本，食乃民之根本，若不能保证民之食源，则国家治理无从谈起。作为百姓的"父母官"，统治者应该怎样对待百姓呢？蕃山主张首先就是尽心养育，在实现生活富足的基础上进行教育。蕃山的"养民"观与阳明的"亲民"之说目的相同，他以"亲民"为基础，展开经世济民之说。

蕃山指出，社会发展是由"摆脱贫困"这一经济原理推动的。他认为，如果所有人都生活富裕，衣食无忧，那天地就要消亡；正因为存在贫穷，所以才努力追求富裕。这和现代经济制度中的"激励机制"相通，即要使经济活动得以顺利开展，就必须引导人们去努力工作。

蕃山的以上观点与儒学轻视经济的传统做法不同。儒家名言中的"小人喻于利""贫而乐，富而好礼"，都没有对经济表现出足够的重视。蕃山将人民视作经济活动的主体，引导人们展开经济活动以满足自己的欲望。在分析蕃山的"养民"观时，需要正确认识其经济活动的重要性。要让百姓衣食富足，就需要引导他们努力工作，让生活在自己的双手中日益美好。蕃山强烈地意识到这一点，才提出了促使百姓参与经济活动的重要性，并且在藩政改革中落实了这些亲民政策。

蕃山在他的著作《大学或问》中强调经济繁荣是仁政之基——"行仁政于天下之事，则必先富有"，意思是推行仁政应该有其物质基础，也就是社会物质财富的充足，否则都是空想。而"富有"的实现方式又有不同，存在"小富有"与"大道之富"的区别。所谓"小富有"，意味着致富是建立在损人利己的基础上的，个人实现了富裕，却招致他人的怨恨；地方实现了富裕，地方百姓却怨声载道；国君实现了富裕，天下人都怨恨不已。这种建立在他人贫穷基础上的自我富足，必然招致层层怨恨。与"小富有"相对的是"大道之富"，地方如果富裕，地方百姓无不欢喜；国君如果富裕，天下人都跟着欢喜。帝王若能遵从天理实施帝王之道，自然就能实现"大道之富"。在蕃山的主张中，除了强调经济发展的重要性之外，更突出了创造出公平正义社会环境的重要性。统治者致力于大环境的搭建，国家从上至下才能获得"大道之富"。

在蕃山的政治主张中，国家除了要发展经济积蓄财富以实施仁政外，还要做足各种防备，无论如何努力也不为过。蕃山指出，和平时期国君要对民少加税，多赐恩，以保障人民的生活，葬礼等应行节俭简易之风，以消除百姓的怨恨。若是为了预防国家战争或者天灾带来的饥荒，则更应该在平时加强储备，即使天下财富充足，也不能满足，需要至少储备三年的粮食，否则国家就不能平安渡过难关。熊泽蕃山从施政者的角度出发，为人民安乐和国家久安提出了积极的建议。

熊泽蕃山的学问不仅有承自其师中江藤树之处，更从政治实践出发，做出了新的发展。中江藤树是在个人的内心中寻求个人幸福的。熊泽蕃山通过把个人幸福与王道政治的公共利益结合起来，通过使它成为政治共同体共同关心的问题，从而使日本阳明学派政治化，以服务于政治领域中个人幸福的事业。也就是说熊泽蕃山摆脱了其师中江藤树的通过自我的内心修养而达到个人幸福的内在论，而以孟子的王道思想来指导政治活动的外在表现实践了他的实用主义。这与蕃山自己所说的"不取朱子亦不取于阳明，唯取于古圣人而用之"是一致的。所以，熊泽蕃山并没有像他老师中江藤树那样猛烈地抨击朱子学，而是折中两者，选择实用的部分指导自己的实践。

熊泽蕃山的王道儒学是将朱子学派和阳明学派综合为相对于时间、地点和形势需要的政治化的实用主义新儒学。蕃山从中江藤树处继承了"时、处、位"学说并加以发展，从亲民的角度论述了国家统治阶层应该如何从自身出发施行仁政，以实现圣贤大孝。蕃山将天视作人类的父母，天子、诸侯等接受了上天赋予的统治职责，也就成了百姓的父母，就应该重视和爱护百姓，实施仁政。天子的职责就是向古代贤君学习，并结合具体时间、地点和形势推行仁政，广纳贤才，使国家四海升平，人民安居乐业，成为后世之楷模。诸侯的职责就是"谦德以保其贵，仁政以保其富"。实施谦德和仁政，就可以富贵不离身，辖区长治久安，人民和谐安乐。这是诸侯该尽之孝。天子也好，诸侯也罢，统治者之所以能成为统治者，是因为有百姓的支持，如果失去了百姓，他们就成了孤家寡人，无可统治。因此应该推行仁政，以得民心。蕃山的思想中明确体现出他的亲民思想。

蕃山与藤树一样都否定阶级差别，主张人性平等。但蕃山推崇尧舜等圣人之道，从重视被统治者的角度出发，要求统治者在"时、处、位"的基础上做到"仁政、仁心、仁言、仁行"，以达到圣贤之大孝。可见，蕃山的"孝"带有强烈的政治色彩，他推崇的大孝要靠实施仁政来实现，这是蕃山实用主义的特征体现。换言之，从中江藤树的"道德孝"，到熊泽蕃山的"政治孝"，实现了"孝"思想外延的进一步发展。

蕃山强调人是自然界最杰出的存在，人才具有明德的尊号，这也是区别于其他万物之所在。从"心"之本体的角度强调天地万物各尽其性，助天地造化，如此才能天下无事。

蕃山对藤树的学说进行了批判性继承，藤树重在以偏安一隅的立场论述为人之德，而蕃山出于拯救天下之目的而学习如何重整世风，两人的眼界视角截然不同，学说差异自然形成。中江藤树将"孝"推到至高无上的地位，熊泽蕃山则着重强调了"诚"与"信"，这可以说是他对日本阳明学的贡献。

五、学问与政治的关系

基于自身的实践经验，熊泽蕃山认为要能胜任政治职务，就必须厘清学问与政治的关系，他认为政治才能与治学之才之间是互为补充条件的。如果满腹才华却缺乏政治才能，就不能在经世济民中施展才华，但是如果空有政治才能而没有学问，就如同在黑夜中行走却没有灯光指引，势必误入歧途。要推行政治，就要兼备推动社会的才能和学问。因此，蕃山认为，所谓学问，是指以政治才能为基础的经世济民之学。他的定义带有明显的个性化特色，放到现代社会也有其合理性。高校教育中除了基于教科书的理论讲授外，无不搭配有社会实践环节、第二课堂及学科竞赛等内容，让学生可以积累人际交往的经验，可以领略社会职场的风采，可以训练演讲及组织管理的能力，让学生在毕业时除了拥有踏实的专业知识外，还具有调动群众的能力，具有自己独特的人格魅力，能够挑起社会的重任。

做学问的目的是什么？蕃山继承了王阳明的观点，认为读书做学问只是手段，通过读书做学问，明白自己的内心才是目的。道理良知本来就在内心中，但人们常常不能自知。通过读书解析良知道理，能使它们更加清晰，了然于心。在内心闭塞时读书可以打开心扉，使心路通畅。因此，读书不是目的，如果光读书而不反思内心，是不能悟得真理的，更不能用来指导行动。

关于学习的方式，蕃山提出要以天和神明为基准来判断，而不是看外在的人和事。他本人的作风就是"天地之间，只身一人"，这样他的想法就不会受到他人的蛊惑，也不会因为偏执而与他人起口舌之争。王阳明始终反对向外求义，而主张向内自求，提出"心即理"的观点。在这一点上，熊泽蕃山和王阳明是一致的。

但是，蕃山并不是唯我独尊、不采他言的狂妄之人，他也指出了求教于智者的重要性。他说，圣人之所以能成为传世贤君，是因为他们懂得汇集人才，是具有慧眼能识英才的伯乐。古往今来，往往是千里马常有而伯乐不常有，才导致人才散在，不能聚而用之。因此，善于向智者求教并聚集贤才是一种难得的能力，而这种能力正是身为领导者最需要的能力。若领导者仅能看到自己的才干，则容易陷入自我满足的泥潭，而无法做到不耻下问，虚怀若谷，也就不能召集天下饱学之士为我所用，其统帅下的政治经济治理也难以成功。蕃山的见解对现代领导者仍然具有借鉴意义，他切中要害，指明了政治经济的竞争其实质是人才的竞争这一普遍共识。

关于《大学》中提到的"明明德"的八条目"格物、致知、诚意、正心、修身、齐家、治国、平天下"，熊泽蕃山认为最重要的是"正心"。蕃山的理解是：以"心"为中心开展开思考，政治经济的世界也应该正其"心"。治国平天下是要靠齐家来实现的，而要做到齐家必然要求修身，而心是身之主，心正了才能让家齐、国治、天下平。而"正心"的前提是"诚意"，有了"诚意"才能逐渐端正内心。王阳明以"诚意"为轴心，认为"格物"是端正世间之物，不让其歪曲。蕃山顺着王阳明的理解思路，以"正心"为轴心，顶着幕府的巨大压力，也要做一个去除社会弊端，使社会运行归于正道的政治家。

六、对朱王学的评价

熊泽蕃山的学说以阳明心学为基础，但是对儒学的继承却没有朱王之分。他认为朱王之学都符合道统，只是根据不同的时间、地点和形势，形成了两种学说。此两者都存在一定的缺陷，更多的是符合"时、处、位"的真理。这是很多日本阳明学者身上的共性：热衷于学习和吸收各个学说的精华之处，并不热心于派别之争。

关于朱子学和阳明心学的区别，蕃山曾经做出了尖锐的评价：朱子学属于向外之举，缺乏反思慎独的功夫；而阳明心学则重于自我思考，缺乏穷理之学。针对具体的时事政治，朱子学长于分析和论争，却没有对具体措施及反思做出努力；而阳明心学重于自我反思及实践探索，却少了对经济政治的分析论述。因此，蕃山主张在与自身的人生原则相关的问题上选择阳明心学，在经济社会问题的论述中取朱子学。取众家之长为我所用，是日本阳明学者较有代表性的特征。

在求学之路上，熊泽蕃山的治学态度是"于圣学而言，则不费力，不劳心，得于游中也"，"得于游中"体现了蕃山洒脱自在的求学之心。在游戏玩乐的轻松氛围中学得圣人之学，这是学者风范的体现，适用于所有学问。"乐于学问"——立志为学之士总是快乐无比的。事实上，如果感觉不到学习的乐趣，学习也是无法深入的，更不能持久。现在的一些学生为了通过考试临时抱佛脚，这种短暂的侥幸心理无法转换为真正的快乐，无益于长久的人生，应该摒弃。

朱王兼学的熊泽蕃山，将阳明的"心"和朱子的"理"相结合，成就了经世济民的实学。蕃山的学说不是解释式的朱子学，而是因知识而行动起来的阳明心学；不是仅仅穷理的朱子学，而是诉求端正社会的行动的阳明心学。

七、关于日本的国家治理

熊泽蕃山认为，即使应该提倡文武兼修，也不能轻视武力。仁者不一定明白勇武之理，勇者未必无仁者之心。武力充足是国家施行仁政的必要条件。这是对中江藤树思想的延伸和发展。

蕃山指出，日本自古便是礼仪之邦、君子之国。武家政治大行其道的弊端是容易产生武人的骄奢，要避免这样的结果，在天下平定之后必须令武从文，让武士学习礼仪，掌握学问，治理国家。文武两项要并驾齐驱，才能让日本长治久安。

◉ 思考题

1. "小富有"指的是建立在损害他人利益基础上的财富积累；"大道之富"指的是顺应天理，自上而下都富裕、幸福。熊泽蕃山谈论了两者的关系，请你谈谈你的认识。

2. "小富有"和"大富之道"该如何取舍？如何实现？

3. 在你的认知中，学问与政治之间有关系吗？如果有，那是什么关系？

4. 在做学问和理政治方面，"心"如何存在并发挥作用？

5. 学习的快乐在哪里？你体会到了吗？

第四节　渊冈山的内省德教

一、渊冈山的内省德教

渊冈山（1617—1686年），生于仙台，名宗诚，后改为惟元，通称为四郎左卫门，后称为源右卫门，号冈山，因居住于京都洛外双冈之地而得此号。

渊冈山于正保元年（1644年）投入中江藤树门下，比熊泽蕃山晚三年。两人被合称为"藤门双璧"。

冈山师从藤树，逢人便说恩师品德高尚，并且聪明才智非常人能及，对老师的人格和学问十分佩服。从师四年后，藤树去世，冈山即去往京都开舍讲学，教授藤树学。

冈山忠实地向后人传授恩师藤树的教诲，并以此为自身使命。其学生来自全国各地，身份多为武士和庶民，与熊泽蕃山面对大名和公卿讲学的情况很不相同。

二、渊冈山的贡献

渊冈山著书较少，死后其长子承其志，继续讲学。

冈山广泛地传学讲道，使藤树学具有了较强的心学性格，并作为与日常生活紧密联系的学问扩展到了全国。由于他的传播，各地也兴起了藤树学派的活动。

冈山的学问主内省，重德教，重在道德修养方面的强化。

第三章

幕府末期及明治维新期阳明心学的代表人物

第一节 佐藤一斋与精英教育

一、生平简介

佐藤一斋（见图 3.1）（1772—1859 年），江户末期的阳明学者，出生于岩村藩（在岐阜县）江户藩邸，名坦，字大道，通称舍藏、几久松，号一斋，别号爱口楼。从佐藤一斋曾祖父开始，佐藤家世代致仕美浓国岩村藩，讲授儒学，辅佐藩主。非同凡响的家世背景对佐藤一斋的一生影响深远，为他日后登上幕府国家文教顶峰埋下伏笔。

图 3.1 佐藤一斋像

佐藤家深得藩主倚重和信任，一斋是藩主松平乘蕴家臣佐藤由信的次子。在一斋 13 岁那年，其父佐藤由信奉命为藩主松平乘蕴三子松平乘衡的 17 岁元服典礼授乌冠帽，一斋在旁边进呈舆盘柳版，这在江户时代叫作"乌帽子亲"。仪式结束后，松平乘衡对一斋说：帽亲之子就像兄弟一样，终身都不会背弃这份情意。一斋 20 岁时继承父亲的武士身份，就职于岩村藩，列为近侍，与少藩主及松平乘衡一起学习儒学。一斋 21 岁时到大坂（古称，明治时代后称"大阪"）拜怀德堂的中井竹山为师，中井氏赠他"仆而复兴"四字，并且告诉他这四字出自王阳明之口，由此一斋对王阳明产生了兴趣。

25 岁那年，一斋进入江户幕府官学教头林敬信门下，以讲儒学为业，松平乘衡不久也来讲习。两人相互督促，共同进步。后来林敬信病逝，因无子嗣，松平乘衡奉幕府之命过继给林家，更名为林述斋并沿袭幕府官学教头之职务。一斋 33 岁任林家塾长，54 岁成为岩村藩儒官。林述斋逝世后，69 岁的一斋经水野忠邦荐举，被任命为幕府儒官，直到 19 年后辞世。前后 60 余载，致力于官学中兴。标榜朱子，实奉阳明，世人称之为"阳朱阴王"或者折中派。精研《周易》。在日本哲学思想史上，与安藤昌益、三浦梅园一样均是最早有辩证法思想的学者。门人甚多，佐久间象山、安积良斋、中村正直、横井小楠等皆其高足。

著述主要有《爱日楼文诗》《言志四录》《大学摘说》《大学栏外书》《孟子栏外书》《传习录栏外书》《论语栏外书》《中庸栏外书》《今思录栏外书》《周易栏外书》《尚书栏外书》等。以上众多栏外书，都是一斋对儒学经典进行再诠释的著作，虽然解释时依据朱子学说的部分很多，但是呈现出大量用阳明心学思想来注释的现象。特别是《大学栏外书》，这是一部以阳明心学的观点为基础，并广泛地吸收明清时期不同学术思想观点，对朱子注解进行批判质疑的著作。由于阳明的学说主要建立在他所理解的《大学》核心义理之上，而阳明思想又以口授为主，导致书中许多具体细节无法得到妥当的解释。一斋一方面立足于阳明心学，并结合自己的见解，对《大学》文本，以及明德、亲民、至善、格物致知、诚意和正心等中心问题做出了诠释。

代表作《言志四录》按照成书时间，分为《言志录》《言志后录》《言志晚录》《言志耋录》四部。一斋从 42 岁开始，持续将近 40 年才完成这四部随笔集。该随笔集表述了基于儒家哲学的寓意深刻的人生观，为幕末的志士，乃至明治、大正时期的知识分子所喜爱，特别是西乡隆盛，因心生共鸣而摘录了一百多条作为座右铭，一度传为美谈。书中的文章大气，句子富有哲理，很多句子都可以作为座右铭，至今仍然影响着日本人的精神世界，为他们指引人生之路。

二、社会学术背景

由于在当时的日本，朱子学被奉为官方正统思想，因而对此的任何挑战和质疑都被当作异端之学而被禁锢和取缔。阳明心学因富于挑战权威，提倡个性解放，倡导独立自尊和自我实现的战斗精神，被视为"谋反之学"遭到无情打压和禁锢，熊泽蕃山等阳明学者就曾受到流放、驱逐的惩戒。宽政二年（1790 年），幕府颁布"异学之禁"，朱子学更被定于一尊，阳明心学只能以某种隐蔽的方式在下级武士和市民阶层间秘密传播。

与中江藤树等在野学人不同，一斋长期处于幕府官学的最高权威，并利用这个有利身份，在幕末时期以林氏教团为中心的朱子学重重包围中发展了阳明心学。他以弘扬朱子学为掩护，传授阳明心学，人称"阳朱阴王的官学导师"。

三、佐藤一斋与阳明心学

一斋的阳明心学突出的是陶冶人物，突破自身局限，无限成就自我，即所谓立志、躬身力行与自尊无畏。正如他所说的，"吾心即天地。有志者要当以古今第一等人物自期焉，士当恃在自者，动天惊地之极大事业亦都自一己缔造"，憧憬像王守仁一样通过一系列克己修行功夫，成为"文事武备，儒家第一流人物"；在政治思想上，由于阳明心学本身就是一门主张政治革新，以图打破传统格局，改变既有秩序的学问，因此在幕末，无论何种派别只要信奉阳明心学的，大都主张变革维新，阳明心学成了各派改革势力共同的理论资源基础和变革武器。

佐藤一斋十分重视道德，他认为道德和事功，本质上并没有根本的区别，如果没有道德，也就没有了事功。在对待道德心性等方面的义理问题上，一斋特别赞同王阳明。

一斋认为，天下之事都是分内之事，这正体现了一名儒者的思想抱负，以及深厚的道德境界与责任感。而从一斋的学说看，其中既可以看到朱子之"理"——重视"理"作为万事万物存在的必然规律，也可以看到阳明之"心"——时时刻刻紧抓道德本心的重要性和作用。可以说，一斋综合了宋明大儒的学问于一身，结合自己所处的时代，以自身著作发扬儒家的核心精神。一斋的治学呈现出以下三个特点：

1. 重视本质

佐藤一斋的思想体系有一个非常重要的特点就是重视本源，强调根本，尤其强调道德本心。他认为本心最为重要，所有的外在行动都是由心而生。

2. 一以贯之

一斋的思想具有一以贯之的整体性特征。在他的著作中，将儒学经典或者朱子

《集注》中一些同一段而不同的句子统筹在一起，将看似分离的语句整合起来，时刻与文段的主旨保持一致，从更高的整体角度来进行思考，融会贯通，一以贯之。

3. 以小见大

从一斋的著作中一些非常细微的地方，可以看到他非常有趣而独到的见解。从一些语气词和句子结构中，展现出情感色彩，呈现出以小见大的特点。有一些先哲没有点明的意思，一斋将其点明，为后人研读经典提供了新的思路。

四、佐藤一斋的后世影响

佐藤一斋在近 90 年的生命中从教 60 余载，担任儒官 20 年，孜孜不倦地在朱子学的铜墙铁壁中传播、倡导阳明心学，被当世学子视为"泰山北斗""海内宗师"。据说门下弟子 3000，涉及各个阶层，跨越政治、经济、军事、教育诸领域，感化所及，影响了幕末时期的思想潮流和时代风气，为明治维新的成功提供了理论资源和人才储备。

后世学者将一斋在这个过程中所发挥的作用形象地比作"明治维新的摆渡人"。

经由佐藤一斋的倡导弘扬，在江户时代后期，阳明心学已经成为日本全国各地藩校的主要学问形态之一，也成为各地各阶层武士的普遍信仰。并且在实践中，阳明心学从边缘走到时代中心，成为变革维新的有力武器。

佐藤一斋的言论融入了日本人的日常生活，是日本人学习儒学，并将之消化为日本人精神的一大标志，在一斋去世一个半世纪后又在日本重新发光，再次受到民众的关注。1996 年 7 月，在一斋的故乡——岐阜县惠那市岩村町，市民自发成立了"佐藤一斋研究会"（在日本各地还有不少类似的机构），2006 年在此基础上成立了"岩村一斋塾"，目的是弘扬一斋的理念，面向市民尤其是孩子们组织各项活动，如定期学习会、讲座，出版书刊，也组织与外部交流。"岩村一斋塾"是非营利性民间财团法人组织，在高度商业化的日本坚守阵地实属不易，但十几年就这样坚持下来了。人们面对经济的长期低迷，希望让佐藤一斋的智慧在现代社会中重新复活，让人们尤其是孩子们在混乱的时代学习做人之道。无论时代如何变幻，最终的根本还是不变的，那就是人。有本领又有人格的人多起来，国家和社会就自然变好了。

五、立志于儒学之士——佐藤一斋的精英教育

关于"修身"，佐藤一斋认为"太上师天，其次师人，其次师经"，意思是首先遵从上天，遵从命运的安排，进行努力；其次是尊重老师；再次才是好好重视书本学习。在这里要特别提示的是，佐藤一斋把尊重老师排在重视读书前面，特别强调应该避免死读书。在一斋生活的时代，人们为孩子选择受教育机会时，最看重的是值得尊敬的老师。而且一斋反对"教科书至上"，提倡有意识地学习。学习应该是由心而发的需求，全身心地投入学习，而不是简单地学习书本。一斋告诫人们不要在每天的读书过程中变得独断专行，学问必须用于实际，知行必须合一。

一斋名言"凡做事须要有事天之心，不要有示人之念"，说的是无论做什么事只要遵从天理即可，不应该考虑自己努力的过程和结果是否得到他人的认可。人没有必要在意他人的目光。这一点很难做到，但应该努力去做，首先可以做的就是反省自己。

阳明心学要求做到"去人欲"，人欲包括"货、色、利、名"几类，王阳明最讨厌的是对"名"的追求。对此一斋的观点是"有心求名固非，有心避名亦非"。过分求名、一心求名肯定不对，一斋提醒人们要特别警惕追逐名利的私欲，但一斋还指出了一味推辞名誉，不肯负起社会职责也是不对的。读书人报效社会，将自身才学施展于天下才是正确的。作为武士，一斋特别针对武士的名誉进行强调，武士应该珍惜名誉，创造美誉，不辱身份。

阳明心学特别强调立志的重要性，对此佐藤一斋很赞同，他认可立志对教育的积极意义。在一般人的理解中，立志就是科举考试中榜，或者出人头地，光宗耀祖，但王阳明认为"只念念要存天理，即是立志"，意思是面对万事万物都要追寻其中的天理。普通人所说的立志等同于晋升官职或者考取功名，这是私欲的体现，不是追求天理。从"志"字的构成来看，上面一个"士"，下面加个"心"，"立志"体现的是"士"的愿望，"士"阶层的愿望应该遵循天理。一斋站在武士阶层的立场进行精英教育，提出"学莫先于立志。而立志亦非强之，只从本心所好而已"，说的是应该把立志当作开始做学问的第一步，而且立志也不可以勉强，应该遵循人的本性，也就是良知，从良知出发确立做学问的志向。他还指出"立志之功，以知耻为要"，点明了立志做学问的目的是"知耻"。这是很有日本文化特色的提法，整体上表达了要求武

士阶层"不辱天命"的意思。

一斋还指出，人是上天赋予的，应该遵循天的指示。那首先应该知道上天所赋予的职责是什么。身为武士，应尽什么职责都是天命。每个人都有上天所赋予的职责，各司其职才能让社会良好运转。对君主而言，土地和人民都是上天赐予的，君主承受下来就要珍惜土地，养育百姓。使物各得其所，人尽其用，是君主的职责。如果君主错误地认为，土地和人民都是自己的私有之物，对其实施暴政，那就意味着君主偷盗了上天之物，必遭天谴。因此，一斋强烈劝谏君主不能将天下视作私有，统治国家一定要遵循天理。而臣子在管辖自己的所属领域时，一斋认为应该宏观统筹，取代过于琐碎的管理。在平定社会的同时灵活应对各种变化，以认识到自己的职责为荣，并且安于职守。以上佐藤一斋的思想具有浓厚的封建色彩，但与阳明心学提倡的"事上磨炼"是一致的，都教谕人们通过做事来锻炼自己。

关于武士之道，佐藤一斋认为武士要具备单凭一己之力去开创所有事业的气概，这和阳明心学主张"行动"是一致的。他认为作为武士，重要的是"独立自尊"的精神，不能陷入无意义的权力斗争。

佐藤一斋的生死观可以用"圣人安死，贤人分死，常人畏死"来表达，这也代表了武士的生死观。贤德贤能之人在面对合乎天理的死亡时，只把死当作自己的分内之事，以害怕死亡为耻辱，希望自己平静安详地死去。如果像圣人般平时的言行就是训诫，而不靠去世时留下的遗训，就实现了所谓的超越生死。佐藤一斋认为理想的状态是不畏死而长寿，衰老而亡。而他在88岁时自然衰老而亡，可以说已经实现了他的理想。不畏死，超越生。生死简易。这是佐藤一斋将儒学赋予武士道精神而形成的生死观。他指出，武士必须摆脱人的七情六欲，这是普通人难以实现的目标，正好体现了精英主义的精神。

对武士而言，儒学教育是一种精英教育。作为精英，武士的工作就是修身、齐家、治国、平天下。而佐藤一斋的阳明心学也属于面向武士阶层精英教育的儒学范畴。因此，有很多关于如何做人、用人、处理人际关系的一斋名言流传至今并广受喜爱。

如在为人处世方面，一斋提出"虑事欲周详，处事欲易简"，"真有大志者，克勤小物。真有远虑者，不忽细事"：做事前考虑周全，才能在开始行动后势如破竹，进展顺利；真正的贤者，应该在立大志的同时勤勉于细节，在为将来做长远打算的同时不忽视身边小事的完善。

在如何用人方面，"人贵厚重，不贵迟中。尚真率，不尚轻率"，"人各有所长，有所短。用人宜取长舍短，自处则当忘长以勉短"。这些句子意味深长却又通俗易懂，已经深入普通老百姓的生活和精神世界。

在用人方法方面，有"躬自厚而薄责于人"，"人言须容而择之。不可拒，又不可惑"，"能容人者，而后可以责人"。这些话教导人们在用人之际应有的态度，让每个人都可以受益匪浅。

在处理人际关系方面，一斋教导人们应该着眼于人的长处，强调相互看对方的长处，对双方都有益。对待他人应该和对待自己一致，所谓"治己与治人只是一套事，自欺与欺人亦只是一套事"，说的是要反省自己，自然就懂得如何治人并且不被人欺。道理简易，想到不易，做到更不易。那要如何做到提醒他人又不失礼貌呢？一斋的建议是只有怀抱一团诚意，并将诚意溢于言表，绝不能带着偏激之心或者在情绪激动时进行劝谏，而在他人给自己提出建议时，则要做到虚怀若谷。这些建议适用于组织中的领导层，至今仍常常出现在管理学的书籍中。而对于普通上班族，也有很多可以借鉴的地方，比如要保持自律，"悔昨非者有之，改今过者鲜矣"，强调的是日常生活中的注意事项，提醒人们后悔常有却无用，改过少见要做到。

佐藤一斋的学问大部分是面向武士的精英教育，也就是"帝王学"，是站在统治阶层立场上的学说，但其中对自身的职责定位及用人方法见解精辟，对现在的职场关系有很大的指导作用。在日本有很多政治家和企业家将一斋的学说当作人生的指南。

六、佐藤一斋对阳明心学的批判

一方面，佐藤一斋的学说接受了大量王阳明的思想，在上文中已有提及，但另一方面，一斋也有批评阳明心学的言论，如"性虽善而无躯壳不能行其善，躯壳之设，本趋心智使役以为善者也"，点出若太偏重于心学，就要警惕作为人所具有自有规律的弱化，也就是反对王阳明偏于绝对化的说法。

另外，针对阳明心学中重视的"去人欲"，佐藤一斋的观点是：从某种程度上承认欲望是人的本能，教导人朝善的方向发展。简言之，必须去除扰乱社会平衡的人欲，但是如果没有欲望，活力也随之消失。因为欲望也是人的精力之一，为善为恶都有可能，从源头开始一概去除是不可能的，重点在于正确的引导和管理，斩断欲望为恶的趋向，促使其发挥为善的动力源作用，对人及社会的发展都是有利的。

还有关于追求利益的客观看法，一斋认为："利者，天下公共之物。何曾有恶。但自专之，则为取怨之道耳。"他一针见血地指出，求利不应该批判，应该批判的是利益垄断。这些观点都体现出佐藤一斋学说的现实主义特征，让阳明心学的严格要求在日本当时的现实条件下有了更加宽松的解读，更便于追求利益的武士们追随，也避免了学问与实际的脱节。

儒学批判"功利"，对此佐藤一斋也有自己的观点，他认为应该具体分析，如果是为了人民的利益而寻求利益，那没有任何问题，但如果是挖空心思地筹谋利益而不顾其他，就是有害的。重要的是走正道，即使求功利也没什么。

佐藤一斋名言：

◇ 人皆知洒扫一室，而不知洒扫一心。

◇ 克己之功夫，在呼吸之间也。

◇ 治心须至静，而效验在至动。

◇ 太上师天，其次师人，其次师经。

◇ 苟能立志求学，虽搬薪运水亦是学之所在，何况读书穷理乎？

◇ 一灯照隅，万灯照国。

◇ 春风待人，秋霜自肃。

◇ 少而学之，壮有所为；壮而学之，老而不衰；老而学之，死而不朽。

◉ 思考题

1. 本节我们学习了不少佐藤一斋的名言，请你从上面的名言中选择喜欢的一句或几句，并说明原因。

2. 本节我们学习了佐藤一斋对待优缺点的言论，那么你是如何看待自己的优缺点的呢？

3. 佐藤一斋有言："太上师天，其次师人，其次师经。"请你回忆自己的求学生涯，介绍一位让你内心佩服，并特别受教于他（她）的老师吧。

第二节 大盐中斋的革命思想

一、大盐中斋其人其事

大盐中斋（见图 3.2）（1793—1837 年），名后素，字子起，通称平八郎，江户时代后期阳明学派儒者。

大盐中斋在思想上笃信王阳明的"良知"说，在政治上则极力把良知理论付诸实践，可以说是日本近代阳明学者中以"实践"二字为其信仰的第一人。天保八年（1837 年），正值日本"天保大饥荒"之时，大坂米商乘机囤积粮食，价格暴涨，

图 3.2　大盐中斋像

饥民乞丐饿死街头，大盐中斋为了赈济灾民，在忍无可忍的情况下，聚集学生门徒、近郊农民、城市贫民共 300 人，举行了有名的"大盐平八郎起义"。起义虽然失败了，大盐本人也引火自焚，但却狠狠打击了封建统治者，传播了平等思想，鼓舞了民众，影响很大。

二、大盐中斋领导起义

（一）天保饥馑

日本近代史上又出现了第二次大饥荒——天保饥馑。

天保元年（1830 年）七月京都大地震，九月淀川洪水泛滥。天保二年（1831 年）三月淀川大水。天保三年（1832 年）各地农业歉收。至天保四年（1833 年）全国出现大饥荒，加之出羽大洪水、奥羽水灾、关东大风雨等自然灾害不断，米价持续上

涨。大坂自前一年以来，市内弃婴增多，下层市民进一步穷困。同年八月，兵库发生捣毁米店的暴动，九月播磨发生一万人的农民大起义，波及加东、美囊、印南、加古、多加（以上播磨）、水上（丹波）诸郡 76 村。大坂町奉行（武家时代的职务名称，负责执行公事者，始于镰仓幕府）立刻派人去镇压，但谣言、标语不断出现，市内人心惶惶。

从这一年七月起，大坂东西奉行所（江户时代奉行办公的衙门）合作对付难局，实行种种有力的措施，如禁止米商囤积，整顿市场，限制酿酒，调查贫民，奖励富裕市民义捐等。由于粮食供应不足早晚吃粥，中午吃小豆饭、大豆饭、萝卜饭等，有的一天三餐吃粥。

至天保五年（1834 年）情况非但没有好转，反而严重起来。市里的存粮一天天减少，米价上涨，货币贬值，典当倒闭，下层市民已穷到极点。加之米运不到大坂来，中途在兵库等地被奸商高价收去了。

至天保七年（1836 年）情况更加严重。这一年四月以后雨量多，五月淀川泛滥，大坂市内的西国桥及其他几座桥被洪水冲走，摄津、河内、和泉等地堤坝缺口。七月至八月全国性大水，气温低，荒年已成定局。米价暴涨，穷人无法买米，只得用妻女在路边卖淫所得的一些钱去买米。

当穷人处于水深火热时，一贯同情和帮助穷人的大盐平八郎挺身而出，变卖自己的全部藏书，得黄金 620 两，将它分给一万户穷人，每户得金一朱（按时价可购白米二升左右）。穷人在对大盐表示感谢的同时，对奉行所的微细救济十分不满。但是奉行所认为大盐的救济不按规定办事，指责他违法，要进行处理，这样更加激起了穷人的愤怒。

（二）领导起义

进入天保八年，大盐平八郎看到穷人饿死的越来越多，而当局却束手无策。虽然自己倾家救济，也是杯水车薪无济于事。最后他决定铤而走险，推翻无能的町奉行（市政府）。町奉行所的与力（类似于今天的警察署长）和洗心洞的学生在大盐的领导下秘密制造大炮、弹药，准备起义。大盐亲自草拟檄文，由学生发给近郊的农民，以取得他们的支持。

起初计划二月十九下午起义，趁西町奉行堀利坚新上任照例由前任奉行迹部良弼陪同巡视天满，在大盐家对面的东组与力朝冈助之丞家里休息的时候，一举杀掉两个奉行。然后各街道放火，袭击富豪家，将金银分给穷人。但是由于起义前一天平山助次郎及吉见九部右卫门等叛变，向奉行所告密，不得不提前起义。

二月十九上午，起义军推倒房屋墙壁出动，向对面东组与力朝冈助之丞家开炮，同时向大盐平八郎家开火，制造声势。然后向天满各处发炮和火箭，并掷手榴弹，顿时天满一带成为火海。

起义军除大盐平八郎等 20 名领导人以外，还有从近郊农村来的农民约 300 名。他们高举"救民"的大旗进军，过难波桥进入北船场，冲击大商人的住宅、米店、布店，将夺取的钱财分给穷人。据说光在鸿池屋庄兵卫家里就抢了黄金四万两。政府军闻讯赶来，在内乎野町和起义军展开了炮击战。不久起义军溃败，剩下百余人继续抗战。后来在谈路町又发生炮击战，农民经不起一击，完全逃散，大盐平八郎等领袖不得不躲藏起来。

起义从早晨开始，到晚上结束，战斗只进行二次炮击战，没有进行肉搏战，但是政府方面却狼狈不堪，火速向附近诸藩讨救兵，尼崎、岸和田、郡山等藩闻报立即派兵赶到大坂。

起义虽然很快被镇压下去了，市内大火却很难收拾，火势从天满顺着西风越过大川，蔓延到船场、上町。结果天满大半烧光，船场和上町方面，东起弓町西至中桥街，北起大川南至内本町街，烧了一大圈。至是日夜里，大火好不容易才熄灭。

这次火灾光民房就烧掉 3389 所，宫衙、寺社、典当等还不计算在内。合计烧掉 112 町，占大坂三乡 620 町的 1/5 左右。

幕府在全国各地撒下天罗地网，严格搜索大盐平八郎等人。一些领袖陆续被捕，只有大盐平八郎及其养子格之助不知下落。从而产生种种谣传：平八郎或是躲在郊外渡边村，或是逃往摩耶山，或是藏在甲山，或是逃到萨摩重整旗鼓再来攻打大坂，等等。江户城中也是谣言纷纷，说什么大坂已经陷落，町奉行堀利坚逃到京都去了，迹部良弼被打死了。幕府统治集团内部人心惶惶，铠甲等武器立即涨价，给军需生产的行业带来了繁荣。幕府立即下令给郡山、姬路、尼崎、筱山、岸和田五藩出兵大坂。京都谣传平八郎等潜伏在丹波，松平伊豆守便下令给龟山、淀、郡山三藩出兵丹波。大坂、京都的人心也是动荡不安，都在准备逃难。由此可见，大盐平八郎的起义如何使统治者胆战心惊。

天保八年三月底，官方终于刺探出平八郎父子躲在大坂市内韧油挂町的美吉屋五郎兵卫家的一所独立房屋里，便立即派西组与力内山彦次郎率领军队包围该屋。平八郎知道自己再也逃不掉了，便点燃准备好的炸药，随着砰的一声巨响，爆破房屋自焚而死。从废墟里拉出来的只是两具面貌无法识别的烧焦的尸体，这样一来幕府总算放心了。大坂奉行所立即出告示：大盐平八郎已经自焚而死，大家可以安心生产了。

然而由于米及一般物价飞涨，社会动荡，大家不相信政府的话，非但没有安定人心，反而又产生了谣传：韧油挂町烧死的其实是平八郎的替身，平八郎逃到九州，进而渡海逃到大陆去了，甚至说乘美国船逃走了。如此"外患内乱"，国家便不太平了。总之，由于大家对大盐平八郎失败的遭遇感到不平，同时对腐败的幕府深感痛恨，因此都不相信平八郎是真的死了。

被大火烧得无栖身之处的大坂市民，对那个"逆贼"非但不痛恨，反而称他为"大盐先生""平八郎先生"，"大盐不死"的传说始终没有消失。九州方面在当年四五月间就有讲评书的人（讲释师）将大盐的事迹编成故事，十分流行。至天保九年（1838年），九州开始出现歌颂大盐的歌舞伎，不过把时代换作足利时代。人物姓名也更换了，平八即变为小盐贞八，忠臣迹部变为阿兽部山城，坏人鸿池屋变为山中屋善右卫门，而且把富翁鸿池屋描绘成一个好色而愚笨的商人，町奉行出尽丑态。一般戏剧演出20天时间，而关于大盐起义的戏剧演出百日以上还是满员，人们赶个几十里路来看戏也不足为奇。

（三）影响

大盐起义虽告失败，但却有重要历史意义。它是由下级武士发起和领导的，并主动联合农民和城市贫民进行的第一次暴动，它把从前的分散、自发、局限于反对当地封建领主的农民暴动向前推进了一步。这次起义由于发生在号称"金库"的重镇大坂，震撼了幕府的封建统治。

大盐平八郎受到大多数明治维新志士的崇拜，他的英勇事迹鼓舞了志士的武力倒幕斗争，后来他被推崇为"民权的开宗"，成为自由民权论者攻击专制政府的一大精神支柱。

大坂号称"天下厨房"，交通四通八达。大盐平八郎起义事后消息立即不胫而走，传遍全国。在大盐平八郎起义的直接影响下，四月，在备后（广岛一部分）三原发生了盐田工人的暴动；紧接着，在长州（山口县）濑户内海一带发生了农民起义；六月，在越后（新潟县一部分）柏崎，国学者生田万自称大盐弟子袭击幕府官邸；特别值得一提的是摄津（大坂、兵库各一部分）能势郡的山田屋大助领导的起义，向民众抛撒写有"要求天皇命令领主实行德政，将一国一郡之米万人均分！"字样的传单，表现出要求"改变世道""平均地权"的土地革命斗争的萌芽。

大盐平八郎起义在日本近代史上被称为"大盐之乱"，这是站在统治阶级角度否定民众起义的说法。从官方角度，揭竿而起的行动属于"犯上作乱"，所以日本近代史把民众起义都称作"某某之乱"。但从民众角度来说，却是官逼民反的产物——起义。大盐平八郎，作为一介书生和中下级官员，能够视关心民间疾苦为己任，在对官商勾结忍无可忍时，带领群众揭竿而起，并采取武装斗争的形式，最后献出生命，在日本近代史上也是罕见的。大盐平八郎的起义虽然只持续了几个小时，但无疑对推动社会历史进步起到了积极作用。

三、大盐中斋的代表事迹及主要思想

（一）人生三大转折

大盐平八郎年幼失去双亲，先成为大坂盐田喜右卫门的养子，后因故离开，又成为天满宫与力大盐氏的养子。七岁时养父母双亡，继而由养祖父政之丞收养。自幼好学，兼修文武。因为他继承祖父职业，成为一名与力，工作不需要过高的学问，他没有以学问立身。十四五岁时第一次看到自己的家谱，作为一名区区市吏，觉得惭愧，发奋以功名气节实现祖先之志。于是以青年人的无比热情学习文武两道。他赴江户入林述斋的家塾，研究儒学刻苦精励，进步飞速。在学习儒学的同时，他用心练习武术，对刀枪弓铳（火枪）无所不通，尤其是枪术，深得其奥秘，后来竟然获得了"关西第一"之美名。这是大盐人生中的第一大转折点。

20岁以后进一步接触到社会现实，从而发觉昔日的功名气节之志只是从好胜心出发。同时感到自己没有学问修养，而且高傲自大，许多地方违背道理，便立志学习儒学，根除弊病，提高素质。这是第二大转折点。

然而当时学术界的风气是热衷于训诂，严重脱离实际，不仅不能医治自己的"心病"，反而加深旧弊。正当此时，他发现了明朝儒学大家吕新吾的《呻吟语》，通过它第一次知道了阳明心学。这是第三大转折点。以此为契机，终于达到了以诚意为目的，以"致良知"为手段，排斥外界的感诱，弄清心的本意——天理的境地。

阳明心学是以德行为第一的实践主义——所谓"知行合一"的哲学，而大盐又加以发展，把它和现实紧密结合起来，成为一种对社会有用的学问。因此在他的眼前，腐朽的幕藩体制的弊病在城市和农村到处以难以挽救的丑态暴露出来，不得不使他关心政治。而这种关心，随着社会矛盾的激化而日益提高。

大盐十分痛恨当时腐败的政治。他说"立身升进丸（钱），大包金百两、中包金五十两、小包金十两"，讽刺了官场的堕落。在这种思想支配下，他在上司高井实德离职之际也告退了。

特权商人也是大盐反对的对象，包括大盐在内，一切城市贫民和农民或多或少都吃过他们的苦头。所以大盐对豪商切齿痛恨，骂他们是"民贼""游民"，和官吏是一丘之貉，指出"城下的町人（商人）专事奢侈，沉迷于乱舞、茶汤、俳谐和蹴鞠（踢球），装饰住宅，收集奇物珍宝，打扮妻子，买卖皆托给伙计"。

（二）辞去公务，专心讲学

13岁时养祖父去世，大盐中斋继承家业，开始担任大坂东町奉行所与力，直到辞职为止，共计十余年。在他任职期间，因为遇到了伯乐式的贤主高山城守高井实德，而成就了大志。实德贤明又有识人之能，对中斋的才气胆识非常赏识，对他进行提拔重用。中斋官职不高，但与实德惺惺相惜，得到支持，中斋精明能干、雷厉风行，名震全国。因此更加得到实德的肯定，却也让中斋遭受了无端的忌妒。因此，他产生了隐退之意。此时刚好实德因为年迈即将离职，38岁的中斋除了肺病这一宿疾，又患上了肠胃病，于是借此机会辞职了。

中斋在仕途10余年间，凭借过人的才气胆识，做出了许多突出的业绩。下面列出其中最有名的三件。

其一，文政十年（1827年，任职第10年），取缔肥前浪人水野军记所传天主教。室町幕府末期，自战国时代输入日本的天主教在九州地方蔓延，形成了一大势力。在德川幕府初期引发了岛原之乱，这是由16岁青年天草时贞领导，以倍受封建压榨的农民和浪人为骨干，借助天主教组织，反对幕藩统治的一次大起义。德川幕府耗费了大量的兵力、财力镇压了这次起义，其后对天主教实行了严格的禁教政策，建立了"寺请"制度。整个锁国时代（1633—1854年），幕府强迫天主教徒改信佛教，要求每个日本人都必须固定一个寺庙作为其所皈依的寺庙，由寺庙证明他是某一佛教宗派的信徒（即"寺请"制度），对于犯禁者处以极刑。寺院掌握了信徒的"改宗户籍"，成为幕府统治人民的工具之一。然而文政十年，天主教又在京都、摄津之间流行开来，扰乱当地风俗。实德命中斋前去调查实情，捉拿祸首。中斋用了两年时间查明事实，并一举擒得祸首，取缔邪教，对教民进行区别处理，遏止了西方列强以传教的名义实施侵略事实的伎俩。

其二，作为激进廉洁的官员，告发官僚非法行径，拒绝收受贿赂。中斋深深信服阳明心学"致良知"之说，把"致良知"作为道德理性发挥宣扬，认为只有心无私欲，才能处理公正，造福社会，因此对贪赃枉法之徒十分痛恨。按理政府官员的职责就是在辖区内进行巡视，举发恶事并严加惩办。但当时的现实却正好相反，官员们浸染淫逸奢华之气，贿赂之风盛行，刑罚以好恶为准，生杀视钱财多寡，致使很多无辜良民含冤受屈。当时在同僚中有人滥用职权，收受贿赂，而且残忍暴戾，致使怨声载道，市民避之如蛇蝎。中斋受命于实德，运筹帷幄，将其一举擒获，并在他家里查获赃款 3000 多金，用以赈济贫民。这一举措在很大程度上震慑了官僚，整肃了官纪。

其三，逮捕横行大坂的破戒寺僧，整治僧侣。德川幕府建立的"寺请"制度，给寺院的发展提供了广阔的发展空间，很快寺院的势力兴盛起来，但随之而来的是一些败类僧侣的恃宠而骄，不守法纪。天保元年，大坂一带出现了一些非法破戒堕落至极的僧侣，他们成群结伙，饮食酒肉，招摇过市，侮辱妇女，鱼肉乡民，成为地方大患。中斋奉命整饬，他先重申戒律，进行训导，另外对十恶不赦的数十人进行逮捕严惩，于是僧风为之改变，一扫腐败劣迹。

辞职后的大盐中斋埋头于著书立说、教育等活动。

起初大盐只是在公务之余进行讲学，后来随着名声提高弟子越来越多。1823—1824 年，大盐在自己家里开办学塾，取名为"洗心洞"。还制定入学盟誓八条，排除空头理论，严格实行大盐办学的宗旨——务实。

洗心洞的弟子除武士阶级出身的以外，还有不少是大坂附近农家出身的。大盐对农民天生有浓厚的感情，经常访问近郊农村。他对在自然灾害面前无能为力并被封建贡租逼得透不过气，却仍然专心耕种的农民十分尊敬，同时寄予无限同情。

（三）大盐中斋的著作及思想

大盐中斋的著作与其他儒者相比显得比较少，而能体现他阳明心学观点的主要是"洗心洞四部书"——《古本大学刮目》《儒门空虚聚语》《增补孝经汇注》《洗心洞劄记》，其中以《洗心洞劄记》为其思想的主要代表性著作。《古本大学刮目》从其成稿经过校对、刻板到最终完成用了四年的时间，可见中斋对此书所倾注的心血。该书是总括阳明以后所产生的各色各样明代思潮对《大学》的各种诠释而编纂的，而中斋的视点则聚焦于清初学术。在诠释的过程中旁征博引，引用了中国儒者230人的注释，在全面考证的基础上，提出自己的观点。他强调《大学》的要旨在于"诚意"，非常同意王阳明的思想与观点，认为"致知"与"知行合一"是完全统一的，坚持阳明心学的"心外无物"的观点。《儒门空虚聚语》是由中斋本人辑点，其弟子们共同校对而刊行的书籍。书中也大量引用中国儒者的观点来解释孔子的言论，中斋并不明确表示自己赞成或者反对哪种观点，似乎暗喻所有人都没有正确理解孔子的本义，都需要自我对症下药。孔子言论的理解仁者见仁智者见智，没有定论，但中斋借此表达了"心归太虚"之意。

大盐中斋不仅不承认自己是朱子学派的，也不承认自己是阳明学派的。他认为自己的所治之学，勉强（其中不乏自谦之意）可以算作孔孟之学。而中国和日本儒者，虽然都在研究孔孟之学，但未必可以称得上是孔孟之学。中斋对孔孟之学的理解，就是一个"仁"字与一个"孝"字。而"仁"与"孝"又是紧密相连的。欲求"仁"，必然要以"孝"为道，所以在大盐中斋的理解中，至关重要的还是"孝"。这是大盐中斋对孔孟之学的理解，与常论有别。一般认为，虽然孔子有很多关于孝的论述，但核心学说是"仁"，孟子发扬孔子的学说，其核心思想除了"仁政""贵民"外，"性善论"也比"孝"更具有核心地位。

《增补孝经汇注》中非常明显地体现出大盐中斋的阳明学派观点。书中讲述了一批阳明学者的言论，并特别推崇阳明学者黄道周。中斋为了坚持和宣传阳明学派的观点，坚定地出版该书，并将其内容作为传授门徒的重点。由于阳明心学得不到官方认可，当时有友人劝他不要出版该书，免得影响名誉，但中斋认为，如果日本能因学此书而出一个像黄道周一样的忠义之士，自己受到诋毁也是心甘情愿的。可见，大盐中斋明显把社会责任放在自我利益之前，是"知行合一"的典范。

大盐中斋在担任与力期间开办了私塾"洗心洞"，表现的是阳明心学中"洗去私利私欲"的意思，"洞"字取自阳明洞。中斋把自己家里的客房作为私塾进行讲学。学生不仅有武士，还有农民、医生等。据说中斋对寄宿的学生尤其严格。讲学中会涉及如何应对危急情况的心理训练，要求学成坚强刚毅的心性。参加大坂起义的人大都曾经在"洗心洞"学习过。《洗心洞劄记》是讲学主要用书，内容包含了大盐中斋的主要思想，尤其以"太虚"为最重要。

大盐中斋的思想在《洗心洞劄记》中主要体现为以下五个方面。

1. 太虚

太虚是中国古代宇宙观方面的一个哲学范畴，原意是指没有具体形状的空间，但不同的人在论述时又赋予其不同的含义。大盐中斋认为，太虚是世界万物之本体，身体所见皆虚，此虚大而为太虚。身可灭恶太虚万古不灭，太虚不仅是宇宙一切活动之根本原因，而且也是人的心灵精神和社会伦理道德规范的本体性存在。太虚是宇宙的本体，同时就是宇宙，而理气皆在其中，所以说道就是太虚，太虚就是理气合一。中斋主张"归太虚"，意思是心与太虚同一，心归太虚并不是要心归于虚无，而是要心不执着于某物，要超脱物累，即去人欲存天理，达到心与万物相通，进而与天地万物为一体的境界。此处体现了中斋万物一体的世界观，太虚通过万物一体实现了心灵的自由，万物一体即天人一体，由此可以实现天理。

中斋认为，人如果不让心归太虚，就可能放任各种情绪而不加控制，进而丧失道德之心，尤其是对于为官掌权者，只有以德教化，培养优良的道德品格，使心归太虚，不为物欲充塞，才能真正做到公正无私，秉公处理赏罚功过等事务，达到圆满治理国家天下的目的。在生活中，中斋批判官僚罔顾"万物一体之仁"，指责官僚和商人勾结等同于强盗，大盐认为自己的起义和殷汤、周武王、汉高祖、明太祖所做的同情人民、诛杀暴君等行为一样，宣扬"奉天命，行天罚"。起义的檄文就是他向官僚和商人下达的挑战书。

大盐中斋的归太虚思想根源在阳明心学，因此他指出，要归太虚，必须"致良知"，"致良知"是通往太虚、实现归太虚境界的必由之路。

2. 致良知

"致良知"是阳明心学最重要的命题之一，大盐中斋的"致良知"说是他的"太虚说"的进一步深化和发展。中斋认为，良知就是太虚，致良知和归太虚是紧密联系在一起的，若心不归太虚，而只说良知，就不是真正的良知，而是情识闻见之知；同时，如果不积累王阳明所倡导的致良知的实际功夫，就不可能达到太虚的境界，反而会陷入佛老之学的陷阱之中。

良知人人都有，但时常为私欲所蒙蔽，因此要除去私欲，使自己努力于内心修养以求达到心归太虚，这个过程就是致良知。故而致良知与归太虚是统一的。

圣人和我们一样，都有心脏，心脏就是"太虚"，我们都可以致良知。也就是说，世人都可以称为圣人。良知在人的心中，人们应当从心而动，追求那些使人心潮澎湃的事物。

致良知要求做到知行合一，光想着致良知而不落于行动，即明明知道却不去做的行为，会被人嘲笑。这是典型的日本人思想。在强调致良知是实践知行合一的同时，中斋提醒人们不要忽略了学习。有人问中斋："读书然后致良知乎？"中斋答："否，读书便是致良知也。"中斋强调读书就是致良知的一个环节，从书中获得"知"也是一种"行"，这样才能"致"。本来饱读诗书就是儒学的基本修行，是不可或缺的。而且，致良知完全是在个人自身上用功的事情，不但不欺人，先毋自欺也。

大盐中斋还十分重视赤子之心。他认为"人不失赤子之心，则良知纯粹清明"，强调这是"心的出发点"，也就是"初心"。每一个心灵遭受污染的人都有必要拾回自己的"初心"，如此才能知行合一，做到致良知。

3. 变化气质

气质是何物？气质可以理解为拘束和蒙蔽良知的障碍物。因而只有变化气质，消除障碍，才能使心归太虚，真正做到致良知。中斋认为，良知是人生而具有的，每个人所具有的良知相同，但是圣人和常人的气质却有很大差异，常人只有改变气质、去除障碍，才能使良知显现，做学问才能深入剔透，才能更接近圣人。

中斋认为，只有变化气质，心归太虚，才有真良知，才能不为外物所动，不为人欲所浸。

4. 一死生

大盐中斋的生死观也和太虚说相关。他指出，太虚是永生不灭的，没有任何私欲，不为任何利害祸福所动。人也只有达观生死，才能达到泰然不动的境界。在圣人眼里，人与天地一体，都是无穷的，只要心不死，即使身死了，也可以和天地同在，与不灭的太虚同在。死亡不是问题，心灵的太虚是不会腐朽灭亡的。超越了一切祸福生死的心灵将和永恒的太虚融为一体。

但毕竟生死是人生大事，要确立这种抛却生死的人生观并不容易。中斋认为要达到生死一贯的大彻大悟的境界，为学修养是最重要的，而修养的重点在于"勤"，只有真正努力地做到克己除欲，才能真正超脱。只要不失去太虚，人可以成就任何大事。

大盐中斋将生死一贯的生死观付诸实践，在社会惊浪中不存畏惧虚妄之心，为了救济百姓不惜献出所有财物乃至宝贵的生命，完全已经达观生死，超然于世了。大盐中斋超越生死的观念引领着革命志士最终走向明治维新。

5. 去虚伪

去虚伪也是实现归太虚的一个方法，致良知是积极实现归太虚的方法，而去虚伪则是以消极的方式变化气质以实现归太虚。致良知是对人先天具有的灵明知觉的发挥，去虚伪是去除人欲虚妄以显现灵明良知的功夫。

中斋认为，任何虚假伪饰、狂诈邪佞都是对良知的腐蚀，而虚伪来自人的私欲，因此只有去除人的私欲，使虚伪也随之而去，才能真正致良知、心归太虚。

总体来说，大盐中斋的思想以"太虚"为核心，他认为太虚明则明利济，是齐家、治国、平天下之事。"利济"指实际有利之事，而太虚指纯粹崇高的精神境界，两者是相对的关系。中斋要强调的是：如果仅仅关注利济而不以太虚为本，那是刑政霸道，如果只追求太虚的精神境界，而完全忽略利济，又会陷入虚无之道。应该以太虚境界为体，以利济事功为用，两者兼顾，以求达到全美无偏。而大盐中斋为了救济贫民，变卖自己的书籍；带领百姓起义，献出自己的生命，知行合一的一生正好完美诠释了这一宗旨。

（四）同时代东西两大学者对比

江户中后期，江户的佐藤一斋和大坂的大盐中斋分别是阳明心学研究的东西双雄。佐藤一斋寿终正寝时已近 90，而大盐中斋在 40 多岁时就因起义而死，寿命差不多只有一斋的一半。

对于阳明心学中最受重视的概念——"去人欲"，佐藤一斋主张"知足"，常人也可以做到。这是对日常生活实践性的探索，对武士而言目的是学习道德，并将其作为最重要的行为规范。"知足"理论可以造就伟大的领导者，但不会造就革命家；大盐中斋主张"归太虚"，一般人很难做到，但更接近王阳明的本意。"归太虚"是本质性追求，是已经超越了尘世的革命性讨论。大盐中斋的思想在其生活的时代没有取得成功，却通过吉田松阴、西乡隆盛等人，成为明治维新的原动力。

◉ 思考题

1. 学习了本节大盐平八郎领导的起义后，对比中国历史上的众多起义，谈谈你的思考和认识。

2. 大盐平八郎在领导起义前后，为老百姓做了很多事。比如：变卖自己的藏书，救济穷人；起义开始时先向自己的家里投弹，为起义造势；在官府通缉他的最后，引爆火药付出生命；等等。给你留下深刻印象的是哪些？为什么你会记住他？

3. 大盐平八郎很重视"赤子之心"，也就是心的起点，这与"初心"的说法有异曲同工之妙，请你谈谈在学习或者社会实践中，自己的初心是什么？你是否时常提醒自己沿着初心前进呢？

第三节　山田方谷的义利并举

一、生平简介

　　山田方谷（见图 3.3）（1805—1877 年），日本幕末维新时期的著名思想家、政治家和财政改革家，被后人誉为"农商出身的阳明学者"和"企业重组的天才"。其才干与推崇和精研阳明心学有密切的关系。

　　方谷在去世前曾特意交代家人，准备好干净的桌几，焚香，摆上旧藩主板仓胜静赐予的短刀和手枪，并放置多年爱读的书籍《阳明全集》，而后他身上盖着胜静曾经用过的毯子，平静地离开了人世。

图 3.3　山田方谷像

二、山田方谷的童年

　　山田方谷出生于备中松山藩阿贺俊西方村（现在的冈山县高粱市中井町西方）一个贫苦的农民家庭。又名阿琳，本名球，通称安五郎，是山田家的长子。方谷的祖先原本声名显赫，但到方谷出生之时，家境已经十分贫寒，方谷的父亲五郎吉白天从事农业和菜籽油的制造和贩卖，深夜则前往亲戚家求学问道，这才使家境有所好转。方谷是长子，年幼时就表现出了非凡的才能，如三岁时便会写汉字，四岁时便能够在匾额上写汉字。为了振兴山田家，五郎吉在方谷五岁时便让他进入邻藩新见藩朱子学者丸山松影的私塾，学习儒学，方谷在松影私塾学习朱子学长达 10 年。其间不仅儒学的素养有了很大的提高，而且对学习儒学的目的，也有了自己独特的见解。在方谷九岁时，松影的朋友问方谷为什么学习，方谷回答说，"治国平天下"。这 10 年的学习经历对方谷以后思想的形成和发展产生了巨大的影响。

然而，在方谷十四五岁时，母亲和父亲不幸先后去世，为了赡养继母和叔叔，方谷不得不离开私塾回家继承家业，在 17 岁时与若原进结婚。之后的大约七年时间里方谷像父亲五郎吉当年一样从事农业和菜籽油的制造和贩卖，一有空闲便读书学习。几乎每天都在和追求"利"的商贩打交道，为了获取利润，方谷也不得不去计算"得失"。这对于一个从小便开始学习注重"道德性命"的朱子学且志在治国平天下的方谷来说，是十分痛苦的。可以说，方谷正是在朱子学所注重的"道德性命"与现实买卖活动中不得不追求"俗利"的矛盾之中度过了七年时间。也可以说，他是在自己曾经一直笃信的"学问"与现在不得不追求"利"的现实矛盾中度过的。这七年的经历使方谷的思想发生了很大的变化。方谷开始从实践的角度去考虑问题，正确看待"义"和"利"的关系，并且认识到了商人的作用，为其后来的藩政改革积累了经验。

三、求学生涯

终于在方谷 21 岁时，生活迎来了转机。在当时，各藩为了进行政治改革，都热衷于选拔优秀人才，松山藩当然也不例外。方谷好学的名声传到了松山藩藩主板仓胜职的耳中，胜职决定给方谷"二人扶持米"（相当于今天的双份奖学金），并允许农商出身的方谷到藩校有终馆学习，待时机成熟后予以录用。当时的日本游学风气盛行，为了完成先父的遗志和报答藩主的知遇之恩，在之后的大约 11 年时间里，方谷先后进行了三次京都游学和一次江户游学。三次京都游学均进入松影挚友寺岛白鹿门下学习朱子学，江户游学则师从"阳朱阴王"的大儒佐藤一斋。

在山田方谷游学期间，他的社会地位和学问都有了很大的提升。在社会地位方面，他得到了八人扶持米的俸禄，又被任命为有终馆的"会头"。在学问方面，第三次京都游学期间，方谷发现自己的一些问题不能通过朱子学来实现，但是又找不到更合适的学问，所以在学问上有了一段迷茫期。为了解决自己的迷茫和困惑，方谷各处拜师学艺。终于在第三次京都游学即将结束的时候，接触到了《传习录》。读完之后，疑惑也由此逐渐解开，从此便开始学习阳明心学，并在江户游学期间提出了"诚意本位"的阳明心学思想。

山田方谷的著作主要有政治论《拟对策》和经济论《论理财》两部著作，这两部著作对以后的松山藩财政改革发挥了重要的作用。在经历了一系列游学回到松山藩以后，32岁的方谷被任命为有终馆的学头，第二年，他自己就开办了家塾"牛麓舍"，讲授学问。在45岁之前，方谷一直从事松山藩内的教育事业。在40岁的时候，还被任命为松山藩藩主儿子板仓胜静的老师，向胜静讲述朱熹的《续资治通鉴纲目》和《周易》，由此，方谷和胜静之间建立了良好的君臣关系，胜静也十分信赖方谷。这为以后胜静担任藩主后，任命山田方谷进行藩政改革创造了必要的条件。在方谷45岁那年，胜静成为藩主，山田方谷被任命为松山藩的财政大臣和监察官。由此方谷开始着手藩政改革，仅仅用了七年时间，不仅还清了以前的欠款，还创造了十万两的剩余金，而且整个藩的风俗有了很大的改变，军事实力也有很大的提高，所以说方谷所主导的藩政改革取得了巨大的成功。藩政改革的巨大成功，使得胜静在江户幕府藩主中的地位迅速提高。所以短时间内他被提拔为"老中"（老中是江户幕府的职名，是征夷大将军直属的官员，负责统领全国政务，是幕府的最高官职。定员四五名，采取月番制轮番管理不同事务，原则上在25000石领地以上的谱代大名之中选任，相当于地位低点的宰相、军机大臣之类），到江户去任职。山田方谷也跟随胜静赴江户任职，担任其顾问，帮助胜静处理幕府的事务。在当时社会矛盾非常激烈的情况下，山田方谷主张通过幕府的诚意改革实现"公武合体"，但是最终没有实现。

四、功绩赫赫

作为德川幕府第15代将军德川庆喜的首席"老中"、备中松山藩藩主板仓胜静的得力助手，山田方谷显示出政治家和实践派财政家的杰出才干。他仅仅用了七年的时间，就对人称"贫乏的板仓"的备中松山藩进行了财政重建，同时又在松山藩进行了教育改革和军制改革等多项改革。另外，他还是江户幕府的政治顾问。他在板仓胜静成为首席"老中"后便前往江户，帮助德川庆喜起草了"大政奉还"建白书。

1868年江户幕府倒台，明治政府成立。明治政府刚成立，就对支持幕府的各藩"朝敌"进行武力征讨。身为幕府"老中"的板仓胜静及板仓胜静所在的松山藩理所当然就成了征讨的对象。应该说，经过藩政改革之后，松山藩是有很强的军事实力的，与征讨军决战也不是没有胜利的可能，但是出于为普通老百姓安危的考虑，方谷最终放弃了战争，经过多方努力，实现了"无血开城"，使得当地的百姓免受战争之苦。虽然松山藩"无血开城"，老百姓避免了战争，但是征讨军方要求松山藩必须写书面的谢罪书。但方谷发现，谢罪书当中要求把藩主板仓胜静的罪行定为"大逆不道"。方谷深知这不合实际，不惜以牺牲自己生命的代价请求对方，最终对方被方谷感动，同意将胜静的罪行改为"轻易暴动"。方谷因此也保全了胜静的名誉。晚年的山田方谷拒绝了明治政府邀请其担任大藏大臣（财政大臣）的邀请，将主要精力用于培养人才。

五、大政奉还

庆应三年（1867年），德川庆喜将军把政权还给了天皇，标志着持续260多年的德川幕府统治结束。大政奉还标志着日本封建时代的结束、近代日本的开始。大政奉还的平稳完成，其中饱含着山田方谷的心血和智慧。

大政奉还是一次在欧美列强的重压下，把日本从危局状态中挽救出来的不流血的革命，使日本避免了被列强殖民的厄运，并最终建立了近代日本的根基。

六、财政改革

在江户时代，日本的各藩都实行独立核算制的地方分权制度，各藩相当于一个个"小国家"。因此，相比讨论财政赤字的金额，公债依存度（财政赤字度）更能准确反映财政赤字的状况。

当时松山藩的财政赤字约为现在日本财政赤字的两倍，如果以现在的国家财政来衡量当时松山藩的财政状况，就是"光是定期收入的公债发行额就达约62.9兆日元，就算向企业课收特别的税金（特别收入）还是不够，因此只好对国民临时性地调高所得税的税率。尽管如此，也必须再发行38.5兆日元的公债"。虽然其他藩也有类似的状况存在，但还是让人感叹幸好没有出生在当时的松山藩。

而当时松山藩等各藩应对财政赤字的方法，却是向大坂等地的豪商借款，然后增加藩札（类似现在的国债）的发行量。在这样的状况下，每一次大名前往江户参觐交代时，甚至就连东海道抬驾笼的轿夫们都会说："不想抬贫乏的板仓。"以示对松山藩的敬而远之。

1849年，方谷得到藩主板仓胜静的提拔，担任藩内会计长官，开始着手"上下节约、负债整理、产业振兴、纸币刷新、士民抚育、文武奖励"等六项大胆的改革。

作为贫穷代名词的松山藩,在方谷的铁腕治理下,很快跃升为经济繁荣、文武两道都很强大的藩国。

《史记·货殖列传》中自由市场的经济观念给方谷留下了很深的印象,他的产业振兴政策始终遵循用手头的廉价原材料振兴产业这一资本主义铁则。他把开掘铁矿和铜矿的事务作为藩的直辖事务,再以这些优质铁矿为原料,用"脚踏风箱制铁"的方式来制造铁器、农具、铁钉等,并把铁钉拿到火灾多发的江户市场高价出售。嘉永五年(1852年),方谷新设"抚育方",作为除贡米以外所有商品的管理机构,专门负责备中松山藩的产品专卖,主要是把除了藩内生产的年贡米以外的其他所有产物都集中在一起,对全部销售活动进行有效管理。其运行理念为:以抚育为主,先为下层人民谋利益,使下层人民先富起来,之后上层统治阶级自然会富,最终使整个社会变得富裕。

从现代的眼光看,新设"抚育方"并没有特别之处,但在当时的背景中,其意义就非同一般。当时的武士阶级非常蔑视商人,视"商贩"为低贱的行业,以致将其称为"吃不上饭也要有风度"的阶级。所以作为武士集团之代表的藩,从事起商业买卖活动,这对于武士的思想观念而言乃是一次巨大的转变。"抚育方"的全面投入运作,某种意义上也表明了武士阶层开始接近商人,"士、农、工、商"的等级原则开始瓦解。

"创造有效需求""国家干预经济",是20世纪美国经济学家凯恩斯的经典观点,而这种以财政政策和货币政策为核心的思想后来成为整个宏观经济学的核心。山田方谷在19世纪就已经意识到,备中松山藩的600亿日元(10万两)借款,实质上是农本主义经济(米本位制)与资本主义经济(金本位制)并存的德川幕藩体制下矛盾的产物,只有通过产业振兴带来的新的利润增长才能彻底还清债款,而这也是把他在备中松山藩的改革实践引向成功的关键。

在此方针引导下的藩政改革,不仅还清了600亿日元(10万两)借款,甚至还有约600亿日元(10万两)的积蓄,这不能不说是通过"抚育方"而实施的殖产兴业政策的功劳。

还有一点需要注意,方谷还实施"公共投资",对道路和河川进行改修。这不仅仅是对基础设施的投入,更重要的是能产生出新的利润增长点,而这与凯恩斯的乘数效应、实现新的扩大再生产的理论相一致。

方谷所推行的财政改革，从理念到方法，对现代社会都具有一定的普适性，其作用对企业的经营改革而言尤为显著。近年来日本电视等媒体频繁报道方谷事迹，通过学习方谷的理念来重整经济、逆转企业的事例已有不少。从东京到地方县市正在掀起一股学习和宣传山田方谷的浪潮。

七、教育改革

方谷先后在松山藩的有终馆、冈山藩的闲谷学校授课讲学、教书育人，为幕末改革、明治维新培养了大批人才。据统计，方谷有姓名记录的门人 487 人，实际人数超过了千人，遍及幕末期的数十个藩。

坐落于东京的二松学舍大学就是明治维新时由方谷的弟子开设汉学私塾、实行教育改革后留下来的遗产之一。

八、山田方谷的"诚意本位"思想

在朱子学与阳明心学之间，山田方谷信奉的是王朱并举、以王为重，阳明心学的分量明显高于朱子学。

山田方谷的改革及学说使日本阳明学诉诸行动、重在实效的特质彰显无遗。

方谷认为阳明之言有其得也有其失，所以唯有"舍其言而学其人"，更看重阳明的为人为事，即实践性品格。山田方谷的阳明心学思想被称为"诚意阳明学"，重点着眼于人伦关系中自他之间的"和谐统一性"，与中下武士、商人、农民阶层的平等意识联系在一起。

方谷的"诚意本位"思想主要由"诚意说""诚意致良知""诚意格物论""诚意治平论"四部分构成。

第一，"诚意说"的宇宙观依据在于"气一元论"。方谷认为，世界是由无形的"大气"所构成的"大虚"（又名太虚），此"大气"运动凝结便产生万物。"一元大气"是世界本原或构成世界万物的原始材料，具有"运动"和"自然"双重属性；气生理，人之自然为诚意，顺应"气之自然"而行动即为"至诚"。"诚意说"主张"一元大气"

是"大虚自然"和"性念"。"性念"是无善无恶的,但接触各类事物后会产生意识活动。意识活动自然感应即为善;受私欲影响,不能自然感应即为恶;使不能自然感应的人能做到自然感应即为"诚意"。

第二,"诚意致良知",即"致良知"是实现"诚意"的手段,并需要与"格物"相配合。方谷认为,深奥、虚无缥缈的"良知说"容易使学习阳明心学的人"自以为得道";"积密严固"且需要持续不断下功夫的"格物"则使人难以坚持,避难就易是人之常情,所以就导致出现了资质普通的阳明学徒,出现了"良知之说胜,而格物之功废"的现象。带来了两种极端:要么不实践、不行动;要么依据所谓的"良知"而肆无忌惮地行动。于是方谷提出了"诚意致良知说",即"致良知"是手段,"诚意"是目的,应该通过使自己"良知"无私欲,达至"极",即用"至极义"的"致良知"来体会阳明心学的主旨。而且,不能仅仅理论上接受"致良知",还应当将"格物"和"致良知"结合起来,将"良知"付诸实践,这样才能实现"诚意"。这个主张主要为了克服后世学者在学习阳明心学时重"致良知"而不重"格物"的弊端。

第三,"诚意格物论"主张人的"知觉"所认识到的皆为"物","格"是当人的意识不能自然感应时促使人做到自然感应,格物是实现诚意的方法,诚意统帅格物的目的。此主张旨在使学者诚意地做学问,学习对实践有用的学问,学习能够付诸实践的学问。

方谷认为,真正的学问,应当是切合实际的学问,再高深的学问也必须着眼于实际,付诸实践。他主张学习对实际有用,能付诸实践的学问。方谷主张通过读书学习和自我反省等"格物"手段,使自己的"意念"无私欲,达到"至诚",然后以"至诚"之心来践行自己的"诚意",即用"至诚"的态度来对待他人,处理一切事物。

另外,方谷所主张的统治阶级的"格物观"可以理解为,用"至诚"之心去"怜悯"和"抚育"百姓,坚持"明其义不谋其利"的治国方针,坚持"王道",反对霸道。只有以"诚"为根本,"义"才能得以实现,藩政改革的实践才能成功。"明其义不谋其利"是统治阶层的"诚意"。在此思想的指导下,方谷的藩政改革取得了巨大的成功。

第四,"诚意治平论"的提出标志着山田方谷诚意阳明学的最终完成。主张出于"志诚"之心为天下创造财富,出于"志诚"合理地分配财富,使上层统治者与下层被统治者的利益"互不侵犯",克制私欲,不铺张浪费,"诚意"地使用财富;出于"自然之诚"，为国家选拔优秀人才。此主张旨在解决幕府藩财政贫穷和官员贪污腐败的问题。

当时的社会背景是，由商人所主导的商品经济的迅速发展和商业资本的大量积累，使得以"农本商末、贵谷贱金"为经济伦理的幕府体制发生了严重的动摇，进而产生了包括松山藩在内的各藩出现财政困难、武士阶级贪污腐败及农民难以维持生计等一系列社会问题。方谷认为，统治阶级的贿赂横行和生活奢靡导致了藩政"财穷"，而"财穷"又导致了武士阶层士风低下。为解决问题，方谷主张国君应该"简静寡欲"，以减少浪费；大臣应该"方正廉洁，杜绝贿赂"，从而克服"财穷"，使国家免于衰亡。

由此形成了方谷的"诚意治财"和"诚意选贤任能"的思想，方谷主张"治国平天下"最终要通过"诚意治财"和"诚意选贤任能"来实现，为了解决藩内财政问题，尤其重视"诚意治财"。"诚意治财"从"生财有大道"的理论依据出发，首先，"生财"应该以"诚意为本"，为天下人民创造财富；其次，"财"的分配应该使上层统治者和下层人民互不侵犯，以"无私诚意之心"来对待上层和下层，使其不偏向任何一方，做到公平公正。"诚意治财"的思想，通过将以利益最大化为主要目标的商人的价值理论和注重道德价值的儒家伦理进行了有机融合，实现了道德理性与价值理性的一元化。

整体来看，山田方谷的思想逻辑是通过"格物"，即实践来实现"诚意"，而实现"诚意"的最终目的也是实践，即"治国平天下"，这充分体现了方谷诚意阳明学思想注重实践的品质。

在义利观方面，方谷主张"义利并举，以义为重"。阳明心学所强调的"义"，并不是固定不变的，而是建立在现实经验基础上的社会存在，只有务实地思考、具体地对待，才能使"义"适应现实需要。

所谓"义"，简单说就是"道德正义"，它要求在自我的内心世界及其实践层面，确立起超越利害、功名、荣誉的真正的人格坐标。只有确立了这种"义"的坐标的人，才是整个社会的脊梁，才能决定经济社会的发展方向。

山田方谷在推行藩政改革的过程中，一方面整顿纲纪，一方面教导人们用正确的理念去从事经营活动，就会获得利润。他深信"利"必须依据"义"，"以义为利"，便能"不计利而利自生"。

九、方谷思想的发展与影响

如图 3.4 所示，方谷的"义利并举"思想在其弟子三岛中洲时代发展为"道德经济合一"论，其后又由涩泽荣一继承，继续发扬光大，在企业界推行"《论语》+算盘"的运营模式，使阳明心学在日本近代企业界得到广泛的运用，获得了良好的经济效益和社会效益。

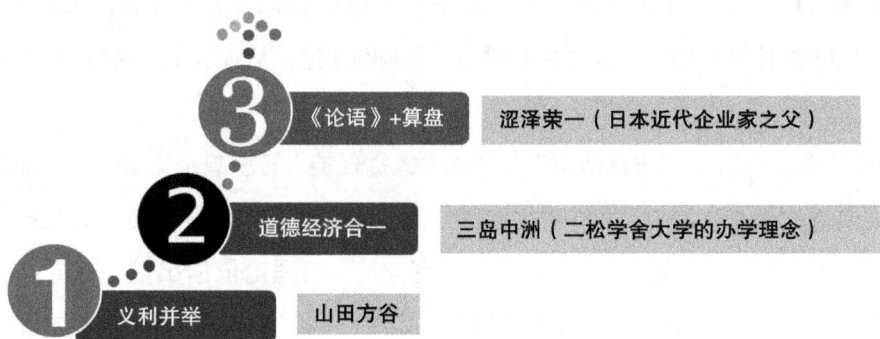

图 3.4 方谷思想的发展

思考题

1. 山田方谷的诚意阳明学，包括了人伦关系中自他之间的"和谐统一性"，也可以理解为人际关系中的"万物一体之仁"。我们大学生可以从诚意阳明学中学习到什么呢？

2. 山田方谷主张"以义为利"，便能"不计利而利自生"。你是否赞同？请举例说明理由。

第四节　石田梅岩的商人之道

一、生平简介

石田梅岩（见图 3.5）（1685—1744 年），名兴长，通
称勘平，号梅岩。石田梅岩生于丹波的桑田郡东县村（今
龟冈市东别院町东挂）的一个农民家庭，是家中次子。
其父原本是武士，后来解甲归田，以农业和林业为生。
老实本分的父亲没有能力为梅岩提供读书的机会，梅岩
自小在田里帮父亲干农活。梅岩的童年时代受到父亲的
严厉管教。梅岩大概 10 岁的时候，有一天在山上玩耍，
捡了几颗落在自家地里的栗子，午饭时拿给父亲看。父

图 3.5　石田梅岩像

亲问他是在哪里捡到的，他说是在自家的山和别人家的山交界的地方捡到的。父亲
告诉他，自家山上的栗子树叶没有过界，但别人家山上的栗子树叶过界了，虽然是
在自家山上捡到的，那肯定是从别人家栗子树上掉落的，未经别人允许就捡回来是
错误的行为。幼小的梅岩受到了批评。父亲责令他归还后才能吃饭。幼小的他非常
伤心，还一度记恨父亲，直到长大后才理解到父亲的慈爱，并一直牢记父亲的教导。

在当时的日本农村，一般实行长子继承家产制度，贫困农家的男孩，如果不是
长子，一般幼年就被送到城里商家去做学徒打工，梅岩也没逃脱这个命运。11 岁到
了开始当学徒的标准年龄，经熟人介绍，梅岩被父亲送到京都商家当"奉公"（学徒、
小伙计）。离家之前，父亲就告诉他，对待老板要像对待父亲一样，他一直谨遵父亲
的教诲。几年以后，老板家破产，梅岩就到街市卖力为生，并养活老板一家。四年
后梅岩回家看望父母，穿的还是离家时的衣服，母亲大为震惊，心疼不已，忙问其
中缘由。梅岩说，老板是自己奉为父亲的人，因而他无论如何都不和外人说长道短，

就算家道中落，也一直默默忍受着艰苦的生活。之后，他回到村里，帮助父母干农活，在乡村度过了八年寂寞苍白的青年时期。23岁时再度上京，在吴服商黑柳家重新开始学徒生涯，后逐步被提升为管家。这个时候，梅岩才真正开始他的读书生活。他是一个勤奋好学的人，一边打工一边读书，坚持自学。

梅岩恪守当时的伦理规范，养成了律己、正直、节俭的个性，一生都是禁欲者，每天只吃最简单的食物，把睡眠限制在最短的时间内，总是想方设法利用废弃物品，不能忍受任何东西受到糟蹋。27岁时因为思考过度，神经衰弱，不能工作。老板的母亲非常担心，出钱让他去外面散心行乐。梅岩反省了自己的行为，认为精神好转后还用老板的钱行乐，就等于偷盗。他把自己的想法如实地告诉了老板，并卖掉衣服和短刀把钱还给了老板。

利用业余时间读书是梅岩最大的乐趣。由于幼年时期的耳濡目染，他最早对神道有强烈的感情，后来读书越来越多，他的兴趣逐渐转向儒学。一直自学读书的梅岩到35岁左右时，对"心性"问题感到不安，开始到各家私塾听课，从自学走上从师学习的道路。当时京都有很多公开讲座，梅岩都积极参加。他学习神道、儒学和佛教，容纳各种学说，直到遇见了熟悉中国宋代理学、精通佛教及道教的隐士小栗了云，拜入其门下，专心学习，并有了心灵的顿悟。这种悟性让他欣喜不已并产生了新的自信，决定帮助他人获得全新的感受。

梅岩43岁时辞去工作，继续到各家私塾听课，埋头于当时儒学流行的关于"性理"问题的探讨。长达25年的从商实践经历，给内向敏感、正直古板而又博学多思的梅岩带来了作为商人的使命感，大量儒学典籍的阅读和各家私塾的听讲，使梅岩成长为一个站在商人立场上的儒学者。小栗了云逝世那年，45岁的梅岩在京都车屋町御池上町初开讲席，以商人为主要教化对象推广自己的心学。梅岩的学说以儒家学说为基本伦理学说，同时也吸收道教、佛教和神道学说的成分。梅岩周游全国，教育民众，元文四年（1739年）刊行《都鄙问答》。宽保二年（1742年）在大坂开讲席，并与神道家问答。宽保四年（1744年）刊行《齐家论》（亦称《俭约齐家论》），是年九月去世，藏京都鸟边山延年寺。

二、梅岩生活的时代背景

日本从前把商人叫作町人（"町"是街道、街坊的意思），因为他们是住在街坊上的；把农夫叫作百姓。农夫完全是靠务农生活，虽然没有知识、没有学问，又没有社会上的荣誉地位，但是一生和自然做朋友，所以性格是很淳朴的。加上那个时代的政治思想是重农主义，藩主武士们脑筋里受着中国"民以农为本"的感化，至少对于农夫的人格不会有很大的轻侮，所以还过得去。唯有商人，在社会经济上既处于被统治地位，住的地方又和统治阶级接近，所经营的行业，又要依赖统治阶级，只在一种极度鄙陋暧昧的空气里面做世袭的守财奴。人格上毫无地位的商人，当然不会有高尚的德行，因为高尚的德行不但不能够帮助他们的生活，反而可能妨碍他们的生意。

梅岩生活的时期，是商品经济进入崭新阶段的时期。梅岩幼时耳闻目睹元禄时期的繁荣，中年时也经历了幕府厉行俭约的政策，晚年又亲眼见证了日本历史上有名的"享保大饥馑"。这一切都对他经济思想的形成有着重要影响。

1. 商人的崛起

自进入江户时代，日本结束了长期以来的战国时代，带来了国内的统一与和平，城市兴旺、产业繁荣。其中，最能代表经济走向繁荣的要数城下町。当时，武士们集中居住在以藩为中心形成的城下町中，由于实行兵农分离，武士成为纯粹的消费者。为了满足武士的消费要求，大批工商业者前来掘金，商人阶层迅速壮大。

另外，由于幕府建立的"参觐交代"制度，大名们不得不往返于江户和领地之间，没有生产能力的大名们只好依赖于工商业者。不断壮大的商人阶级控制着全国的经济，甚至有"大坂商人一怒，天下诸侯惊惧"一说，当时的社会影响力可见一斑。然而，为了巩固统治地位，维护对各个阶层的约束统治，当时的幕府在意识形态层面确立朱子学为官学，最终形成士、农、工、商的"四民"身份等级制。因此，哪怕商人们的社会影响力再大，也无法改变其处于社会底层的现实。

2. 奢侈的社会风气

梅岩成长在元禄时期，当时的商人尽管掌控着国家的经济命脉却社会地位低下，不少商人为此感到无奈，逐渐形成"今朝有酒今朝醉"的消费观念，每天只知吃喝玩乐，穷奢极侈。

为了遏制这种奢侈的风气在社会上蔓延，当时的幕府将军德川吉宗进行了一场改革，即著名的"享保改革"。这次改革一改从前的"文治主义"，以奖励武艺、禁止奢侈游惰、提倡俭约为宗旨，振兴产业以图增加收入。

同时，幕府为了大力整治奢侈风气，对个别无视幕府管理的商人进行惩治。年轻时的梅岩在黑柳家奉公，目睹了不少商人由于奢靡而被幕府处以没收财产，导致家业衰落。为此，他以广大庶民为教育对象，创立了石门心学，并提出以"俭约"的实践方法，追求人的本来之"心"。

三、梅岩的心性论

梅岩认为，"心"乃身之主，所以"学问之道无他，求其放心而已"。"求放心"就是恢复人的本来良心，以达"知天"的境界。所谓"知心"就是"知天"，对于梅岩来说，做学问的目的是摒弃个人的私欲，追求一心为公的境界，以"知心""知性"追求"天之心"与"人之心"的合一。这是梅岩的学问观思想与阳明心学的相通之处。

"知心""知性"是梅岩心学思想的核心内容，他在论述中没有将两者进行严格的区分，而是笼统地使用"心"和"性"两个字，他强调自己的教学只是以论孟为本，以实践为重。

梅岩认为人的本质是善的，把人的本质与天地之性联系在一起，指导人们为了悟得其心，应该不断反思学习。他认同孟子的"性善说"。由于人的本质就是善的，因此当人们睡觉时，无心的呼吸是天地之阴阳出入人体，人与天地相接达到一致。孟子的性善是天地之性，是与天地浑然一体的境界，是知心、知性则知天的天人合一。这种性善只有在体悟到自性时才能理解其要义。

自性就是本心，本心就是上天给予人的本性，无法用眼睛看到，也无法从书本知识当中学到，只能通过自己的修行来领悟。天心就是人心，人心就是天心，人心与天心相同。求得人心，就能知道万物之理，就能顺其自然行事。"放心"是人本来的良心，求放心，就是要人们通过反求诸己的修养功夫，在思想上反省悟得孝悌忠信是人之自性，去除不善的欲念，力行圣人五伦之道。梅岩反对物质上追求奢华，教导商人阶层通过内心追求，得到思想上的满足和解放。梅岩提倡通过"求放心"来实现商人的主观能动性和主体性，为商人确立了道德主体意识。在此基础上，梅岩提出了"形即心"的理论，"形"就是世间万物存在的形式、方式。梅岩认为，具有什么样子的形，就具有与形相符的心。心由形定。四民也是这样，武士具有武士的形，就具有武士的心；农民具有农民的形，就具有农民的心；商人具有商人的形，就具有商人的心。

梅岩又将"形"分为"身份的形"和"职业的形"两种。个人在封建社会秩序当中所处的位置是一种"形"，这种"形"，被称作身份。受当时的阶级所限，梅岩并没有否定封建等级秩序，认为身份的"形"，是有贵贱之分的，贵上贱下符合天地之道。但是关于"形"的另外一个方面——"职业的形"，就是职分，他认为可以划分为士、农、工、商，这是来自天命的职分，这是"职业的形"。虽然士、农、工、商从事的职业不同，但拥有的根本之道是统一的，所以在职分上是没有高低贵贱之分的。在"职业的形"层面上，四民是平等的；在"身份的形"层面上，四民是有高低贵贱之分的。

在"形即心"理论当中，还有一个"圣知"与"私知"的不同。人们应该去掉"私知"，回归自然之心。人本来之心都是相同的，只是圣人之心不会为"私知"所蒙蔽，因而能够做到从心所欲不逾矩。大多数普通人是做不到的，因为普通人之心被七情所蒙，认为自己的心与圣人不同，进而生疑。因此大多数普通人不能自然地对待世界，不能原本地反映世界之物，所以就会曲解万物，就不能达到"形即心"的状态，也就是不能达到本心的状态。

梅岩认为大多数人尚未能够达到"形即心"，即求得本心。鸟兽因为没有添加任何人为思索的私心，遵守由形所确定之心，所以能够忠实自己的天性，忠实地践己之行。通过列举这些鸟兽的例子，梅岩主张人们应该摒除世俗生活当中各种各样的物欲和私利，进入没有私心的状态，能够纯朴地反映自然，顺应各自之形，具备相应的心，忠实地践行五伦之道。如果能够很好地践行，找好自己应该守护的位置，遵循五伦之道，便能够完成天所赋予自己的义务与职责。由此，梅岩提出了自己的商人之道和俭约思想。

四、主张商人之道

（一）商人大展风采的时代

在儒学的逐步普及下，日本的商人们建立起了独特的"信用社会"。江户时期的经济交易中广泛使用的货币——藩札（纸币的一种）和支票、票据等信用手段，都是在信用社会才能够成立的。而儒学对信用社的确立做出了很大的贡献，其中的代表人物就是研究商道儒学的石田梅岩。

梅岩所处的日本江户时代，是商人大展风采的时代，商人的经济实力得到前所未有的发展，他们以江户和大坂为中心，积累了庞大的物质财富。商人不仅掌握了商品的流通，还通过资金流通的方式使自己成为许多大名的债主。但当时德川幕府奉行的是"崇本抑末""重农抑商"的政策，商人虽有经济地位却没有政治地位。武士和商人的身份等级差别变得越来越严格，武士与豪商的交往也遭到德川幕府的禁止。幕府还颁布了"商人带刀禁止令""商人禁止登城令"等。商人阶级拥有强大的经济实力后积极进行自我主张、自我表现的活动，将多余的能量释放在物质与文化的享乐中，呈现出追求享乐和消遣，从现世感官中获得满足的消极颓废的精神面貌。在梅岩所活跃的时代，幕府财政陷入危机的时候，也是商人在生活上极尽奢华的时期，给社会带来了极大的浪费和不良影响。于是，唤醒商人已为享乐所麻木的本心，成为时代的强烈要求。

（二）商人之道的提出

梅岩是真正研究商道儒学的代表人物。他以儒学思想为理论基础，吸收了佛教和神道的思想内容，建立和阐发了自己独特的商人伦理思想。士、农、工、商四个阶级如同日月运行一样，是合理的存在，商人的价值体现在商人的劳动当中，商人的利润是商人的劳动所得，商人应以"正直"与"俭约"的实践活动来体现自己对商人伦理的认识，这一切构成了梅岩独特的经济思想。

梅岩身为商人，作为一名知识分子与商人群体的领导者，相当活跃。在商人沦为社会最底层的时代，梅岩能够堂堂正正为商人的存在价值寻求根据，是一个相当勇敢的举动。

1."市井之臣"理论

关于梅岩的商人之道思想，首先要讲"市井之臣"理论。梅岩认为，商人正是应社会需求产生的一个阶级，是人类社会发展的结果。在日本士、农、工、商四个阶层中，士为有位之臣，农为草莽之臣，工、商则为市井之臣。武士辅佐君主治理朝政，直接协助君主，农民以生产五谷辅佐君主，那么商人就是以流通天下的财宝而辅佐君主。因此，商人作为市井之臣，有其重要的存在价值。

2."诚实取利"

梅岩不仅肯定了商人的社会职能，即商人存在的必要性和作用，而且对商人的正当所得也给予了肯定。商人获利要遵循"商人之道"。商人之道建立在四民平等的理论之上，道虽唯一，士、农、工、商各行其道。天下只有一个"道"，商人之道与士、农、工之道是相同的，但"道"的内容有所不同。首先表现在"诚实取利"方面，"获买卖之利为商人之道也"主张商人得利的正当性。商人追求利益和武士通过"俸禄"得到饭资的道理是一样的。商人在从事商业买卖当中，获得一定的利益是符合天下之大道的，应无所隐瞒、无所羞愧。不取利不为商人，而以正当的手段谋取正当的利润为商人的正直所在。如果商人不取自己的劳动所得，便是违背了天的法则。

当然，梅岩并没有无限定地肯定商人对利益的追求。他认为，商业活动应通过买卖行为使买方与卖方共同获得利益。他批判了商人赚取暴利及各种商业欺诈行为，提出了"彼立我立"理论。由此可知，梅岩将正当的利润和利欲明显地区分开来，承认商人应得的利润是劳动所得。

商人之道的另外一个内容是，商人要视天下人为养自己的主人，以真诚的态度对待客人，不从事欺诈行为，对商业兢兢业业，勤俭持家。商人要把天下人的心当作自己的心进行每一份交易，商人所掌管的金银财宝是天下人的金银财宝，财富也是天下人的财富，所以应该珍惜每一分钱，体察天下人之心。

3.商人回报社会的理论

在此基础上，梅岩又提出了商人回报社会的理论。他认为，商人的财富来自社会，也应该用之于社会。梅岩的门人大多是商人，梅岩常常指导门人，对于家业要励精图治，从社会中积累财富，也要以财富辅助天下太平，为天下人的社会福利做出贡献。这种相互扶持的思想，也正是梅岩常常教导弟子的内容之一，而相互扶持的具体表现，就是为社会实行的救济活动。

下面看几个商人回报社会的案例。

案例一

梅岩自己一生追求节俭，然而遇到虫害水灾的饥荒之年，他都与门人一起进行救济活动。有一年冬天，下冈崎村发生大火。梅岩说，在这样严寒的季节，又是深更半夜，灾民们肯定缺乏食品，难挨寒夜。于是他就迅速召集门人，连夜煮饭，捏成饭团，和他的门人一起赶到下冈崎村，将饭团分给受灾的人。

案例二

元文五年（1740 年）冬末春初之际，日本米价暴涨，国内出现大量饥民，江户幕府政府也手足无措，赈灾无方。而且对于当时涌现的大量灾民，并没有多少人参与救灾事业。而梅岩作为一个特别普通的儒者，不辞辛劳地率领他的徒弟们从这年冬天开始，一直到第二年春天为止，开展了漫长的施米运动。他们每组三四人，每天在各个灾民点巡回，施舍钱财和米粮。虽然梅岩及其门人的救治行为并不能彻底使平民的生活发生改变，但是梅岩的施米运动，体现了梅岩思想注重实践的特点。

案例三

有一个富人，他非常乐善好施，对贫穷困苦及遭灾没有收入的人，无论是亲戚还是素不相识的人，都会慷慨解囊，助人渡过难关，而且不管对方是不是有偿还这个欠款的能力。本来这是一件好事，但是在富人家里边工作的一个伙计，看到自己家主人如此慷慨，而自己家的财富不断流出，感到非常痛惜，就到梅岩处去诉说自家主人的事情。他觉得自己家主人对穷人施舍太多了。而梅岩对这个伙计说：财富是天下之宝，商人的财富也是天下的财富，每个人都有相互体贴、相互救助的义务。如果救人于穷苦困顿之中，即使所救之人没有表示感谢，仍然坚持救助别人，这个人就算没有读过书，他也是圣人。你家主人能挣钱又善施舍，就算一字不识，也是真正的学者。梅岩认为财富是天下人共同所有的，真正的商人应该善于积累财富，也善于施舍财富。

4. 以商人之道看阳明心学思想

梅岩认为，商人的基本行为准则，首先是去"人欲"。商人应该重视学问，通过学习，商人可以去除私欲，常怀仁义之心经营商业，成为富商。买卖不是为了满足自己的欲望，而是为了社会的需要。实践商人之道才是商人的根本。

梅岩倡导生意中的"万物一体之仁"，说的是做生意不光要从雇员和顾客的角度出发，更要以为天地尽心为出发点；无论什么样的事情，只要将其考虑成自己的事情，就一定不会失败。

5. 形成商人之道的意义

梅岩超脱个人的利害关系，将商业买卖活动的意义进行了深化。他认为，买卖之道是为天下之人提供生活中所欠缺的必需品之道，是为天下人的生活带来安定与幸福的活动，是为天下太平之道，所以为天下太平而进行买卖是商人的责任，而商人在买卖活动中的利润是天所赐之俸禄。商人恪守商业之道从事买卖活动是商人的本分，是商人职业所赋予的义务。梅岩给渐渐走向成熟的德川时代的商业资本制定了一个严格的规范，一方面肯定资本主义发展的必然性与必要性，另一方面对于财富的运用又做出了严格的限制。可以说，这不仅是一种近代式经营理念的发展，也为商人在近代社会中的地位提高做出了保证。

在日本江户时代"重农抑商"的政策下，梅岩这样一个由卑微农民出身的商人学徒成长起来的庶民思想家，能够以武士所信奉的儒家思想为理论基础，面对统治阶层与思想界主流提出，贱而又贱的商人也是天皇的臣民，认为四民虽职业分工内容不同，性质却是相同的，认为每个人在职业上是平等的思想，在日本具有其积极的社会意义。

梅岩经济思想的意义在于使商人常怀感恩报谢的心情，去自觉履行自己的职业本分，知足常乐，使忠于职业本分的经济思想在日本江户时代得以成立。为了使日本的商人摆脱职业的自卑，尽职尽分，做一个好商人，在社会中展现商人的风采，表达商人的思想观念，梅岩用儒家思想原理，构筑了独特的商人之道思想体系。这在整个儒家文化圈里都属于第一次，其意义是非常远大的。

五、梅岩的俭约思想

梅岩的代表著作分别是《都鄙问答》和《齐家论》，其中主要论述其俭约思想的是《齐家论》。《齐家论》中的"齐家"主要源于中国《大学》中的"修身、齐家、治国、平天下"，此书亦可称为《俭约齐家论》。梅岩之所以著此书，是源于受弟子近江屋仁兵等人关于厉行俭约的拜托，此书内容主要讲述通过厉行俭约从而达到心学目的。关于梅岩提出的"俭约"思想，可从以下两个角度进行理解。

（一）经济角度的俭约

梅岩作为商人阶层的思想家，提倡商人遵守的俭约应是"节用财宝，根据身分，无过不及，无所浪费，合时适法，顺其自然，使用财富"。在梅岩看来，商人阶级应穿棉质无纹之布；日常主食应是米饭、酱汤、咸菜，节日时可以吃烤鱼；盛饭菜的器皿应该使用陶瓷器；居室的屋顶应该不糊顶棚，家具应该是不上油漆的原木制品等，具体到生活的角角落落。可见，梅岩提倡商人遵守的"俭约"，一方面是作为蓄财致富的俭约，另一方面又是作为基于身份限制的生活消费方式。

梅岩认为，"今治家须记俭约为本，其本立，其奢戒，则家齐"。在梅岩看来，俭约是治家的根本问题，厉行俭约，戒骄戒奢可振兴家业。毋庸置疑，在日常家计中贯彻落实俭约，作为蓄财致富具有积极的意义，有利于商人振兴家业。而基于身份限制的生活消费方式则有倡导经济上抑制消费之嫌，不利于当时的经济市场发展，带有消极意义。尽管如此，梅岩也并非一味强调削减一切开支以达到俭约的效果，而是提倡"该聚则聚该散则散"的消费意识，符合经济合理主义。

更进一步说，在梅岩看来，俭约还具有社会性。厉行俭约并不是拘泥于商人阶级，而是天下人，人人皆俭。针对幕府——当时的统治阶级，梅岩认为，"民为邦本，本固邦宁。而民食物足，为其本也。故，为人君者，可使民薄纳年贡，俾民丰足"。梅岩认为，幕府厉行俭约，便是体恤民众疾苦，实行爱民政策，减轻百姓的负担，如使百姓"薄纳年贡"，本应纳三石的年贡减为二石，剩下的一石，丰年时可为百姓的润泽，灾年时可解百姓饥饿之苦，让百姓安居乐业便是统治阶级应做的"俭约"。

（二）道德角度的俭约

梅岩在《齐家论》中，将俭约上升为一种高尚的道德，并与治国齐家联系起来："治国者应节用爱民。节约财宝的行为也蕴含爱民之理，因此俭约乃齐家治国之本。"梅岩把俭约与"爱民"联系起来，赋予它深刻的意义。需要明确指出的是，俭约并不是吝啬。梅岩认为，"私欲为世之害，然不知其味而行俭约，以致吝啬，为害甚矣"。由此可见，梅岩认为吝啬是出于一己贪欲，而俭约出自天理，贪欲则有害于社会。

正统儒家思想都有"商人性恶论"的观点，认为商人必然有贪欲，但梅岩认为商人为社会而厉行俭约，是出自天理，理所当然。从这个意义上讲，俭约是具有社会意义的高尚行为。因此，梅岩称俭约是为了世间利益而充分利用资源，为了社会而节约资源，"近仁矣"。

梅岩还把俭约作为各个阶层都应遵守的道德，实际是倡导在等级森严的社会中，虽然各等级职分地位不同，但俭约是四民相通的美德。在这一点上，各阶层可以说是平等的。只要戒除私心，就能恢复生来的正直本性。

可以看出，梅岩把厉行俭约与正直的德行联系在一起。梅岩的目的并不仅在于具体的财产器物的俭约，而是通过点滴小事而达到"正直"这样的道德高度。厉行俭约中也蕴含着一种正直的精神。

（三）影响

俭约的观念并非梅岩独创。井原西鹤、三井高利等人也提倡俭约，但是他们基于商人的立场，劝导商人厉行俭约，以利于延续家业。他们的目标十分明确，就是自家商业资本的增值，俭约在他们看来，是一种手段。

而梅岩的俭约作为追求人的本"心"的道德实践方法，格外强调了俭约的道德价值。另外，梅岩不仅关注一己一户的致富，还把目光投向社会，认为即使是生活必需品，也是天下千万人辛苦的结晶，因此不应无谓消费。

梅岩的俭约思想对于商人们的影响常见于商人的家训和店则之中，大量商家的家训和店则是随着心学运动的展开及其思想的传播而出现的，往往参照心学书或者由商家委托石门心学各舍的人帮忙制定，一直流传至今。可见梅岩的俭约思想深深影响着日本的商人们，是商人们的家业得以传承的重要指引。

六、石门心学

（一）石门心学的形成

梅岩的思想构成了石门心学的思想基础，但其思想被称为"石门心学"，却是在梅岩死后由弟子手岛堵庵开始的。梅岩的思想，经手岛堵庵、中泽道二及柴田鸠翁等弟子的传播与修改后，已经发生了比较大的变化。后期的石门心学作为受到幕府认可的思想，其所宣扬的忍耐精神、如何安分守己、怎样遵守上下尊卑的秩序思想，不仅渗透到庶民当中，也对武士阶级的日常生活带来了影响。梅岩的思想经过弟子们的改造，更强化了服从体制的色彩。

石门心学作为众多商人的思想准则,对商业精神起到指导作用。而且梅岩将勤勉为善、懒惰为恶的道德思想植根于人们心中。超越日常生活的范畴,将商业运作的原理从美德的角度出发进行论述。梅岩强调顺从、廉洁、不妒、节俭、恭谦、勤劳等普遍的美德,都可以作为商人之德,这构成了石门心学的出发点。

(二)石门心学运动的教育意义

石门心学运动的教育意义值得重视。开办讲席的梅岩从一开始,便将普通的庶民作为自己的教化对象。梅岩表示,即使是不识字的妇人和儿童来参加听讲,他也愿意讲述。梅岩为自己所从属的商人阶级提出通过"俭约""正直"的实践道德方法来追求"知心"的学问观。梅岩的弟子当中大部分是商人和普通农民。梅岩死后,弟子手岛堵庵将梅岩门下统一起来,加强管理,将梅岩的心学进行了系统化、组织化,在各地设立了固定的讲座场所及心学校舍。讲座的内容围绕着如何做人、如何治家、如何向善弃恶等与人的日常生活极为相关的通俗伦理道德进行。

在心学校舍听讲的听众,从上层阶级的统治者到下层的庶民,不是靠着知识的积累,不是靠着圣人的说教,而是通过日常生活的实践,让处于不同环境、不同立场的人们同坐在一个讲席上,超越彼此的身份差异,超越"私"的个人立场,达到相互联系、相互信赖、相和相生。梅岩超越士、农、工、商身份制,以简单易行的道德实践方法,让四民摒弃身份差异,谋求共同幸福。

梅岩的思想及石门心学的思想,在日本庶民教育史上意义重大。从德川时代庶民教育的角度上来看,石门心学的心学校舍也对庶民教育产生了巨大的影响。到天保元年(1830年)为止,在日本34个藩中建立了近200个心学校舍,这是一个非常庞大的数字,因为当时德川时代最大的教育机构——藩校,其数字也不过223个。从这一点来讲,拥有独立教育机构和独立教员体系的石门心学,其影响力是不言而喻的。

(三)石门心学的价值

石门心学的价值主要表现在三个方面。

第一方面,石门心学是商人教化的学问,教化的内容主要包括"正直"和"安分"。"正直"主要是教导商人要有一颗正直的心。因为商人社会、经济社会的一个基本原理就是尊重所有关系和契约关系,所以梅岩反复告诫商人:"我物是我物,人家的物是人家的物，贷物要取，借物要还。"正确维护这种契约关系，对商人来说是最基本的"正直"。至于"安分"，就是说商人要恪守商人那个"分"的生活，就是俭约。超越自己那个"分"，就是奢侈的；低于自己的"分"就是吝啬。商人应该在自己的商业买卖地位上，以心无杂念的姿态，尽好对社会的责任，这就是"安分"。

第二方面，石门心学是农民"洗心"的原理。石门心学虽然是商人的哲学，但是江户中后期以后，随着商品经济在农村的浸润和发展，心学也逐渐在农村发展起来，成为农民改变观念、更新思想的原理。所谓"洗心"，就是说随着商品经济的深化，农民以前局限于农村和农业的知识、道德观念已落后于农村新的结构和变化，需要吸取基于广泛而深厚的商品社会之上的人间观和社会观方面的新知识和新观念。这就是对农民进行心学修养的教育。这场农民的心学修养教育被称为一场"安稳的革命"。这场"安稳的革命"，加快了日本农村的近代化。

第三方面，石门心学是士魂修养的理论。作为商人哲学的石门心学，在梅岩大弟子手岛堵庵的时代已经开始向上流武士阶层浸透。武士修行心学的目的不是经商，也不是求商人之道，而是围绕着人性这个根本问题学习心学。也就是说，武士学习心学是为了追求作为武士的人的本质和真实。所以从这个意义上来讲，石门心学就是士魂修养的理论。

综上所述，最初以商人为目标创建的石门心学随着历史的潮流发展，又逐渐延伸到了农民和武士之中，这表明石门心学的社会价值遍及士、农、工、商各个阶层，成为一种普遍的社会价值。

● **思考题**

1. 在你的印象中，商人是怎样的形象？请列举典型人物，谈谈你对商人的认识。

2. 除了我们平时所说的经济方面的节俭，本节我们学习了道德论角度的节俭。请你列举日常生活中所见或所做的节俭事迹，谈谈经济方面和道德方面的节俭有哪些积极意义。

第五节　吉田松阴的维新思想

一、生平简介

吉田松阴（见图 3.6）（1830—1859 年），日本阳明学派思想家，名矩方，字义卿，号松阴，通称寅次郎。日本江户时代末期政治家、思想家、教育家、改革家，明治维新的精神领袖及理论奠基者。

图 3.6　吉田松阴像

吉田松阴生于萩城下松本村，幼时姓杉，幼名寅之助。为长州藩士杉百合之助的次子。四岁时，成为叔父吉田大助（山鹿流兵学导师）的养子，改名大次郎，所以后来通称寅次郎。元服后名矩方，字义卿，号松阴、二十一回猛士。五岁时，养父吉田大助去世，吉田松阴就顺理成章地成为山鹿流兵学与吉田家的合法继承人，进入同为叔父的玉木文之进所开设的松下村塾进行学习。吉田松阴生逢幕末，当时的日本正面临严重的民族危机，国家正处于存亡之秋。在家庭教育的影响下，吉田松阴在幼年时就有一颗拳拳爱国心。他在弱冠之年曾学习过儒学，汉学功底深厚，尤其赞赏和认同孟子的一些思想和主张。因为生活于兵学世家，所以青年时他就成长为杰出的兵学家，成为山鹿流兵学的传承人。

吉田松阴11岁时，就在长州藩藩主毛利敬亲的御前讲解《武教全书·战法篇》，深受褒奖。此事也为他在藩内政界、军界提供了崭露头角的机会。16岁就写出了《异贼防预策》，19岁著《永陆战略》，引起了藩主的重视，被委派巡查大津、丰浦、赤马关海岸，初露锋芒。这些突出表现是由于吉田松阴幼年时，和就读于长州藩藩校明伦馆的长兄（杉百合之助之子）一起干农活的时候，耳濡目染地学习了日文版的四书五经和《神国由来》等。同时松阴的生父杉百合之助也对江户时期大儒赖山阳的汉诗进行日语注音，讲给兄弟二人听。但是鸦片战争后清朝屡次败于西方列强，使得吉田松阴痛感自己所学之学已落后于时代。所以嘉永三年（1850年），为了学习西方军事而游历九州，并拜佐久间象山为师。从那时起，他先后游学九州、江户等地，博览各种书籍，特别留意研究海内外形势，并曾在长崎目睹荷兰船舰等先进器械，眼界大开。

嘉永五年（1852年）冬，吉田松阴与友人宫部鼎藏相约游历东北打开眼界，但通行文书迟迟不下，他决定冒脱藩之罪，前往水户。抵达水户后与水户藩士会泽正志斋会面。在会津藩藩校日新馆学习，后离开水户。游历了白河、会津、弘前、青森、盛冈、仙台和米泽，历时五个月，次年回到江户。在这五个月中，吉田松阴详细观察了民政、经济、兵制，从而得出结论——生产力停滞、组织僵化、赋税苛酷、民不聊生，封建社会内部已经处于崩溃的边缘。

吉田松阴回藩以后，长州藩命其在父亲身边一面读书一面反省。后被判处亡命罪，开除士籍，剥夺世禄。吉田松阴就此成了一个浪人，生活无着，只有依靠父亲。但这样一来他倒可以自由活动了。

二、主要思想

吉田松阴从小就喜欢读兵书，兼学中国兵法与日本兵法。他曾经应长州藩藩主之召，为其讲解《武教全书》《孙子兵法》，颇得藩主赏识，后来他又研究西洋阵法，可算是一位东西兼通的兵学家。吉田松阴很注重儒学，对孔、孟、程、朱很是精通，对忠君爱国的说教深信不疑。他主张学而经世致用，提倡读儒家的书，一定要结合实际，学以致用。他最尊崇的老师是佐久间象山——当时享有盛誉的洋学家。象山也非常赏识松阴，两人是亦师亦友的关系。在吉田松阴意欲偷渡海外游学欧美的时候，象山为他仔细筹谋，并亲自送行。在松阴因踏海失败自首入狱时，象山也受到牵连而获罪，并长期不得朝廷重用，此事让狱中的松阴十分不平。

吉田松阴的思想有很明显的阳明心学倾向。吉田松阴在九州游学时，读到了王阳明的《传习录》，立刻受到吸引，常常是一边读一边抄写，醉心思考。为今后全面提出自己的思想奠定了阳明心学的基础。由于他的老师佐久间象山既是洋学家，又是阳明学者，因此他的思想也受到了老师的影响。在吉田松阴入狱后，在狱中办起讲习班，系统地讲解《孟子》。当时来听讲的人除了囚犯以外，还有敬佩吉田松阴而甘做门生的司狱（掌管刑狱的官员）福川犀之助及其弟弟高桥之进。出狱后，松阴又召集亲朋邻里子弟继续讲《孟子》，历时一年，讲完了《孟子》。内容后来被整理成了《讲孟余话》。该书以"道则高矣、美矣，亦约矣、近矣"开篇，展示了吉田松阴尊崇心灵之美的思想。追求崇高、美丽、简单且存在于我们身边的"道"才是人间正理的真髓。这本书集中表明了吉田松阴的思想、哲学、军事、政治、教育等观点，可以说是吉田松阴最具有代表性的大著。

在《讲孟余话》中，吉田松阴的阳明心学立场十分明显。

（一）天、心、理、性合一

吉田松阴认为，"性即理也，心也"，天、理、心、性合二为一，心就是理，理就是心。发挥了王阳明的"心即理""心外无理"的命题。吉田松阴在王阳明"心即理""心外无理"的命题之上又提出了实践——也就是人们的实际活动，才是检验"心"的标准，这是对阳明心学的一个发展。吉田松阴很赞同王阳明的"以心为本"，提倡立志发奋，以天下为己任，做一番大事业。所以吉田松阴讲的"存心"和"正心"都是为了立志成大业，而不是纯粹的自我道德修养。

（二）心贵自得

阳明学者多崇尚"自得"，也就是说自己体悟阳明思想的要义，对此吉田松阴也赞成，他认为"自得"就是独立思考，思想自由，不迷信书本，不崇拜权威，不拘一家，不屈从外力。

松阴说的"自得"还体现在顺应时势、灵活应变、不拘私利、不守陈规这一点上。他认为，人的心灵道德、思想意志的修养应立足于"动"，而不应一味求"静"，处理问题的思想方法应着眼于"变"，而不能死守"定体"。相对于儒家多主张"以静养心"，松阴却提出了"于动处认本心"，把人的心理思维活动看作不断运动变化的过程。这种运动变化又是与外界事物相联系的，这就排斥了儒家"闭门思过"的修养方法和认识方法，是对阳明心学的一个新发展。吉田松阴还认为，不仅个人的主观修养要着眼于"动"，而且从事客观实际活动也要立足于"变"，任何事物都是瞬息万变、生动活泼的，不会永远停留在一种"定体"上，只有用主观的辩证思维，去适应、把握客观事物的辩证过程，才能取得成功。

虽然吉田松阴倾向于阳明心学，但是他并不是就一味地否定朱子学，他自己宣称"吾非专修阳明学，但学其真，往往与吾真会耳"。兼容阳明心学与朱子学，是日本阳明学者的共性表现，吉田松阴也不例外。

（三）赤子之心、纯一无伪

吉田松阴十分强调"心"的修养、"心"的作用。心到底应该是什么样的呢？松阴认为应该是"赤子之心"，就是淳朴真诚、毫无伪饰，也就是没有计较利害的念头，也没有机变巧诈之行为。吉田松阴提倡真心，反对虚伪，以此来呼唤读书人破除迷信、解放思想、追求真理、蔑视强权，这对当时的知识界是有很大积极影响的。

（四）知行合一、知行相济

"知行合一"是阳明心学很重要的一个命题，吉田松阴又做了进一步的发挥，为知行合一赋予新的现实意义。松阴历来重视"智"，松阴讲的"智"，偏重于聪明才智，是才能、才智的意思。但是才智再大，也只是主观能力，必须付诸行动，才有实际功效。吉田松阴重"智"更重"行"，"智"和"行"的关系就是致知与力行、知与行的关系。他认为"以知废行非真知，以行废知非实行"，因此知与行是合二为一的，不应该区分先后，只有在具体反对某种错误的偏向的时候，才可以说出现了先后的问题。所以，吉田松阴阳明学思想继承了王阳明"以心为本"与"知行合一"这两个最重要的哲学观点，并且进行了深入的发挥，使之更有日本的特点。

当然，吉田松阴的思想也存在一定的局限性。他的封建意识相当浓厚，一方面主张抗击西方列强，一方面又鼓吹侵略东方邻邦。在他的思想里，爱国与侵略简直是并蒂莲生的。这是幕末明治时期许多日本思想家的通病，我们大学生在学习日本阳明学的时候，一定要对这一点有清醒的认识。侵略思想并不是阳明学的产物，阳明心学只是鼓励解放思想，不畏权势，并不意味着就要去侵略，这是要区分清楚的。

另外，吉田松阴有关西洋、外交的对外思想虽然从他的一系列信件、日记、回忆录或著作里有所表现，但是他作为一个 29 岁便遭杀身之祸的学者，实属早亡。他在去世之时，尚处于青年时期，其思想难以成为体系。而年轻人的性格，又使得吉田松阴缺乏思想家常有的沉稳和积淀。这也是在学习吉田松阴思想时需要留意的一点。

三、牢狱与教育相随

（一）下田获罪

安政元年（1854 年），马休·佩里第二次率领美国军舰七艘，开进浦贺。德川幕府至此毫无对策，只得任命儒家林大学头复斋、长崎奉行大目付井户对马守觉弘、目付鹅殿民部少辅鸠翁为使者，在浦贺接待美国使者。但马休·佩里不同意，主张在神奈川谈判。德川幕府无可奈何，只有同意。二月，德川幕府与美国舰队在神奈川开始谈判。三月签订了《日美亲善条约》（《神奈川条约》），日本从此开国。

马休·佩里的舰队离开浦贺到下田后，松阴及其学生金子重辅也从陆路经小田原、热海，到达下田。他们在下田海岸徘徊，日夜等候美国军舰。至三月底恰巧有洋人在柿崎登陆，松阴就将"投夷书"（汉文）交给他们，在蓬台寺的温泉度过白天。半夜 2 点左右两人摇着渔船摸黑出海，中途橹柱损坏，便用裤将橹系在左右舷上，摇船前进。后来裤断了，再使用带子，吃尽苦头最后总算到了"密西西比号"边。但对方没允许他们上船，而是命令他们到旗舰"鲍巴坦号"上。于是他们只好继续和波浪搏斗，好不容易来到"鲍巴坦号"的绳梯下。但水手不准他们上船，并用木棒击退小船，两人不得已放弃小船，先后跃上绳梯进入船内。

美军将领维利耶姆斯还是重复当初所说的话，催促松阴回去。最后松阴及其学生被送回陆地，两人到处寻找原来的小船，没有找到，一切行李物品全部丧失，只得在海边等到天亮。两人商议，事已至此，无可奈何，与其被捕不如一同到下田衙门投案自首。

松阴等人被押解至江户后，由于连坐，老师佐久间象山也一同被捕入狱。德川幕府原决定判处死刑，但由于首席老中阿部正弘反对，改判幽闭。松阴和金子重辅一起被押送回长洲藩，并投入野山狱。在狱中，吉田松阴写下了《幽囚录》。

（二）私塾教学

在狱中，松阴认为教育是传承志向的一种最好方法。因此，他在狱中一面大量读书一面教育同犯。他觉得监牢中的犯人不是彻底的坏人，相信只要诚心引导他们是会变好的。

安政二年（1855 年）松阴出狱，被命令于杉家闭门思过。安政四年（1857 年）由于幕府禁令，只能进入叔父玉木文之进的"松下村塾"（见图 3.7）讲学。最初学生仅有四五人。后来学生有 10 人以上，原有的一间房屋便觉狭小，于是又和学生一起动手建造一间。这里白天摆着桌子上课，晚上把桌子集中在一角充当寝室。学生都是寄宿生，从家里带来糙米，在学校里边舂边吃。松阴有时也参加舂米。校内空气自由，师生关系密切，共桌吃饭。老师睡觉则停止上课，老师种田则学生自修。

图 3.7　松下村塾

起初学校只教松下村的子弟，后来名声渐大，较远的周防国和安艺国的青少年也来读书了。他们均出身于下级武士、农民、商人和自由职业的家庭。这里的教育打破了过去的阶级性及形式主义，师生间没有繁文缛节，平等自由，学生可充分发挥学习的积极性；培养了忠诚质朴的新风，矫正了虚伪刻薄的旧习。

松阴教育的根本目的是造就适合当时政治形势和政治理想的人才，也就是说培养具有尊王攘夷思想的进步知识分子。这个目的是实现了，他的学生中有许多杰出人物，如久坂玄瑞、高杉晋作、木户孝允、伊藤俊辅（博文）、山县狂介（有朋）、井上馨、前原一诚等。

吉田松阴最基本的教育理念就是"教育，应该让人明白何谓人"。他有作为教育者的强烈的自信，他在出狱时曾经说，如果我还能在这儿继续待下去的话，一定会在狱中培养出一两个豪杰。正是这种教育家的自觉和自信，对以后松下村塾教育的实践开展起到了决定性的作用。

吉田松阴教育思想的基础有三点，也就是他认为的学习三要点：第一个是立志，第二个是择交，第三个是读书。立志就是要树立远大的目标；择交就是择友，就是结交益友建立良好的人际关系；读书就是读圣贤书，专心学道，才能够明晓事理。在这三个要点之上，吉田松阴提出了四个具体的教育理念。

1. 师徒同学

吉田松阴从来不以教师的身份自居，他积极与学生建立起异体同心的朋友关系，共同学习，相互礼敬，追求共同进步。松阴门下有个学生，立志学习诗文创作，但当时的松阴不喜欢诗文，认为诗文只是文字游戏，对人的上进没有任何好处，而他自己也不擅长诗文。但他并没有拒绝这个学生，而是以实情相告，最后两人决意共同学习诗文。在诗文的学习中松阴感悟到了伟大诗文的感人之处，改变了对诗文的原有成见。

2. 道德教育至上主义

吉田松阴不管是在野山监狱，还是在松下村塾的教育活动当中，都坚持求道求学，就是坚持以道德教育为中心。为了贯彻道德教育，他在教育当中实现"涵育熏陶论"，也就是说，把人性教育作为高层次的教育，单纯地通过语言教育是不够的，还要营造良好氛围、创造美好环境，让人体会美丽心情，受到全面教育。作为教育者，必须尽最大限度的努力，净化、纯化、美化教育的环境。让学生在理想的教育环境中自然地得以熏陶和学习，进而通过教师合理的指导达到培养人性和道德教育的目的。

3. 教育平等论

吉田松阴面对学生，不论出身贵贱，在教育上实行人人平等，对有入塾志愿的人来者不拒，因为他相信每个阶级都有可能出现英才。同时，他认为国家也应该面向各个阶层广招人才。他的平等教育打破了身份等级制度，建立起了塾生之间平等的人际关系和同学情谊，为后来的明治维新变革打下了坚定的友谊基础。

4. 尊重学生的学习个性

吉田松阴在教育中非常重视学生的个性，根据学生的不同特点进行个性化教育。这也是他因材施教理念的体现。

在教育方法上，他有两种比较特别的方式。第一是指导性教育，主要有进行个别指导的书信教育方式，不仅维护了尊严和隐私，也启迪着门人自净自省的教育目的。吉田松阴提出了"集体建设论"，也就是说要求集体拥有的精神氛围，本身就是培养人的强大的教育。在私塾当中，经常性地开展一些特别活动，比如说射击、操枪、登山、游泳等体育锻炼，还有共同劳作和人际交往，做到学习跟劳动相结合，加深老师跟学生、学生跟学生之间的友谊，注重实践。这些都是有现代意义的教育实践活动。第二是以教材为主的教授行为，包括素读、讲义、会读、对读、讨论和课业作文这些形式。松下村塾的教学分孟子会、传习录会、日本外史会等，每周授课六次。吉田松阴重视实践，所以他不满足只学习书本中的知识，还要求联系当时的实际和国际形势，以藩政改革和幕政改革为题，引导学生展开热烈的讨论。

由于松下村塾的运营不是为了维持生计，而是为了实现吉田松阴尊王攘夷、变革图强的革命理想培养人才，因此他对学生不收学费，只收一些饭费和灯油费。整个教育过程由师徒共建，大家一起学习、一起劳动、一起建设，共同管理着村塾的运营。

（三）"个性教育"与继承家业

吉田松阴开展的"个性教育"与继承家业相关联。关于要教育出什么样的人才，吉田松阴有明确的教育目的，他认为任何职业都有其存在的理由，继承家业是理所当然的事情。吉田松阴让每个人明确自己的学习目的，他要求将继承家业作为最基本的社会规则去遵循，同时，指导学生在认识自己应该做什么的基础之上去进行学习。这与今天所流行的"个性教育"有很大的不同，吉田松阴的"个性教育"是让学生认识到自己必须完成的事情，以此为基础实行教育。从这个意义上来讲，吉田松阴的"个性教育"是以继承家业为中心而展开的教育。吉田松阴本人也是这样，继承山鹿流兵学是他的家业，而一路教育他的村田清风和玉木文之进等人对松阴进行了彻底的"个性教育"。

普通人常常认为，士、农、工、商中"士"是"大人"，是"劳心之人"，是"治人之人"，是"食于人之人"，而"农、工、商"是"小人"，是"劳力之人""食人之人""治于人之人"。而吉田松阴的看法与之相反，他认为农、工、商才是国家三宝，武士这种职业，在这个以农、工、商为主要产业的国家里，不属于国家之宝。真正的武士本应将自己的毕生奉献给国家，但现实中他们却极尽奢华，这是极大的问题，武士的奢侈浪费不免让人担忧。他们应当回归到勤于文武、保卫和平的本质上去。吉田松阴借此唤起武士的自省。

无论是来自哪个阶层的学生，都应该思考如何做才能使自己的家业长盛不衰，为此而学习、尽力。

（四）女子教育思想

吉田松阴提出了比较有特色的女子教育思想，因而被称为"日本近代女子教育的伟大先觉者"。他认为，女子教育也是国政大事，突出强调了女性对于下一代的影响力，也就是女性对于子女教育的职责，因此妇人对于家庭是重中之重。吉田松阴认为，女性除了柔顺悠闲、清苦简素以外，贞洁和刚烈果敢的性格也是非常重要的。他认为"唯有贞妇烈女，才有忠诚孝子"。这跟他自己的亲身经历是分不开的。

吉田松阴的母亲——泷子，在家里并不富裕的情况下，变卖嫁妆支撑家中的生计，并支持松下村塾的正常开展。吉田松阴在狱中绝食的时候，他母亲写信痛骂："绝食此类行径不觉难为情吗？饮食不也是思想和理想的一部分吗？绝食就等于抛弃理想，腹中空空如也，脑中亦空空如也，此行为实在荒谬。"从这些言语中可以看出松阴的母亲刚烈坚毅、不卑不亢的性格，同时，可以推断母亲性格对于松阴后来的女子教育论产生了极大的影响。另外就是吉田松阴在野山监狱中接触了一个女囚高须久子，被女囚坚毅果敢的性格感动，这也影响了他对女性教育的观点。

四、短暂人生

吉田松阴号"二十一回猛士"，这与他的一个梦有关。吉田松阴有一次做梦，梦中神仙给他看了"二十一回猛士"的名牌，因此他就自称为"二十一回猛士"，并且以此指导了他一生的激进行动。原本家族的姓"杉"，字形就是由"十"加"八"加"三"构成，也有说法认为"二十一"来源于此。松阴后来过继给了吉田家，"吉田"二字也可以拆分成"十一口加十口"，共计"二十一"口。当时他已经脱离藩属，并且登上了黑船，已经完成了"三次"的拼搏，他打算还要完成18次的拼搏。

日本开国之后，他无限愤慨，著文疾呼民族危机，力倡尊王攘夷、防御外侮。后得藩主允许，兴办松下村塾，传授兵法，宣讲尊王攘夷主张，培养了高杉晋作、伊藤博文、山县有朋等倒幕维新领导人。安政五年（1858年）《安政条约》签订后，进而号召武力讨伐幕府，并制订刺杀幕府老中的计划。他寄希望于藩吏、公卿组织武装行动，终归失败，再次入狱。在狱中提出"草莽崛起论"，转而主张依靠"豪农豪商"、浪人（没落武士）和下级武士，利用人民群众的反封建斗争，武力推翻幕府，为倒幕运动提供了重要指导思想。在井伊直弼为镇压尊王攘夷派志士而制造的"安政大狱"事件中，吉田松阴于安政六年（1859年）被解至江户处死，终年29岁。

五、吉田松阴与明治维新

明治维新的原动力主要来自长州藩和萨摩藩：长州藩的中心人物是吉田松阴，他奠定了维新理论；萨摩藩的中心人物是西乡隆盛，他担任了维新运动实际指挥的中心。

长州藩，是日本江户幕府时期的一个藩属地，位于日本本州岛最西（当时的周防国和长门国），与九州岛的萨摩藩、四国岛的土佐藩隔海相望。藩主毛利氏族驻萩城（现山口县萩市），所以又叫毛利藩或萩藩。长州藩距离江户较远，历代藩主与幕府不睦。幕末时期，长州藩后来和萨摩藩结成"萨长同盟"，共同讨伐幕府。

江户幕府末期长州藩的著名思想家吉田松阴提出"一君万民论"，主张天皇之下万民平等。其门下涌现许多日本明治维新的志士和军国主义扩张的推进者。

江户时代，和幕府关系亲近的大名藩属在江户即现在的东京附近，而关系越疏远其属地就离江户越远。萨摩藩在日本四岛的最西，与幕府的关系可想而知。所以其青年武士阶层推动革新，与其附近的长州藩的青年武士一起在和西方列强的接触中发展壮大，被称为强藩。幕末时期，萨摩藩等强藩组成倒幕联盟，主张废除幕府，还政天皇。在明治天皇掌握政权之后，日本内阁的大多数阁员都来自长州藩和萨摩藩。

● **思考题**

1. "平等教育"是吉田松阴思想的一个特点，请你结合学习的内容，谈谈可以从哪些方面实现平等教育。

2. 关于"继承家业"，往大里讲，成为社会主义的建设者和接班人，也是继承国之家业，请谈谈你在为国出力、建设祖国的事业中的计划和决心。

第六节　西乡隆盛与明治维新

一、生平简介

西乡隆盛（见图 3.8）（1828—1877 年），日本江户时代末期（幕末）的萨摩藩武士、军人、政治家，通称吉之助，号南洲。

西乡隆盛自弘化元年（1844 年）起任下级官吏，安政元年（1854 年）成为开明派藩主岛津齐彬的亲信扈从，随其住江户（今东京），参与藩政，并为尊王攘夷运动各处奔走。安政五年（1858 年）幕府掀起安政大狱，西乡遭到两次流放，元治元年（1864 年）被召回萨摩藩，在京都掌握萨摩藩的陆海军实权。庆应四年（1868 年），西乡与岩

图 3.8　西乡隆盛像

仓具视、大久保利通等人发动王政复古政变，推翻了德川幕府的统治，建立了明治新政府。西乡在新政府担任要职，并参与了废藩置县、地税改革等资产阶级改革。但他在施政策略中鼓吹并支持对外侵略扩张，而此时资产阶级更加迫切需要发展日本国内经济，因此西乡失去了资产阶级的支持。西乡晚年发动了反政府的武装叛乱，史称西南战争。逆历史潮流而举的武装叛乱，必然以失败告终。1877 年，西乡死于鹿儿岛城山。

二、少年时代

西乡隆盛生于日本萨摩藩鹿儿岛城下，是西乡九郎隆盛（后改名吉兵卫隆盛）的第一个孩子。西乡隆盛幼名小吉，通称从吉之介、善兵卫、吉之助顺次变化。成人式后改名吉之介隆永，后来改为武雄隆盛。他自幼受到严格的武士训练，这使他养

成尚武的习性，具有浓厚的忠、孝、仁、义等封建道德观念。

西乡 16 岁时担任"郡方书役助"，即在专门管理农业的衙门，充当书记官助理。后为郡书记官，前后共 10 年。和维新三杰的另一位大久保利通一起向伊藤茂右卫门学习阳明心学及朱子的《近思录》，向福昌寺（现鹿儿岛市立玉石龙高级中学所在地的岛津家菩提寺）的无参和尚学禅。他跟随郡长巡视农村，接触农民，通晓农政。其间，郡长迫田太次右卫门因荒年要求藩政府减免年贡不准而愤然辞职，给他留下了终生难忘的印象。他出身于濒临破产的下级武士阶层，长期担任低级官吏，使他对下层人民有一定的了解和同情，对幕府末期的政治腐朽有所认识，从而走上了矢志改革的道路。岛津齐彬继承萨摩藩藩主之后，以西乡隆盛为首的"诚忠组"上书阐述减轻农民负担问题，其政治主张得到岛津齐彬的赏识。

三、政治生涯

西乡隆盛 16 岁起担任萨摩藩下级官吏，后得到藩主赏识，地位逐步上升，在安政元年成为藩主亲信，追随藩主左右，成为其得力家臣，并常常跟随藩主住在江户，接触的政治舞台更加宽广。西乡参与镇压尊王攘夷派长州危机（第一次长州战争并未交战，因此称"长州危机"更合适），并成功化解敌对派，后预料幕府将亡，遂积极投身倒幕运动。庆应二年（1866 年）在京都同长州藩倒幕派领导人木户孝允等人缔结萨长倒幕联盟密约。

西乡隆盛在庆应四年的戊辰战争中任大总督参谋，指挥讨幕联军，取得了战争的胜利。

（一）第一次流放

安政五年，由于岛津齐彬暴病而疫，由岛津忠义任藩主，实权掌握在其父岛津久光手中。西乡闻讯，曾打算为齐彬殉死。经僧侣月照的劝导，他才打消此念，立誓要继承齐彬的遗志，进行幕政改革。此后，他依旧往来于京都与江户之间，进行勤王活动，策划除掉幕府最高行政官井伊直弼大老。九月，井伊直弼制造"安政大狱"，残酷镇压勤王志士。西乡和月照逃出京城才幸免遭难。月照是京都清水寺成就院的住持，曾经在第 13 代将军家定的后继者问题，以及前萨摩藩藩主岛津齐彬率兵攻打江户的计划中，充当了萨摩藩和公家近卫家的中间人，因此被幕府视为眼中钉。

西乡深知月照为萨摩藩所做出的贡献，请求萨摩藩为月照提供庇护，岂料由于藩主岛津齐彬突然去世，萨摩藩的政策骤然改变，萨摩藩也惧怕幕府的打击，非但不听西乡的再三请求，拒绝为月照提供保护，反而命令西乡将月照逐出藩外。西乡无法容忍萨摩藩的做法。但是作为一介藩士，西乡又无法违背藩政府的命令。他们感到勤王大势已去，绝望之下，当船行至锦江湾时，相抱投海自尽。被救起时，月照已溘然长逝，西乡亦奄奄一息。岛津久光把他流放到奄美大岛。

作为一介武士，相伴投海自尽，却又独自生还，这种耻辱和悲痛几乎让他精神崩溃，经过无穷尽的苦思冥想后，西乡茅塞顿开。"之所以独自生还，是因为自己身上尚有残余的天命，因此我是为天命所救。"月照事件后，他在一番苦恼之后开始敬仰天命，此后他相信自杀是以"小我"来限定天命，因此在而后的生涯中，无论面临何种艰苦耻辱，都绝不自杀，顽强地生存下去。就这样，在经过自杀未遂事件后，西乡时常感觉到天命的存在，他试图通过敬仰"天"来体会天的本质——慈爱，而因为天对众生的爱是平等的，因此西乡把远离一切私欲、成为和天一样的仁爱之人当作人生的最大目标，并终身为之奋斗。

（二）第二次流放

文久二年（1862年）西乡隆盛在已握藩中大权的大久保利通的帮助下返回萨摩藩。解除处分后作为尊攘派开始活动。久光本想借助西乡的声望，以便实现自己入京勤王，继续搞"公武合体"的计划。不料，西乡反对，表面上是认为久光威望和身份不够，实际上是因其新的政治主张"尊王攘夷"与藩主的"公武合体"有矛盾，而且西乡又常与激进的藩士们联络。久光一怒之下，将他流放到德之岛，两个月后再转送到流放死刑犯人的冲永良部岛的牢狱中。在狱中两年，西乡受尽磨难，却阅读了大量儒家著作，不时吟诗抒怀。

西乡自33岁开始经历了两次流放，总计五年，在这五年环境恶劣的流放生活中，他发奋读书，研习了《言志四录》《洗心洞劄记》《王阳明全集》《近思录》《韩非子》等书，本来西乡就是爱读书之人，而境遇的不幸，反而更加造就了西乡这样的伟人。

（三）参与维新

元治元年，应倒幕派势力增大和藩士们的要求，久光下令召回西乡，并委以掌握萨摩藩陆海军实权的重任。此后五六年，是西乡思想趋于成熟的时期。他开始还是久光的谋将，后来则成为尊王倒幕派的领导人。他与大久保利通密切合作，在萨摩藩内进行政治改革，并为完成日本历史上轰轰烈烈的倒幕维新大业，立下了卓越功勋。

庆应三年（1867年）九月，西乡、大久保通过岩仓等公卿，事先准备了用天皇名义发布《讨幕密旨》。十月，萨长两藩得到了《讨幕密旨》。在部署就绪后，十二月，西乡、大久保等倒幕派发动政变，发布《王政复古》大号令，宣布废除将军制度等，要德川庆喜立即"辞官纳地"。倒幕派于当天组织了新政府，西乡、大久保等掌握了新政府的实权。

庆应四年正月在京都之南的鸟羽、伏见地区，幕府军与政府军发生了大规模军事冲突。西乡指挥了这次决战。由于兵士的奋勇和人民的支持，政府军打败了三倍于己的幕府军队，取得了胜利。西乡被新政府任命为陆海军负责人。二月，讨幕军从京都出发东征，包围了江户。这时，防守江户城的胜海舟，向庆喜说明了国内外形势，促使庆喜下决心投降。三月，西乡向幕府提出了七项投降条件，并去江户会见了胜海舟。最后签订了幕府投降协定，史称"江户无血开城"。八月，西乡又率讨幕军转战于关东和东北地方，征讨幕藩残余势力，取得节节胜利。凯旋后，西乡由于军功卓著受到了奖赏。九月，他以在倒幕维新运动和戊辰国内战争中的功勋，授正三位官职，赏典禄为2000石，成为诸藩家臣中官位最高、受封最厚的人。

功成名就的西乡，出于封建思想，认为自己功名地位高于萨摩藩藩主岛津家，有损"忠臣"的声誉，遂于明治三年（1870年）辞职，回鹿儿岛做了藩政顾问，后任藩大参事。西乡离开中央回到地方，还因为他对明治政府实施有损于下级武士利益的政策感到不满。他很同情下级武士们在明治维新后的悲惨遭遇。

他看不惯许多高官追名逐利、穷奢极侈，指责他们为"利"忘"义"。西乡的个人品德，在日本一直被人们推崇。正是在这些内政问题上，西乡与大久保等人产生了矛盾，尽管如此，他们都认识到要建立近代国家，使日本摆脱半殖民地危机，必须消除封建割据局面，建立中央集权的国家政权。从明治四年（1871年）起，他们又在这个目标下联合起来，全力进行废藩置县的改革。

（四）土地改革

明治五年（1872年），西乡任陆军元帅兼近卫军都督，成为明治政府主要军事领导人。次年，政府公布《地税改革条例》等五个文件，实行变革封建土地所有制，确立近代土地制度的地税改革。在此前后，政府还进行了政治、经济和军事上的多项资产阶级改革。西乡主持和参与了这些改革，虽在改革内容上没有特别的建树，但他统帅军事力量，以武力为后盾，保证改革顺利进行，应该说是他的特有贡献。

西乡隆盛、大久保利通、木户孝允三人因在倒幕维新活动中的作用和贡献，被人们誉为"维新三杰"。

（五）西南战争

明治维新初期，明治政府大刀阔斧地进行了一系列行之有效的改革，开始了向近代化国家迈进的步伐。明治新政府的很多新政策逐步剥夺着士族政治、经济特权。首先是 1873 年① 颁布"征兵令"，使士卒开始丧失垄断军事的特权；1876 年 3 月颁布"废刀令"，标志着氏族的荣誉和特权"武士之魂"被剥夺了；接着废除氏族财产特权，1876 年 8 月，政府颁布发行货币俸禄公债证书的条例，从而取消了用现金支付氏族俸禄，改为公债代替，这就加速了士族分化的过程，其中少数氏族上升为官吏地主和资本家，而绝大多数则成了工资劳动者。高级武士得到了爵位，成为仅次于皇族的华族，下级武士则什么都没有，甚至沦为一般平民都不如的浪人，普遍有一种被抛弃的感觉。本来明治维新以后，广大下级武士以倒幕运动的功臣自居，指望在"登用人才"的政策下，保证他们的身份、特权利益，在新社会中获取高官厚禄。但是随着资产阶级改革的深入发展，士族的美梦完全化为泡影，于是士族的愤怒达到了顶点。

维新革命胜利后，明治政府首脑们迈开双脚，走出国门，求知识于世界，到西方资本主义国家去探索建设近代国家的新方略。明治四年岩仓具视政府考察团开始出访欧美 12 国，考察研究西方资本主义社会。在考察团出国期间，明治政府将三条实美、西乡隆盛、板垣退助、江藤新平等组成留守内阁，这个内阁的实权掌握在代理大藏卿西乡隆盛的手里。他作为中下层武士的代表，深切了解他们的疾苦，但他又深知西化是大势所趋，如何在保证倒幕运动的成果得以保全的情况下，排除中下层武士的不满一直在困扰着西乡。

1877 年，萨摩不平士族，具体来说是"私学校"（西乡隆盛创办）学生攻击鹿儿岛的政府军火库，揭开了西南战争的序幕。消息传到正在打猎的西乡那里，他知

---

① 编者注：1873年日本开始用公历，之后的日期本书统一用阿拉伯数字标注。

道这次无法选择置身事外了，西乡明知叛乱不会成功，但还是依然站在了士族一边。以武士精神为荣的西乡把自身和武士们的命运看作是休戚相关的，因此他决定出山，向自己一手创建的明治政府宣战，向昔日并肩倒幕的同僚们宣战。2 月中旬，西乡起兵，日本历史上最后一次大规模的内战——西南战争爆发。3 月政府军攻占了鹿儿岛，开始掌握县政，此时百姓才知道，西乡已经成为叛军，愿意支持政府军。8 月在延冈北方长井村的决战中，西乡军被击败，西乡率领的一队残军退到鹿儿岛的城山。追剿军总指挥山县有朋给他写了一封劝降信，但是西乡拒不回答。1877 年 9 月 24 日清晨，政府军发动了向城山的总进攻。七万狼虎大军对战 300 余残败之师，其结果可想而知，不久各战线的西乡军就成瓦解之势。西乡隆盛和战友们从藏身的洞窟中走出，挥舞着武士刀，向政府军发起最后的冲锋。西乡隆盛以失败告终，而他的死却如落英缤纷般壮美。西乡和他的将领们本来身居高位、富贵无忧，但却为了大多数下层武士的利益，慷慨举兵，并甘愿置自己于危亡之境，确实是英雄的行为。

西乡隆盛身上有着一种强烈的情感魅力。他曾经在日记中写道："为人当学司马温公（司马光）。无一事不可与他人道。"努力要求自己大公无私，胸怀坦荡。西乡隆盛对高官厚禄毫无兴趣，为了与穷哥们一起分享富贵，他宁愿放弃荣华富贵，舍命相陪，起兵失败后，从容自杀，无怨无悔。他将自己的俸禄用于抚恤武士家属，创办"私学校"，以"尊王悯民"为校训，传授经史；行军作战，他坚持与战士们生死相依，不离不弃。因此，他在中下层人民心目中的形象尤为崇高。尽管他失败了，但后世的人们依然把他作为一种理想的人格象征加以推崇和膜拜。

四、西乡隆盛与阳明心学

西乡被人们评价为仁义之人、诚实之人、无私之人、敬天爱人之人，这些都是因为他具备有德之人的潜质。正是由于其"才智如神，肚量似海"，才会引起岛津齐彬的重视，才会吸引广大民众的追随。

西乡隆盛以阳明心学的"去人欲，存天理"为信条，对很多日本人产生了深远的影响。他不求名誉，不惜生命的人生态度，构筑了明治维新的原动力。"不问生死，始终无私忘我"的西乡，是日本阳明学的典范。

（一）《西乡满洲遗训》

阳明心学对西乡的影响也是巨大的。"灭私奉公"是西乡隆盛广为人知的口号，但只代表了其思想的一部分。作为军人，西乡隆盛留下来的著作并不多，《西乡满洲遗训》（简称《遗训》）虽然是后人总结西乡思想的读物，但至今拥有众多读者，是研究西乡思想最合适的书。

《遗训》是西乡思想的集大成者，其内容大致包括为政者作为、国家财政、外交、修身、君子养成等内容，其中就文字量而言，较多侧重于个人励志、尚诚、克己、警醒、气节等方面内容。主导思想是通过修身的方法，形成敬天爱人的人生追求。《遗训》内容洗练，文字精湛，特别是训，起到了自勉及劝诫世人的警示作用。

《遗训》中的修身意识绝不是西乡头脑中的意识流，而是来源于他的微寒出身和所受的教育，以及独特的人生经历。西乡出生于鹿儿岛城下，其家格是萨摩藩倒数第二级的御小姓武士，虽然是城下士出身，但俸禄只有 47 石，经常要借米度日。据史料记载，西乡家屋子夏天漏雨、冬天漏风，兄弟姐妹六人仅有一条被子盖，生活非常困苦。早年，西乡妻子因不堪忍受西乡家的贫穷，擅自回到娘家而离缘。西乡家早年曾两度借债。这个债务靠西乡在藩内的工作难以偿还，直到明治五年西乡成为参议时才还清。尽管出身微寒、生活长期窘迫，西乡仍洁身自好不爱钱财，这也是西乡修身理念的重要情感因素。

另外，西乡自幼接受了较为严格正统的教育，其主要内容即为主从关系的武士道精神与传统道德规范的思想灌输。西乡从小就学习歌颂历代藩主功业的《历代歌》及《大学》《论语》《太平集》《三国志》《忠臣传》等儒学及武士道经典著作。此外，西乡还自己组织阅读小组，研读《近思录》《传习录》等著作。这种始于幼年的"武士养成教育"为西乡的责任感与使命感的培养奠定了基础。虽然生活贫困，但作为统治阶层的精英主义思想意识，为武士阶层注重名誉、安贫乐道提供了有力的思想保障。作为士族存在的西乡，总会有一种博爱精神及担当意识。因此，西乡自幼接受的儒学教育及纲常伦理成为西乡修身思想的理论基础。

此外，西乡还有一段较为特别的人生低潮经历。主人急死、事业失败、友人遭难、自杀未遂、牢狱之灾，在短时期内遭受多重打击，使得西乡开始重新思考人生的价值与意义。他提出，凡事要有示天之心，不要有示人之念。在西乡看来，完成主人岛津齐彬的遗愿，实现天下之治即为行天道。而如何做，就是要修身，要克服自己身上的缺点与不足，才能成就事业与作为。因此，西乡在流放时期的特别人生经历构成了其修身思想的现实基础。

西乡在《遗训》中首先强调政府创立者及管理者的自律，他的出发点是在严格要求自己道德纪律的同时，更要关心普通老百姓。西乡隆盛身为军官大将，在完成明治维新之后，虽然身居高位，但是他丝毫没有改变自己过去的生活方式。因此，他对很多明治维新之后过上奢侈生活的大臣和官吏表示特别的愤慨。经历过艰苦生活的西乡隆盛，更加懂得体恤他人。西乡隆盛的用人主张也很有特点，他不那么看重才学，更看重的是"志"。西乡认为比起才能，更重要的是一个人的内心涵养，即即使一个人有才学，但是如果道德修养不够的话，就不能将其放在重要的位置。

西乡一生为人正直，"一以贯之"。西乡认为"诚"要高于"谋"，他不喜欢谋略，忠告人们要走正道。他不屈从于当政者，坚持一直以来的人生态度。"诚"是西乡最为推崇的精神，是《遗训》的重要内容之一。西乡认为，"诚"是人的立身之本，是做人的最基本条件。西乡提出，只有真诚，才能为天下所仰服。"诚"这个字总给人一种笨拙的感觉，实际上西乡也确实有这样的风格，有厚重、拙朴的特点。西乡认为统治者应该有情感，应该真诚，而不是纯粹讲技巧与韬略，与民众真心相对，必然会政治清明。这种厚重的赤子情怀也成为西乡的一个标签。"真"与"诚"是不可分割的，甚至有相同的含义，西乡的人格魅力之一也在于此。

明治政府积极引入欧洲强国的各种制度，关于这些欧化政策，西乡的态度是：不可单纯模仿外国的制度。当时日本人在列强面前战战兢兢，而西乡却表达了应当体现日本人固有精神的气概，他主张在引入外国制度时切记要慎重。

（二）西乡隆盛的核心思想之"爱国忠孝"

西乡隆盛的精神基础就是"爱国忠孝"，对西乡来说，国家是一切的根本。他曾经说过：只要有一颗爱国忠孝之心，从事一切活动都必然能取得成功。这句话也是西乡的人生态度和他奋斗一生的真实写照。

对以西乡隆盛为代表的一批日本人来说，"去人欲，存天理"就是"爱国忠孝"。去人欲最有效的方式就是将"为己"之心剔除，对其他任何人、任何事都竭尽诚意。在阳明心学的精神中，做到了"去人欲"，就自然能做到"致良知"，继而推行知行合一，万事就自然走向成功。

"爱国忠孝"首先要求做到"去人欲"，也就是去除私心。在以儒学为官方学说的背景下，要做到去除私心，主要是靠自律。在日本，以天皇作为"公"的代表，"公"的存在使人们实现自律。"大公无私""爱国忠孝"等皇国思想的存在，让践行该思想的西乡隆盛一呼百应，在倒幕运动中所向披靡，最终实现了明治维新，创造了历史。

（三）西乡隆盛的核心思想之"敬天爱人"

关于"敬天爱人"，西乡提出"道者，天地自然之物。人行道，是为敬天。天佑众生，故当爱人如爱己也"。也就是说，"道是天地间自然形成的东西，人们应该去顺应他，因此首先应该把尊重天地作为目标。天赐予我爱，我也应当用爱己之心来关爱他人"。在这里，所谓"敬天"，即对天心存敬畏，这是与"爱人"，即关爱众人，紧密相连的，因此"敬天"与"爱人"本质是相同的。可以说，西乡借"敬天爱人"一词阐述了自己毕生的奋斗目标，即成为严于律己、毫无私欲的人，像天一样，施行仁政，将爱倾注给众人。此外，"敬天爱人"还体现出西乡对"天命"的觉悟。西乡的一生，几乎所有活动都是遵循"天命"而动的。

西乡隆盛"敬天爱人"思想的形成经历了曲折的过程。西乡 16 岁开始做萨摩藩下级官吏时，受到"郡奉行"迫田太次右卫门的影响。迫田同情农民，强烈反对以苛捐杂税压迫农民的政府行为，不惜辞去职务。他主张"国家之本在于农民"，这一观念也传达给了西乡，对西乡"爱人"思想的形成产生了巨大的影响。而前文提及的西乡与月照相约投水自杀事件，则让他开始敬仰天命。他试图通过敬仰"天"来体会天的本质，即平等地关爱众生。因此西乡把远离一切私欲，成为和天一样的仁爱之人，即"敬天爱人"作为一生的奋斗目标。

西乡的"敬天爱人"思想在实践中有众多体现，其中以"财政建言书"和兴办"私学校"最为有代表性。在西乡担任明治政府要职期间，他所采取的众多政策都体现了"敬天爱人"的理念。日本解除锁国政策后，进出口贸易日益活跃。贸易活跃导致物价飞涨，使得贫农、都市民众和下级武士的生活更加贫困，引发了严峻的社会问题。因此，西乡提出了"财政建言书"，内容主要包括改正农民苛税，为农民提供受教育的机会，控制物价，调控利贷风险等，提倡重视农业，培育淳朴民风，兴养老仁政。西乡隆盛认为经济运营中要努力减轻税金，看重"富民政策"。"财政建言书"提倡从农民的立场出发，重新处理农民的税金和贷款问题，体现了西乡"敬天爱人"的思想理念。

西乡由于政见不同而下野，回到鹿儿岛后开设了"私学校"。这是训练士族的军事机构。在学校纲领的设定方面，体现出浓厚的"敬天爱人"理念，如志同道合、共同行义。在道义方面，应该奋不顾身，以履行道义。要尊王爱民，以此作为学问的宗旨，探究天理、体恤人民，战胜困难，共同履行道义。学校奉行道义，要求知识分子的子弟学习先进的军事知识和文化知识，这对当时的日本具有深远的意义。

"敬天爱人"是西乡隆盛的标志性口号，做学问也是为了"敬天爱人"。很多人由于受到"人欲"的限制，难能可贵的才能无法施展，而西乡隆盛被流放到荒岛之后，很长一段时间不为世间所认可，然而他并没有颓废，而是充分利用这段平静的时间来读书学习。年轻的西乡隆盛曾经经历过这样的心境，没有什么能比这样的经历更让他体会到"敬天爱人"，因此他读书、做学问，最终也是为了"敬天爱人"，这在他之后激荡的人生当中得到了更好的体现。"爱人民才能服务天下"的思想让很多人行动了起来，并最终撼动了整个社会。西乡隆盛实现了世间天理并践行了"万物一体之仁"，而"万物一体之仁"正是西乡隆盛思想的极致。

（四）无私的西乡隆盛

西乡隆盛在日本历史上给人的印象是"无私"。他让人民、社会、国家行动起来，其思想的实质正是"无私"。能将原本属于"私"的范畴之内的自我转换至"公"的范畴，这是日本人独有的思考方式。而西乡隆盛则把日本人一直认为是"公"的东西，延伸至"无私"。作为效力于"公"，并最终实现"无私"的西乡隆盛，是日本人的典范，至今仍然大受欢迎，其魅力也与"无私"有很紧密的关系。

西乡认为，"私"是一切的元凶。"爱己为最不善也。修业无果、诸事难成、无心思过，伐功而骄慢生，皆因自爱起，故不可偏私爱己也。"意思是，如果出发点就局限于"私"，那终将无法实现"私"的目标。

西乡在《遗训》中强调"事上磨炼"的重要性。"去人欲"也要通过"事上磨炼"来实现。王阳明教诲人们要"去人欲"，要通过"事上磨炼"来进行工作，这一思想在西乡隆盛身上得到了更好的体现。他在担任萨摩藩下级官僚期间，将认真工作作为第一要务。在跟随岛津齐彬期间，将"忠君爱国"的思想坚持到底。这也是西乡隆盛在历史上受到高度评价的原因所在。在明治维新的激流当中，西乡作为一名志士，作为官军总司令官，将"无私"贯穿在其思想的核心之中，因此成为明治维新中最感人的英雄人物。

《遗训》当中还有一句有名的话是"不惜命，不图名，亦不为官位、钱财之人，困于对也。然无困于对者共患难，国家大业不得成也"，这是西乡隆盛自身的真实写照。在阳明心学的理念当中，人都有追求"货（财产）、色（色欲）、利（利益）、名（名声）"的欲望，那么就从去除这些欲望开始。西乡隆盛之所以在历史上留下如此崇高的形象，是因为他做到了看似容易，却没有人能做到的事情——无私。

西乡的生死观：遇大事则全力以赴，无事则保重身体以备不测。这是西乡隆盛独有的语言，他的一生正是按照此原则去生活的。身体健康需要平时多加关注，才能保证在关键时刻拼出全力，获得成功。这对现代大学生来说也是可以加以借鉴的信条。

因为西乡隆盛彻底践行了"敬天爱人"，他在日本人心中是"道德之伟大，伟大中最善"的化身，长期以来深受欢迎，其精神也得到了传承，后面会讲到的稻盛和夫就是代表人物之一。

⬤ 思考题

1. 西乡隆盛的核心思想之一——"敬天爱人"在日本影响深远，对现代人也有很好的教育意义。结合"万物一体之仁"，谈谈你对"敬天爱人"的理解。

2. 西乡隆盛的生死观和前面学过的其他阳明学者的生死观有所不同，他的生死观有哪些特点？你更加赞同哪种生死观？

第七节　二宫尊德的报德思想

一、生平简介

二宫尊德（见图 3.9）（1787—1856 年），日本江户后期农政家、农村改革家、思想家，通称金次郎，相模国足柄下郡（现神奈川县小田原市）人，出身于农家，一生致力于农村的改革和复兴，以农村实践家著称。青年时为小田原藩家老服部之武士。文政三年（1820 年）为小田原藩士设"五常讲"（根据人伦五常之道，筹集资金，进行贷款的信用互助组织）。

图 3.9　二宫尊德像

1822—1837 年，为小田原藩主的分支宇津家荒废的领地下野樱町实施复兴计划，获得成功。天保十三年（1842 年）被幕府老中水野忠邦提升为"御普清役格"，参与制订利根川治理计划。进行社会调查研究，制订农村建设规划（称"报德仕法"，"仕法"即"办法"的意思）。安政三年（1856 年）在日光神社领地实施报德仕法期间病死。后由弟子继承，在全国各地开展"报德社运动"，亦兴办信用事业，对改良和普及农业技术起到先驱作用，对明治时期的资本主义发展有很大影响。著有《报德记》《报德外记》，后人为其整理有《二宫尊德全集》全 36 卷。

日本国内有许多供奉二宫尊德的神社，包括在他的出生地小田原（报德二宫神社），去世之地今市（今市报德二宫神社），还有栃木县芳贺郡二宫町（樱町二宫神社），等等。尊德纪念馆位于神奈川县小田原市栢山。栃木县芳贺郡二宫町也有二宫尊德资料馆。二宫尊德是鼓励青少年勤奋读书的楷模，他少年时期在上山砍柴的路上不忘苦读的雕像（见图 3.10）遍布日本各地。

图 3.10　二宫尊德雕像

1946—1951 年版的 1 日元纸币的正面图案（见图 3.11），就是二宫尊德的头像。

图 3.11　二宫尊德在 1946—1951 年版 1 日元纸币中的头像

二、成长经历

二宫尊德通称金次郎，出生于江户末期的一个农民家庭。家中有兄弟三人，他排行老大。二宫家族到金次郎祖父辈的时候还比较富裕，积累有一定的土地及家产，但金次郎的父亲利右卫门，是当地的一位慈善家，左邻右舍有求必应，并且出借的钱物不催人返还，导致家境每况愈下，家道渐渐衰落。金次郎五岁时，家乡遭遇洪水侵袭，田地大半被毁，父亲因此一病不起，家庭生活愈加贫困。金次郎 14 岁时，父亲因病去世，两年后母亲也突然病逝。自此金次郎兄弟四分五散、流离失所，两个年幼的弟弟被母亲的娘家收养，而自己则寄身于伯父万兵卫门下。

金次郎自幼勤奋好学，白天下地务农、上山砍柴时，他生怕浪费走路的时间，常常一边走一边读书，以至于其青少年时期身背柴火，手捧《大学》的雕像，在明治时代遍布日本中小学校园和各地火车站前，其事迹也载入当时的中小学教科书，成为青少年修身树德之楷模。在他寄养于伯父家期间，金次郎一心希望自己能成为一个有成就的农民，以振兴二宫家族，因此他白天劳作，夜晚则孜孜不倦地学习文化知识，以丰富自己的头脑。而伯父家也不富裕，学习所耗费的灯油成为家庭的经济负担，因此金次郎经常遭到伯父的斥责。对此，金次郎除了每次含泪道歉之外，便决心自己在河边拓荒种油菜，用收获的菜籽换灯油继续学习。

金次郎 18 岁时离开伯父家到地主家打工，凭借着平时积累的学问，加上辛勤的劳动，终于在 24 岁时全部回购了自己家失去的土地，实现了振兴家业的愿望。26 岁时，他到小田原藩长老服部家打工，照料服部家三个儿子的学习。金次郎作为陪读，跟随服部家的儿子一起在藩校学习。藩校主要教授儒学，教学内容具体包括四书五经、历史、诗文等。在服部家的这一段时间，可以说是金次郎接纳吸收儒学思想的重要时期。他在陪读的同时协助料理家政，其间他组织称为"五常讲"的互助组，负责无息借贷等事务的打理，其奉献精神和工作热情备受赏识，最后被委以重建服部家财政的重任。他采取彻底节约开支和低息筹措资金等措施苦心经营，终于用了五年时间使服部家走上了振兴的轨道。服部家的成功振兴，使金次郎的聪明才智得到了社会的公认。36 岁时金次郎接受小田原藩藩主大久保忠真的委任，负责下野樱町（现栃木县芳贺郡二宫町物井、横田、真冈市东沼）的经济重建工作。于是，文政六年（1823 年），金次郎卖掉了苦心经营的自家所有田地、房屋和家产，携妻带子义无反顾地来到樱町赴任。

樱町原本有农户 430 多户，可收年租约 4000 石，但是在金次郎赴任时，只剩下农户 150 多户，年租收入不足 900 石，田地荒芜、民不聊生。赴任伊始，金次郎便每天出现在田间地头，挨家挨户地走访农户，调查土地情况，了解农民的疾苦。为了鼓励农民重新回乡务农，他采取了一系列的措施奖励农民。比如，对勤恳耕作的农民奖励农具，或提供无息贷款，鼓励他们回到原籍进行耕作。同时他率先带领农民开渠引水，重修堤坝，改善农业生产的基础设施。同时，他对没有农业生产力的藩士实行减俸 28%，相反减轻农民的租税，等等。然而，金次郎的努力引起了直接上司及其他地方势力的反感，也没有立刻得到农民的正确理解和配合，导致金次郎赴任七年却没有见到大的成效，无计可施的金次郎便在新年伊始突然失踪，引起一片哗然。最后，人们在成田山找到了正在绝食修炼的金次郎，当人们知道他是为祈求事业的成功而在修炼，无不为之感动，并开始改变对他的认识和态度，一心跟着他重振农村。终于，在金次郎赴任的第 10 个年头，樱町的面貌大大改观，实际产量达到了 3000 多石。

二宫金次郎在樱町从事农村改革和重建的成功，使其名声大震，小田原藩藩主大久保忠真褒奖他的贡献为"以德报德"。金次郎独特而有效的农村改革和振兴方法被称为"报德仕法"，并被普及到日本全国各地。到金次郎去世时为止，经过他直接指导经济重建的藩、郡、村达 610 处之多。

天保十三年，金次郎被正式录用为幕府的直属官吏，从此被称为"二宫金次郎尊德"，简称"二宫尊德"。二宫尊德由于其成功的实践及其在实践中形成的思想，被后世称为农村改革家、农政家和思想家。

三、思想核心——"报德仕法"

二宫尊德生活的时代，日本商品经济和货币经济蓬勃发展，农业经济衰退，自然灾害频发，农民生活陷入极其贫困的境地。幕府为了维持苟延残喘的统治和濒临崩溃的财政，变本加厉地盘剥农民。农民根本无人权可言，生活极度贫困。二宫尊德自幼目睹了自然灾害的肆虐，经历了父母双亡，体验了寄人篱下的艰辛，这些都构成了其人生观的基础，然而他面对人生的不幸境遇，选择了自强不息的道路，构成了他坚韧不拔的性格和救民于水火的品质。这些都凝聚成其思想核心——"报德仕法"的根基。

二宫尊德"报德仕法"中的"德"，并不是指现今我们常说的道德的"德"，而是二宫尊德自创的。他认为世间万物均有其各自的"德"，即万物所具有的"天性、长处、价值、效用、恩泽"等，万物之"德"因为其相互存在而彼此感恩。以自己之"德"回报他人之"德"的行为即报德思想的根本。他认为，要想达成社会发展、生活富足这一人类共同的目标，构成社会整体的各个要素都应该持有报德之念，和谐共生，共同发展。

二宫尊德的"报德仕法"，并不仅仅停留在开垦荒地，扩大生产使经济正常化，更重要的是追求人的心灵的健全化，使之成为人们日常生活的基准。二宫尊德的思想核心是尊天、地、人之德，践行至诚之道，即将"尊德"作为"人道"的基准，所谓"天、地、人之德"，即"天理"，是自然法则和社会法则的统一。二宫尊德以此哲学思想为基础，通过"报德仕法"身体力行，形成了一套符合实际、切实可行的实践理论，归结起来有四点。

（一）至诚

二宫尊德坚信大自然是人们赖以生存的根本，不屈不挠地去努力肯定会有收获；同时，他相信农民的良知，以诚相待，换取农民的理解和信任。二宫尊德在樱町改革实践从失败向成功的转变恰恰证实了他的这一思想。至诚与实干是贯穿二宫尊德思想与实践的人生信条。

（二）勤劳

二宫尊德将人生成功的秘诀概括为"勤、俭、让"三个字，也将此三字称为维护社会稳定的三大要素。"勤"就是勤劳、勤奋的意思。天下人都以货财为贵，然而货财并非偶然所得，只有勤劳才能致富。人应当以勤奋为安身立命之本，不劳动者不得食。同时也强调了勤劳能够使人不断向上，否则就会导致家境贫困没落。

（三）分度

"分"就是生产力和经济能力的意思；"度"就是基于生产所得制定预算，也就是量入为出的意思。二宫尊德说，人们称我专门从事教人节约的工作，其实并非只一味地节约，而在于为各种变化的发生做好准备；人们称我勤于积财，其实并非积财，而在于解救世间疾苦，开创和谐的社会。二宫尊德的"分度"思想，实质上是说每个人都应该根据自己的实际情况，过适度的生活。他用植物来比喻"分度"的意思：花盆里的松树如果无休止地长枝，那么它的根就会枯萎。同样，如果收入少的时候过奢侈的生活，家庭就会崩溃。因此，应该按照收入设计一定的基准，在这个范围内生活，才不会在天灾人祸面前束手无策。也就是所谓的"天助自助之人"在现实生活当中的体现。

（四）推让

二宫尊德主张勤劳俭约，重在将所获的财富用于帮助贫困的人。所以"推让精神"是"报德仕法"的归结点。尊德认为，人不同于鸟兽之处在于人拥有"推让"的精神，只有相互推让，人们才能过上好生活。他认为，收入超过国民收入平均水平的人就被称为"富者"，而"富者"应该"推让"；收入在平均水平以下者应该厉行勤俭，以缩小贫富差距，实现理想的独立、和平、平等的社会。为此，二宫尊德致力于组织信用互助的"五常讲"，筹集基金，以助力农民农业生产或用于公共设施的建设。"五常讲"是日本最初的民间信用社性质的组织。

以上"至诚""勤劳""分度""推让"四点，构成了二宫尊德的思想核心，也是他"报德仕法"实践的指导纲领。更为可贵的是，二宫尊德不仅从理论上提出了"报德仕法"，更是身体力行，注重实践，反对一切不结合实际的空洞理论。在他看来，那些认为只有研究文字才是学问的观点是错误的，文字是传道的器械，而并非道本身。所以"读书为道"这句话并不正确，"道"不在于书籍，而在于行动。因此他主张"积小为大"，凡事从小处入手，孜孜以求方可成事，主张"一圆融合"，诸事相互关联成一个整体，相互依托、相互辅助才可以筑起一个和谐的社会。

二宫尊德称自己的思想是"报德教"。他以神、儒、佛相结合的思想创立"报德教"，主张以实践之德报"天、地、人"三才之德，倡导封建社会庶民的道德思想和生活规模，强调从宿命论出发的勤劳、节约、忍耐和禁欲的生活态度。因此他主张在不打破封建体制的前提下，实行"兴产安民"，强调农民应有"无税田"。在幕末的大动荡时期，苛捐杂税、高额地租、严重的灾荒和饥馑，造成农业凋零，农村贫富不均的现象日益严重，领主也因为田地大量荒芜而收不上贡租。因此，领主不得不对开垦新地实行奖励政策，允许农民在一段时期内不纳税，甚至可以把土地变为私有。针对这种情况，二宫尊德认为，必须"严守本分"，即领主和农民都要对自己有所约束，不能超越本分。他在应藩主的请求，实行农村复兴时，要求藩主必须实施"仁政"，不可因生产力提高而多征贡租，禁止无限制的剥削，以便安定农民生活。从限制领主剥削农民这一点来看，对农民具有一定的积极意义，因而二宫尊德受到了农民的一定程度的支持，但他同时要求农民安分守己、忍耐，不让农民以暴动斗争反抗领主剥削，显然对农民具有一定的消极影响。由此可见，虽然他要求封建领主做出一些让步，但本质上是维护封建制度的。二宫尊德认为，"天道"和"人道"是并存的，"天道"维护统治者，而"人道"是维护被统治者，两者缺一不可。实际上，二宫尊德的这种"天道""人道"观，是从他拼命努力恢复随着封建制的衰落而荒废了的农村土地，阻止封建农业崩溃的经验中归纳出来的。

二宫尊德的思想还体现了一定的民主意识，这在江户时代所有学派的学者中，都是一个特例。尊德为维护封建统治而提出了"兴复实业"的主张，这显然是以发展封建社会的农业经济为前提的，并不符合当时社会发展的方向，而且也难以挽救已经没落的封建经济。但他在提出以"树立典型"来"兴复实业"的具体办法中，两次出现了"投票"一词。此"投票"在二宫尊德的著作中多次被提及，这无疑是为实行民主而采用的一种方式。他在选任官吏方面也主张通过"投票"来进行，这种西方资本主义民主选举的方式，在当时的日本是前所未有的，体现了二宫尊德民主意识的超前性。

四、二宫尊德的实学思想及实践

二宫尊德是一位实心实学者，提倡所有人应战胜怠惰和欲望、辛勤劳作，践行"分度"（俭约）与"推让"（将多余之物让于他人）之德。他的实学思想在当时灾害频发、农业濒临崩溃的社会背景下发挥了积极的作用。

在尊德生活的江户时代后期，曾经爆发过两次大饥馑。自天明二年（1782年）持续至天明七年（1787年）的天明大饥馑，造成饿殍遍野。尊德即出生于此次饥馑的最后一年，他14岁时父亡，16岁时母逝，所拥有的田地亦被洪水荡尽。正是如此境遇下的成长经历，使尊德能在日后天保饥馑救灾活动中大展身手。

天保年间发生了两次大饥馑，分别是在天保四年（1833年）和天保七年（1836年）。实际上，在天保四年以后的10年间，冻灾、风灾和水灾经常引发大饥馑，据传曾导致奥羽地区死亡人数达10万之众。下文将介绍尊德于天保七年大饥馑时在乌山藩（栃木县那须町、那须乌町）开展的措施。

尊德认为，灾害的爆发周期大概为60年一次。因此，农民与官吏务必在平时做好防灾工作，储存金钱和谷物。正如《二宫翁夜话》卷四所言："天道，自然也。人道虽从天道，又人为也。当尽人道而待天道，切勿忽略人为而恨天道。"尊德主张面对自然灾害时以人道来应对。具体而言，可通过立秋前茄子的味道来预测饥馑。总之，尊德熟知且敬畏自然的力量，认识到人类虽受惠于自然甚深，但自然时常会欺凌和蹂躏人类。

在饥馑来临之前，尊德指导民众开发荒地和废地，种植荞麦、萝卜、芜菁、胡萝卜、马铃薯，以及可作为粮食的稗、大豆等，并在水稻收割后的旱田里栽种大麦，将植于田埂的菜苗移入田中，以作为粮食的补充（《二宫翁夜话》卷五）。尊德在樱町时曾告知民众，自天保五年（1834 年）开始的三年时间，免除旱田田租，用于植稗，为灾年生活做好准备。果不其然，当天保七年严重的饥馑来袭时，樱町无一人蒙受饥渴之苦（《报德记》卷二）。预测饥馑，事先免除民众地租而令其栽种粮食，便是尊德措施的基本所在。

同样在天保七年十一月，尊德受乌山藩家老菅谷八郎与天性寺住持元应的请求，全力协助乌山藩救灾。他迅速发给乌山藩紧急救援大米 100 俵（包、袋，计数装入麻袋内的米的量词），并借贷给他们相当于 2000 两白银的谷米（《二宫尊德全集》卷廿四）。住持元应在收到援助后，于天性寺建造赈灾小屋 11 栋，给予灾民每人每日 2 合（10 合约为 1 升）的救援米。赈灾始于天保七年十二月，于翌年五月结束。从赈灾措施实施后直至结束，乌山藩未再有人因饥饿而丧命（《报德记》卷三）。

对于身体健康并能劳动的人，尊德亦备有相关对策。首先，尊德向其提供无利息分年偿付贷款 600 两，以用于开发与劝农（《二宫尊德全集》卷廿四）。所谓开发，是指以略有储蓄的健康农民为对象，令其开发荒地，每开发"一反步"（约 36 平方尺）月付银 1 两 1 厘。所谓劝农，是指投票选出能为村尽心尽力的优秀者，为之提供相当于五年期偿付的无息贷款。具体内容涉及白日修补路桥、挖掘水渠，夜间搓绳、制草鞋，并以高于平常的价格采购。这一做法对于激励民众热爱本职工作、掌握独立生存本领，收到了极大的效果。

乌山模式虽只是历时三年的短暂实践，却体现了尊德秉持一生的信念——"富与贫，相隔非远。只在于唯思有助明日之事而不思迄今之恩，与思有助明日之事而不忘昨日之恩，唯此二者矣"（《二宫翁夜话》卷五）。由此可见，尊德堪称是一位倾尽全力构筑昨日之恩与未来发展之紧密联系的杰出人物。

五、二宫尊德思想的阳明心学色彩

由于日本江户幕府时期确立了朱子学的官学地位，庶民出身的二宫尊德自幼苦读的儒学应该是宋儒一派。二宫尊德著作中涉及中华文化的，大部分来自《四书》，特别是以《论语》《大学》引用得最多。二宫尊德最推崇《大学》《中庸》《论语》，因为他认为这三部书的道理对治理农村、发动生产最有用。

二宫尊德创立的"报德教"，其人生观、世界观、方法论都脱胎于儒学，但又带有浓厚的农政色彩及庶民色彩。二宫尊德哲学的宇宙发生论实际上是继承了周敦颐、朱熹的传统，而他的方法论则属于禅宗、陆王的领域。因为与"格物致知"的朱子学比起来，王阳明的"致良知"显然更加简便易行，更符合忙于农政改革而无大量时间研究学习的庶民实际。具体说来，二宫尊德的方法论可以归到一个"诚"字。他在解释这个字的时候说："所谓诚之道者，不学而知，不习而得，书籍、记录、师父，一概抛弃而人人自得弗忘，是以诚之本耳。""吾道唯至诚实行而已。"他话语间流露出的天生具有、不靠学识和师傅等与阳明心学提出的"良知"说类似；而强调相信自己、勇于实践的部分则反映出知行合一的阳明心学色彩。只是二宫尊德提倡的"诚"比阳明心学更加贴近农政实际，更多反映出功利性的一面。王阳明说的"实行"主要是行"良知"而达到"内圣外王"，而二宫尊德说的"至诚实行"却落脚于谷米财货计。

二宫尊德从自己的身份和需求出发，对儒学进行了吸收和改造。他的改造主要基于两个原则：第一，改造后的学说要对日常生产有用，能带来实际利益；第二，它要直接、简易和容易实行。于是，他的著作中出现了各种农政譬喻，以解释哲学道理，并且用"诚"的方法推行其报德思想。经过二宫尊德改造后的思想学说，其简易直接的特点也与阳明心学有类似之处，比较容易得到下层民众的接受并付诸实践。

二宫尊德认为，财富虽然起源于天，但衡量财富的多少最终应归于心。贫与富的距离也就是一念之差。《二宫尊德全集》中有句话是这么说的："有是心有是贵，无是心无是贵。有是心有是贱，无是心无是贱。有是心有是贫，无是心无是贫。有是心有是福，无是心无是福。"意思是说，有想富贵的心，就有可能富贵；有贫困的心，那么就有可能贫困。他还认为心置于贫者得富贵，心置于富则变贫。寡欲方能达到真正的富贵。

二宫尊德还将贫富和修身联系起来。他认为，喜好富贵和厌恶贫贱是人之常情。然而，富贵贫贱的原因不在于天地，亦不在于国家，而只是在于人们的专心。修身治人者得富贵，懒惰者治于人而不免贫贱。即使现在贫贱，若做到守分、敬业，也可得富贵。二宫尊德强调修身的重要性，认为修身可以使人具有高尚道德，高尚道德本身就是一笔巨大的财富，好的德行可以转化为财富，而财富反过来又使高尚的人变得更高尚，如此才是符合天道的。

在封建经济文化土壤中培育出来的二宫尊德的经济思想，闪烁着儒学，特别是阳明心学的光芒。他注重人的内心探究，倡导内心的光明和良知，主张强大的内心支撑社会经济的发展。他的实学思想即实践处处显示出知行合一的智慧，他振兴农村、改善农民生活的贡献正表明了阳明心学中"亲民"的特征。虽然二宫尊德本人并没有直接接触阳明心学的著作，但他的思想和贡献散发着阳明心学的色彩，因此将他归入日本阳明学者的队列进行学习。

六、二宫尊德思想的发展与研究

纵观二宫尊德的人生轨迹及其思想与实践，可以说他是一位在维护现存政权和社会制度的前提下实行农村改革和重建的温和改良主义者。他的做法既满足了江户幕府统治阶级的愿望，也切合实际地解决了当时农村、农业和农民生活的基本问题，起到了缓和社会矛盾、改善农民生活的作用。他的做法也符合日本的历史传统和不求巨变的民族文化心理，因此也就为二宫尊德思想能够在后世被认可和继承奠定了基础。

二宫尊德在世时，其思想直接传授给了长子二宫尊行，长孙二宫尊亲，另外还有弟子1000多人；他们在尊德离世后，坚持宣传其思想，实践"报德仕法"，受其实际行动影响的人越来越多。在其众多传人中，最有名的是世称"四大天王"的富田高庆、斋藤高行、福住正兄和冈田良一郎。富田高庆是二宫尊德的女婿，一生致力于宣传"报德仕法"，创办民间组织"兴复社"，开展农村振兴及无息贷款事业，并著有《报德记》《报德秘录》，是最早将二宫尊德的思想与实践昭告天下的人物；斋藤高行是富田高庆的表弟，助其表兄开展事业，著有《报德秘稿》；福住正兄是著名的《二宫翁夜话》的作者，因仰慕二宫尊德而经常与其在旅馆彻夜长谈，其笔录就成了后来的《二宫翁夜话》；冈田良一郎是大地主家庭出身，创立了"远江国报德社"，积极参加地租改革、民权运动，后成为众议院议员，号召全国各地结成"大日本报德社"，自任社长，使"报德仕法"运动普及全国。

基于二宫尊德思想与实践的报德运动经过明治、大正、昭和等一系列时代的动荡和兴衰，一直持续至今。在当代，二宫尊德的思想与实践原则在社会上产生了广泛的影响，被奉为立市之本、企业成功之路。例如，在静冈县挂川市任市长职务长达27年的榛村纯一，一直贯彻二宫尊德的报德思想，在日本率先建立起终身学习城市，使挂川市成为日本屈指可数的典型城市。日本著名的大企业松下公司的创始人松下幸之助先生，终身贯彻以社会为本的经营之道。另外，日本的丰田公司，就是在其创始人丰田佐吉"劳动、感谢、服务"的人生价值观和社会理念的指引下立足的。这些人生价值观和社会理念，恰恰是在二宫尊德思想与实践的影响下形成的。

二宫尊德虽然是江户时代末期的农政学家、思想家和农村改革实践家，但他主张的以"至诚""勤劳""分度""推让"为主旨的"报德仕法"，有效地指导了日本近现代工业和社会的改革与发展，他的思想与实践活动充分地表现了东方文化价值伦理的本质特征，成为日本妇孺皆知的传统道德的楷模。

七、对二宫尊德的历史性评价

尽管二宫尊德是两个世纪以前的历史人物，但是日本及世界其他国家特别是中国、韩国等亚洲国家对其功过的评价从来没有间断过。

江户时期，为了表彰二宫尊德振兴樱町，大久保忠真褒奖他的贡献为"以德报德"，并任命他为幕府低级官僚，从此二宫尊德成为江户幕府统治阶级——武士的一员。在严格实行身份等级制的江户时代，从一介农民跃升为武士，可见当时社会对其的评价之高。

明治维新时期，新政府为了实现富国强兵的战略目标，采纳了富田高庆的建议，特别是得到了明治新政府的重要人士西乡隆盛的赞同和推荐，在全国范围内掀起了"报德运动"，报德思想成为明治政府一系列政策的精神支柱之一。同时，在日本国家指定的教科书里面，都加入了对二宫尊德的宣传，将他作为"近世的大道德家"进行全民道德教育。

甲午战争、日俄战争以后，明治政府急于加入国际帝国主义的阵营，以图在瓜分世界的过程中分得一杯羹。出于统一国民意识的需要，将业已得到普遍认可的二宫尊德作为实现政治目标的思想武器。具体就是以二宫尊德思想中存在的"废小家以兴大家"的献身精神为主导，由政府发起、结成半官方性质的民间团体"报德会"，以普及报德精神为目标，强势宣传报德思想。由此导致二宫尊德作为日本帝国的道德楷模而被理想化。明治时期对二宫尊德的宣传和颂扬达到了一个高峰。但 1930 年后，日本大肆推行对外侵略扩张政策，二宫尊德的报德思想被滥用于支持日本的对外侵略战争，以及为奴役被侵略的中国、朝鲜等亚洲国家服务。1945 年日本战败投降后，由于在战争中被滥用的历史问题，对二宫尊德的研究成为学术界的禁忌话题。近年来，随着中日文化与学术交流的日益深入，中国国内日本研究学界开始关注二宫尊德"报德"思想的研究。中日学者近年来对二宫尊德思想的研究已经受到学术界的广泛关注。

21世纪，经济发展进入了一个崭新的历史时期，国际化趋势不可阻挡。与此同时，地球的环境污染、全球变暖等问题日趋严重，经济社会发展和人口资源环境之间的矛盾越来越突出。世界各国都在寻找经济和能源、环境、道德和谐发展的新模式。而二宫尊德主张的"道德为体、经济为用"，即将道德与经济"一圆融合"为互相补充、互相促进的统一体的这些理论观点都促使现代人重新认识二宫尊德，重新评价二宫尊德的思想。

◉ **思考题**

1. "报德"思想和行动在现实社会中有哪些积极的作用？请举例说明。

2. "至诚""勤劳""分度""推让"四点构成了二宫尊德的思想核心，你觉得最有体会的是哪一点？请从社会发展的角度谈谈你的认识。

第四章

明治时期日本阳明学
杰出人物及思想

第一节　三宅雪岭的国粹主义哲学

三宅雪岭（见图 4.1）是让阳明心学在日本普遍化的功臣，他借助德国思想家的理论来讲述阳明心学，使阳明心学进入日本普通人的视野，并得到普遍的理解。

一、生平简介

图 4.1　三宅雪岭像

三宅雪岭（1860—1945 年），日本明治、大正、昭和时期评论家，原名雄二郎，石川县人。1883 年东京帝国大学（今东京大学）哲学科毕业，1887 年任东京专门学校（早稻田大学前身）讲师。1888 年参加创建政教社，创办《日本人》杂志，宣扬国粹主义、批评欧化政策，指责政界、宗教界的腐败。1902 年游历欧美。1907 年把《日本人》杂志改名为《日本及日本人》（后改名为《我观》《东大陆》等），擅长撰写人物评论和社会评论。1943 年被授予文化勋章。著有《真善美日本人》《王阳明》等。

二、学术之路

三宅雪岭原名三宅雄二郎，故乡有秀峰白山，因此取笔名为雪岭，是日本近代著名的哲学家和评论家。三宅雪岭出生于加贺国金泽（今石川县金泽市新坚町），

1877 年成为东京帝国大学哲学科最初的学生之一。1883 年毕业后，在外山正一教授的劝说下，作为副教授留校，进入编辑所工作，1887 年担任东京专门学校讲师。这段工作经历让三宅痛苦不堪，最终他辞去工作，并下定决心至死不做体制内的学者，而宁愿在民间做一名自由评论人。

1888 年 4 月，三宅与志贺重昂、杉浦重刚等人创办了政教社，设立机关杂志《日本人》，并撰写了大量时事评论类的文章。1937 年成为帝国艺术院会员，1943 年被授予文化勋章。同年三宅连续遭遇了妻子去世、女婿自杀的双重打击，精神一度萎靡不振，最终于 1945 年 11 月 26 日去世。渡边清评价三宅雪岭的一生时说："他至死都作为言论人活动，作为哲学者生活，实践着知行合一的信条。"可见，阳明心学对三宅雪岭的影响非常深远。

三宅的阳明心学素养，追根溯源来看，其家庭影响是不可忽视的，三宅雪岭的父亲三宅恒是加贺藩家老本多家的儒医，曾跟随佐藤一斋门下的阳明学者学习儒学，因此比起朱子学更倾向于阳明心学。三宅的祖父也因与日本阳明学者大盐中斋的渊源而熟知阳明心学。由此看来，三宅家学深厚，特别是世代阳明心学研究的传统，对三宅本身的影响非常深远。

三宅雪岭一直将西乡隆盛与大盐平八郎当作践行阳明心学真谛的大英雄。

三宅雪岭是东京帝国大学培养的最早的哲学学者之一，融合东西，博采众长，形成了自己的哲学研究特色。在东洋哲学中，三宅最欣赏的就是阳明心学，在其阳明心学专著《王阳明》问世之前，他在其他的著作如《哲学涓滴》《我观小景》等中屡屡将王阳明置于哲学之最高地位，认为王阳明在历史上可以和苏格拉底并列，在思想深度上可以和黑格尔比肩。在三宅看来，在日本思想史中，只有为数不多的学者思想能称为哲学，其中日本阳明学便居于枢要之地位。

三、三宅雪岭的《王阳明》

在《王阳明》一书中，三宅雪岭对王阳明的思想进行了系统的评述。三宅指出，王阳明的思想分为早年和晚年两个部分，前部分倡导"心即理""知行合一"之说，后部分以"致良知"为主。他将阳明学说归纳为三个部分——"心即理""知行合一""致良知"，开创了日本阳明学以这"三点式快餐理解法"的原型。在三宅看来，阳明学说的体系是识心——正心——致良知，其中最为重要的便是"致良知"。

（一）"心即理"

在"心即理"部分，三宅雪岭借用王阳明为《陆象山文集》所作序言，认为"圣人之学，心学也"。以"心学"作为阳明学说的锁钥，是十分准确而恰当的。由此，三宅雪岭将"心即理"置于王阳明哲学体系的第一层面，把它当作最基础的部分。在这一部分的论述中，三宅最有特色的观点有以下两点：

第一，对"心""理"从两个层面进行了释义。三宅认为，"心"可以从广义和狭义两个方面去理解：从狭义上说，"心"是相对于"物"而言的；从广义上说，所有观念都属于"心"。"理"也是这样，狭义上"理"只存在于事物之间，广义上万事万物均有"理"，理不外求。

第二，结合黑格尔的辩证法阐述"心即理"的意义。三宅总结说，心就是知觉、灵明，换言之就是"意识"。三宅只是粗略地指出了阳明心学与黑格尔思想的相似点，并没有具体展开论述。三宅认为，"心外无理，理外无心"，心既是思想的主体又是思想的客体，因而"心"就是思维（即王阳明所谓的"灵明"）。经过黑格尔哲学的转换，王阳明的思想被重新披上了近代性、世界性的外衣。

（二）"知行合一"

"心即理"的目的是走向活泼泼的世界，由此进入王阳明思想的第二层面——"知行合一"。知行要以圣人之教为本，因此，知善而不行，乃至行恶之人都不可纳入知行合一的范畴。在知与行的关系方面，"知是行的主意，行是知的功夫。知是行之始，行是知之成"。在次序方面，知行以意为先，"夫人必由欲食之心，然后知食，欲食之心，即是意，即是行之始矣"。知行合一在为学修行方面亦是如此，儒家讲求"学、问、思、辨、行"，但并非学、问、思、辨之后，才开始付诸"行"，"行"应该伴随在学、问、思、辨的每一个环节。心理合一，知行并进，这样才能"辨既明矣，思既慎矣，问既审矣，学既能矣，又从而不息其功焉，谓之笃行"，因而知行合一，不可分割为二事。

三宅梳理了王阳明的知行观后，进一步拓展了其理论外延。王阳明的知行合一讨论的范围不出于道德、技术之外，但根据阳明的知应扩充圆满之说，在近代社会科学技术的发展层面也应做到"知行合一"，所谓"小知伴薄行，先知我，又知他，其所知最为深刻，行也最大，即所谓知真行真"。

（三）"良知"

三宅雪岭在《王阳明》中用了大量的篇幅来阐发"良知"说，其首先要解决的是"良知"是什么的问题。三宅列出了王阳明关于"良知"的重要论说，并与西洋哲学进行了对比。三宅指出，王阳明的"良知"是原本自然、本无善恶的。但是人欲会干扰"良知"，对此王阳明用日光与云层的关系来譬喻。在良知的功夫论上，王阳明不仅提出了要去除私欲，还提倡自我与他人浑然一体的状态，倡导"人者天地之心，天地万物本吾一体者也"，即提倡实现"万物一体之仁"。

他粗略地指出，王阳明所说的"良知"与康德、谢林、黑格尔、叔本华、哈特曼的某些理论有相似之处，但逻辑上的论证十分欠缺，因而也存在难以让人置信之嫌。总结来看，三宅雪岭借用康德、谢林、黑格尔、叔本华等西方哲学家的理论，将王阳明的"良知"说推至哲学的顶峰，其在对比论述中的粗糙简略甚至讹误之处，自然难以避免，或许可以将这些看作是三宅雪岭的一种论述策略。拨开层层理论的迷雾，三宅自身想从阳明心学中发现的是一种面对活泼世界的、哲学式的行动力，由个人推之于社会，国家则可收维新之功，开新世界之气象。

四、国粹主义哲学

三宅雪岭所提倡的"国粹主义"是尊重日本的文化传统，在此基础上消化吸收西方的文明，将其化为日本的一部分，从而开创"日本式开化"道路及日本特殊的近代化道路。三宅特别强调日本独特的思想传统、精神气象。他指出，日本人是优秀的民族，并不会始终居于欧美之下，可以在"真、善、美"领域做出独特的贡献。"真"便是学理之探究，因为日本处于亚洲，吸收了亚洲优秀的文化因子，同时又能放眼于世界，融合东西洋文化之长处，从而"探究新思想，创发新学问"。

可以说，三宅雪岭的阳明心学思想正是试图融合东西方哲学，为世界提供新的真知的一种尝试，是诠释日本"国粹"的重要一环。

五、客观评价三宅雪岭的阳明心学研究

毋庸置疑，三宅雪岭的阳明心学研究其特殊的历史意义在于开创了日本近代阳明心学研究之先河。其积极意义体现在：

第一，第一次从哲学的视角、方法出发尝试系统性地搭建王阳明的哲学体系，从而试图发现阳明心学的近代价值。

第二，在探讨阳明哲学时，东西洋哲学发展史兼容并包，微观视角与宏观视角并举，即不仅从儒学思想发展史的内部勾勒阳明哲学的轮廓，也注重类比于西洋哲学史中的相似概念，有时甚至试图从世界思想发展史的趋势来进行宏观思索。

第三，率先梳理了近代以来的日本阳明学系谱，从江户前期的中江藤树到近代的大盐中斋，铺展开日本阳明学发展的思想地图，这也为后来的高濑武次郎、井上哲次郎等人进一步构建日本阳明学的思想系谱奠定了基础。

第四，由阳明心学以至于儒学，试图在东西洋哲学的对比研究中、在东西洋哲学的融会发展中，思考儒学的近代性、实用性价值。

第五，站在国粹主义的立场，创想以王阳明思想为代表的儒学思想的普遍价值，提高近代儒学在东亚文化圈乃至于世界发展史中的定位。

与此同时，还存在以下局限：

第一，在研究方法上，以西洋哲学为镜子来观照王阳明思想的体态，但有时在具体对比研究中缺乏足够的论证。论说稍显粗糙、简略，缺乏严密的逻辑。

第二，三宅雪岭从国粹主义的立场来阐发阳明心学，即从日本本民族的主体性出发，来吸收阳明心学思想。但是特别需要警惕的是，在甲午中日战争前后，以三宅雪岭为代表的政教社所宣扬的国粹主义已经发生了转向，呈现出殖民扩张的民族主义形态。因此，三宅雪岭借阳明心学宣扬的社会行动力，背后还潜伏着亚洲扩张的意图。

⏺ **思考题**

在现代社会发扬阳明心学的积极意义，是青年大学生的使命之一，请思考可以在哪些方面着手。

第二节　井上哲次郎的国民道德

一、生平简介

　　井上哲次郎（见图 4.2）（1855—1944 年），号巽轩，生于筑前国（今福冈县）太宰府，日本近代唯心主义哲学的先驱者，日本学院哲学的奠基人。少年时代就学于汉学塾，后精通汉学。1875 年入东京开成学校学习，1877 年入东京帝国大学文学部哲学系，1880 年毕业后主办《东洋学艺杂志》。1882 年任东京帝国大学副教授，讲授哲学。1884—1890 年留学德国，研究德国观念论哲学，并将其介绍到日本。试图用西洋哲学的方法论解释以儒学为中心的东洋哲学。1890 年回国后任东京帝国大学文学科教授，1891 年获文学博士学位。同年撰写注释《教

图 4.2　井上哲次郎像

育敕语》的《敕语衍义》，在思想界、教育界有较大影响。1893 年在《教育时论》杂志上连续发表长篇论文《教育和宗教的冲突》，抨击基督教违背日本的国体和固有的伦理道德，后致力于论述天皇制国家的国民道德问题。著有《伦理新说》《日本阳明学派之哲学》《日本古学派之哲学》《日本朱子学派之哲学》等，并编纂了日本第一部哲学辞典《哲学词汇》。

　　井上哲次郎是日本明治时代著名的哲学家、新诗运动的先驱，他不仅翻译介绍了大量西方学术论著，特别是德国哲学论著，推动哲学伦理学等学科体系在近代日本建立完善，而且将西方哲学与明治初期一度隐出的儒学融合起来，将伦理教育、国民道德培养等方面重新纳入日本近代国家建设，可以说，井上哲次郎不仅是西方哲学的引介者和东洋哲学的倡导者、日本主义的搭建者，还是封建性国家主义式哲

学的倡导者。可见，井上哲次郎在日本乃至亚洲近代思想发展史上的地位十分特殊。

二、学术研究历程

井上哲次郎诞生于筑前太宰府医师船越俊达家，幼年曾跟随中村德山学习汉籍。明治四年（1871年）到长崎游学，在英学塾广运馆就学。1875年进入东京开成学校学习，1877年与三宅雪岭一同成为东京帝国大学第一批学生，专修哲学、政治学。在东京帝国大学期间，除德国哲学之外，井上哲次郎受到较大影响的还有斯宾塞的进化论，他和三宅雪岭在这些影响下，主张精神进化与物质进化同等重要，两者若偏废其一就是不完整的。

此外，对井上哲次郎触动较大的还有佛学、汉学、日本国学思想。1880年东京帝国大学毕业后，井上进入文部省，在编集局兼官立学务局工作，开始了《东洋哲学史》的编撰工作。1881年，其编写的《哲学词汇》刊行，成为日本最早的哲学辞典。1882年井上成为东京帝国大学副教授，随后成为东京帝国大学最早讲授"东洋哲学史"的教授。

1884年，井上远赴德国，在海德堡大学、莱比锡大学留学，1890年归国。随后，升为东京帝国大学文学部哲学科教授，开始融合东西洋哲学，建立日本哲学。《教育敕语》颁布后，井上开始了国民道德的构建工作。第一步便是受文部大臣方川显正之命撰写了《敕语衍义》，以供天皇御览，撰文期间多次咨询了中村正直、西村茂树等人的意见，最终经过层层审查，该书作为修身教科书应用于学校教育体系中。

1897—1904年，井上哲次郎就任东京帝国大学文科大学校长。这一期间井上著作颇丰，不仅撰写了三套大型丛书，即《哲学丛书》《日本伦理汇编》《武士道丛书》，还出版了著名的江户儒学三部曲——《日本阳明学派之哲学》《日本古学派之哲学》《日本朱子学派之哲学》，另外《武士道》《伦理与教育》《国民道德概论》等宣扬武士道、国民道德的著作也产生了广泛的社会影响。

1923年井上哲次郎从东京帝国大学辞职，转任东洋大学教授。1924—1925年，他成为第一代贵族院帝国学士院会员议员，1925年被任命为大东文化学院第二代校长。1944年12月7日，井上哲次郎逝世，享年89岁。

纵观井上哲次郎的学术经历，主要体现在三个方面：一是自幼以来深厚的汉学教养，二是在东京帝国大学期间深入接触西方哲学、佛教哲学，三是留学期间专攻德国哲学。

三、井上哲次郎的阳明心学研究

1900 年以后，井上哲次郎的《日本阳明学派之哲学》《日本古学派之哲学》《日本朱子学派之哲学》相继出版，构成了其最具代表性的儒学研究三部曲。井上哲次郎的日本儒学史研究处于他之前进行的东洋哲学史研究及国民道德构建的延长线上，主要目的在于对日本传统德教思想进行近代化转化，构建日本独特的哲学史，以对抗西方伦理道德思想，弥补学界空白。

《日本阳明学派之哲学》出版后，不仅成为井上哲次郎东洋哲学思想研究史中最重要的著作之一，而且在亚洲近代阳明心学研究历史中的作用也不可忽视，特别是其建立的日本阳明学派系统，几乎成为亚洲知识人了解日本阳明学的范本。中国著名学者朱谦之撰写的《日本的古学及阳明学》，便是以井上的系谱为基础完成框架搭建的。

《日本阳明学派之哲学》一书共分四篇：第一篇"中江藤树及藤树学派"，包括中江藤树、熊泽蕃山两人；第二篇"藤树蕃山以后的阳明学派"，包括北岛雪山（附细井广泽）、三重松庵、三宅石庵、三轮执斋（附繁伯）、川田雄琴、中根东里、林子平、佐藤一斋、梁川星岩；第三篇"大盐中斋及中斋学派"，单列大盐中斋；第四篇"中斋以后的阳明学派"，包括吉村秋阳（附吉村斐山）、山田方谷（附河井继之助）、横井小楠、奥宫慥斋（附冈本宁斋、市川彬斋）、佐久间象山、春日潜庵、池田草庵、柳泽芝陵、西乡南洲、吉田松阴、冬泽泻、真木保臣、锅岛闲叟等。在阐述日本阳明学者思想时，大致从宇宙论、神灵论、人类论、心理论、伦理论、政治论、学问论、教育论、异端论等多个方面加以论述，以强化日本阳明学者学说的体系化思维，对照西方学术思想，以凸显日本阳明学的近代学术性特征。

在儒学三部曲中，井上哲次郎将《日本阳明学派之哲学》列居首位，他在序言中说，欧美的功利主义、利己主义思想传入日本后，污染破坏了日本国民的道德心，为了对抗这个趋势，需要熔铸陶冶国民心性，让其领悟德教精神，那么，阳明心学便成了被井上挑选出来的第一件思想武器。

　　井上哲次郎指出，东洋思想的最大优点在于注重主观性道德修养，而阳明心学在诸多东洋学派中特别重视实行。井上认为，阳明心学的弊病在于偏重主观性方法，拒绝客观性智识，但是他仍然盛赞日本阳明学在主观性方面超越性的价值，特别是在心德这一点上，日本的阳明学者永远值得后人尊敬。他认为，道德建设不应仅仅从主观性上入手，还应该从客观性方面加以完善。实现道德，需要同时结合主观性功夫与客观性智识，即心法与学术具备，缺一不可。因此井上提出了"东西洋论融合论"：一方面强调东西洋思想的对立，抨击全盘西化，特别是伦理学界以利己主义、功利主义为导向的风气对日本国民精神的荼毒；另一方面又强调东西思想的融合，以日本为主体，吸纳东西方之优长，进化更为先进的道德。总体上而言，井上哲次郎以日本主义为基石，宣扬东西思想折中调和论，他的阳明心学立场也是一样的。

　　井上哲次郎在研究东洋阳明心学思想发展的过程当中，特别凸显了其日本特色，也就是强调阳明心学从中国传到日本后产生的日本化的质变，具体来讲有两大特点：第一就是以日本国家精神为本，呈现出神道合一的倾向。他指出，阳明心学虽然出自中国的王阳明，但是进入日本之后就具有了日本化的特质，带有了日本的特性。第二是简易直截，带有日本趣味。井上称，日本人喜欢单纯，所以阳明心学进入日本后被单纯化，成为"简易直截"的学问。井上哲次郎在阳明心学中还特意堆砌出国家精神、神道合一的日本性，从而将日本阳明学与他所强调的民族性联系起来，可见，井上的阳明心学研究终究是服务于日本国体建设，国民道德论的色彩更加浓烈。

　　井上在中日阳明学之间划上了清晰的界限，认为日本阳明学比中国阳明学更加卓有成效，在日本历史上做出了更多实效性贡献。不仅如此，井上也突出了朱子学与阳明心学的断裂。他认为，朱子学与阳明心学之间存在五大差异：第一，朱子博学以得德行之法，为学之功夫类似于归纳法，阳明先德行而后学问，多演绎法；第二，朱子主张理气二元论，阳明主张理气合一的一元论；第三，朱子分辨心与理，认为心属于气，阳明则主张心即理；第四，朱子学有经验论倾向，而阳明则是唯心论式的；第五，朱子主张先知后行，阳明主张知行合一。因此朱子重学理，而阳明重实行。进而，井上得出的结论是：朱子学多出博学之士，但存在固执迂腐的弊端，而阳明心学偏重主观，难免浅薄，但直截了当，切中要点，陶冶人物，因而多出伟人。

　　井上对中日阳明学及朱子学与阳明心学的差异评价，遭到了众多学者的批判。批判的主要内容包括：井上的分析与中国朱子学及阳明心学的本质特征相差甚远，他主要看到的是日本所接受的阳明心学特征，是对中国学说的日本式解读。井上的分析带上了过重的日本性、主观性特征，作为思想研究缺乏一定的科学性，显得比较肤浅。但井上的判断却被当作当时的权威观点得到肯定，并且经过其弟子的进一步阐发，成为明治日本人理解阳明心学的一种重要方式，换言之，井上的研究成了明治思想界的独特底层，折射了明治知识人对阳明心学所寄予的特殊期待。

四、井上哲次郎确立国民道德

《教育敕语》颁布后，井上哲次郎受文部大臣芳川显正之命撰写了《敕语衍义》一书，作为《教育敕语》的权威解说书于 1891 年 9 月出版。同年 10 月，第 2486 号《官报》公告栏中刊载了该书通过教科书审查的消息，由此该书开始作为修身教科书普遍应用于学校教育中。井上哲次郎在《敕语衍义》中说："盖敕语之旨意在于，修孝悌忠信之德行，巩固国家之基础，培养共同爱国之义心，以备不虞之变。"将《敕语》的核心归纳为"孝悌忠信，共同爱国"两点，试图以此来黏合民心。

《教育敕语》所倡导的实践伦理，是"由孝悌开始，从一家推之与一村，一村推之与一乡，遂至于共同爱国。其意义在于为国家修养一身，孝于父母、友于兄弟毕竟是为了国家，我身应供奉给国家，应为君而死"。进而他从伦理上进行了阐发，"孝悌忠信及共同爱国主义，对于国家而言，一日不可或缺。不论时之古今、洋之东西，大凡组织国家，必实行该主义。自古以来，我邦之人未尝放弃孝悌忠信、共同爱国之精神"。于是在井上的论述下，在国民性教育方面，孝悌忠信、共同爱国成为两大支柱。而且无论是在东方还是西方，它们都是具有普遍性、一般性的道德。井上借用了儒家"修身、齐家、治国、平天下"的实践伦理结构，将其与《敕语衍义》融合为一体，从而形成了深刻影响日本明治社会的国民道德论。

1897 年，井上哲次郎与高山林次郎合编的《新编伦理教科书》出版。1899 年，该书通过教科书审查，并作为中学及师范学校修身伦理科的审定教材通行日本。1900年，井上哲次郎成为修身教科书调查委员，主理国定修身教科书的编撰工作。1903年编写了《中学修身教科书》《中学修身教科书·伦理篇》。这些修身教科书的核心目的在于将"祖先崇拜""忠孝一体""家族制"国家形态的敕语体制贯彻到明治日本的国民教育中，推进伦理宗教化的进程。这一趋势在 1908 年第二期国定修身教科书中得到进一步的强化，其中明确提倡日本主义式的"国民道德论"。1910年，井上哲次郎在文部省召集举办的全国示范学校修身科的教学负责人讲习会上发表演讲，更加鼓吹国民道德强化德育等内容，并将其编订为国定修身教科书的补充内容。1912年，井上哲次郎的《国民道德概论》出版，这标志着以"祖先崇拜""家长制""忠孝一体"为核心的国民道德论体系形成。

从《敕语衍义》的出版，到明治末年国民道德论的建立，儒家思想在井上哲次郎的实践伦理观中一直居于核心地位。具体而言有三点：第一，井上借用了儒家中"推己及人""修身、齐家、治国、平天下"的伦理图示，将《教育敕语》中的实践伦理解释为"家→村→乡→国"的模式，将"孝悌忠信""共同爱国"作为国民教育的两大支柱。第二，批判基督教、佛教等宗教中的迷信成分，强调普遍性的伦理，即德教在教育中的重要性，在编写修身教材中还特别吸纳了儒家的修身理论。第三，"忠孝一体论"是国民道德论中的一大支柱，其思想来源便是儒家实践伦理。

在井上哲次郎的阳明心学研究中，也特别关注国民性道德培养。这意味着在《教育敕语》影响下，其阳明心学研究的走向也发生了变化。在井上哲次郎梳理的日本阳明学者系谱中，特别重视中江藤树的研究，而在中江藤树研究中又特别重视其"孝"的价值。他惊喜地发现，藤树的"孝本思想"可以与"忠孝一体"的《教育敕语》精神直接关联，而且藤树所建立的"孝＝良知"的图示将有利于构建"忠孝一体"的基础。井上将日本视为单一民族的国家，"孝"建立了日本民族万世一系的延续性特征，同时借用阳明心学思想，进一步强化了"家＝国、家长＝天皇、忠＝孝"的伦理性链接，搭建了伦理宗教化的政治理想。

也就是说，井上哲次郎在日本阳明学中寻求到了两种思想武器：东洋哲学与日本精神。以阳明心学为场域，探索东西洋思想中一般性、普遍性的部分，借用西方哲学完成东洋思想的现代化转型，从而在文明进化论的基础上，发明出以日本为主导的更为先进的东亚文化对抗西方。同时，任何思想在日本的完成都需要尊重本国的特殊性，那么在日本实践伦理中，必须以日本国体精神为主导，阳明心学成为建立国民道德的重要支撑，井上哲次郎从中发现了德教（伦理宗教化）与德治（伦理政治化）的可能性。

井上哲次郎将"武士道"纳入他的伦理修身教育的论述，并成为国民道德体系的重要组成部分。井上将日本阳明学与武士道的相关论述进行糅合，使其产生理论的连接，共同作用于日本国民道德的构建。他在武士道的论述中大量吸收了日本阳明学的实践伦理思想，因此两者在思想内容、论证逻辑上都有重叠。他的这种嫁接形成的特殊的思想形态，最终成为服务于日本军国主义的思想武器，这是我们在学习井上哲次郎思想的过程中必须要高度警惕的。

以井上哲次郎为代表的国家主义者倡导阳明心学，主要是针对当时功利主义和利己主义学说泛滥对日本国民道德心的破坏，将阳明心学定位为代表心德的东洋道德的精华和东洋哲学史的构成部分，旨在用日本阳明学奠定近代国家的"国民道德"的基础，让国民"领悟陶冶和熔铸吾邦国民之心性的德教精神"。这种国家主义阳明学，成为明治阳明学的主流，对中国梁启超等人的阳明心学研究也产生了影响。

五、井上哲次郎阳明心学研究的评价

井上哲次郎的阳明心学研究总体上有以下特点：一是注重东西方思想的一般性、共通性研究，他不仅在东洋思想内部将以儒家为主的中国思想、以佛教为主的印度思想与日本阳明学进行对照研究，同时还与西方哲学研究联系起来进行评述。因此他的研究视域非常宽广。但是他在评述日本阳明学派之哲学的时候，多将东西方哲学的概念直接套用，有些理论的关联性显得十分薄弱，而且缺乏清晰的逻辑论证。这也是明治知识人在对东洋思想进行近代化转化的过程当中遇到的通病。二是注重特殊性的发现。在阳明心学研究中，井上哲次郎将敕语精神、日本主义、国民道德作为主旋律，将阳明心学填入成为特殊的素材，因此时不时会出现扭曲的阳明心学，这是井上哲次郎阳明心学研究的最大问题所在。

井上哲次郎对阳明心学研究的贡献主要有以下两个方面：第一，促进了阳明心学在日本知识界影响力的推广，推动阳明心学研究热潮的到来。包括被井上屡屡批判的内村鉴三等基督教徒也开始将阳明心学纳入其思想体系，促进了阳明学与基督教的进一步融合，因此明治基督教的指导者们大多有阳明心学的思想背景。第二，促进了中国近代阳明心学研究的发展。《日本阳明学派之哲学》问世后，立刻引起了梁启超的关注，受到该书的影响，他开始在晚清知识界大力宣扬阳明心学。梁启超撰写了《节本明儒学案》，表达了与井上哲次郎相似的观点，强调阳明心学复兴并应使之成为民国以来近代思想的"正统"，甚至多次直接引用井上的观点。不仅如此，梁启超还试图构建中国的国民道德。

值得警惕的是，井上哲次郎的阳明心学研究存在明显的缺陷：第一，将中日阳明学的差异归结于民族性的优劣，刻意将中国阳明学与日本阳明学区分开来，隐含着对中国国民性的蔑视。第二，日本阳明学思想的实相被敕语精神、皇国思想、国家主义扭曲变形。井上哲次郎构建以祖先崇拜、家族制、忠孝一体为核心的国民道德，将武士道与阳明心学结合，为军国主义的膨胀埋下了祸根。

思考题

1. 请你结合中国的核心价值观，谈谈其中与阳明心学相关的内容。
2. 我们应该如何批判地看待日本阳明学？

第三节　高濑武次郎的个人修养

一、生平简介及学术成就总述

高濑武次郎（见图 4.3）（1869—1950 年），东京帝国大学博士、教授，日本近代著名哲学家，研究中国学的代表学者。曾为天皇讲过汉学课程，因研究阳明心学而广为世人所知。主要相关著作有《中国哲学史》《日本之阳明学》《阳明主义的修养》《老庄哲学》等。

高濑武次郎，号惺轩，日本明治时代早期中国哲学研究者之一，也是横跨明治、大正、昭和三个时代的日本著名阳明学者。高濑是三宅雪岭的学生辈。在东京帝国大学读书期间受到导师井上哲次郎的启发，开始了对阳明心学的探索，

图 4.3　高濑武次郎像

1898 年以后，出版了大量阳明心学专著。从而将日本近代阳明心学研究推向新的历史高峰。

高濑武次郎出生于赞歧国山田郡（今香川县高松市）。幼年跟随森口四郎学习儒学。1898 年从东京帝国大学文科大学汉学科毕业，同年进入该校大学院继续中国哲学研究。1905 年撰写了题为《先秦诸子哲学》的论文，顺利获得文学博士学位。在校期间，他的导师是井上哲次郎，受到导师的勉励开始以阳明心学为核心进行学术研究。1898 年，高濑武次郎的第一本阳明心学研究专著《日本之阳明学》顺利出版。

明治时期是高濑武次郎的中国哲学研究的黄金时期，他不仅撰写了《杨墨哲学》《老庄哲学》《易学讲话》等多本中国先秦哲学方面的专著，还集中火力于阳明心学，从中国、日本两个方面深入挖掘阳明心学的思想资源，诞生了大量的相关论著，最终一跃成为日本近代著名的阳明心学专家之一。这一时期高濑主要的阳明心学著作

有《日本之阳明学》《阳明学阶梯》《王阳明详传》《阳明学新论》等，这四本书是高濑武次郎阳明心学研究的奠基之作，书中的一些观点甚至成为日本近代阳明心学研究的基本范式。

当时的日本教育家将高濑的论著作为"品性陶冶的资料"，称其书能为日本近代教育注入新的思想之源，换言之，高濑进一步挖掘了阳明心学在近代教育上的新价值。

二、高濑武次郎的中国之行

大正时期，高濑两次访问中国，与罗振玉、郑孝胥、傅铜、钱稻孙等有了交谊。

（一）第一次访华

1912 年 2 月，高濑从神户出发，开始了三年的海外游学生活，第一站便是中国。他游览了北京、上海、浙江、江西等地，特别走访了余姚，实地考察了王阳明遗迹。之后乘船辗转至英、德、美等国，深感"西洋也有王阳明"，根据此次游学的经历，高濑作为井上哲次郎的继承者，对阳明心学思想做了进一步纯化。

（二）第二次访华

1922 年 7 月，高濑到中国的南部地区旅行游学，当年 11 月回国。

三、建立日本阳明学系谱

高濑武次郎的《日本之阳明学》有两大首创：一是首次提出了"日本阳明学"的概念；二是第一次梳理出日本阳明学的系谱，为自江户时代至明治时代的 35 位阳明学者立传。

高濑武次郎的"日本阳明学"观念直接受教于其恩师井上哲次郎。高濑武次郎延续井上的思路，从"日本性"与"教育性"两方面突出了阳明心学本土化研究的独特价值。虽然高濑武次郎提出了"日本阳明学"的概念，但多在区别于"中国阳明学"的语境中使用，在其早期著作中主要还是以"王学"来指"阳明学"，延续了明治以前的称谓习惯。

　　高濑武次郎总结阳明心学的两大特征——事业性、枯禅性，认为前者兴国，后者亡国。高濑武次郎认为，阳明心学在日本促使国家兴旺，在中国却导致了亡国。在他看来，中日阳明学巨大差异产生的原因在于两国国民性不同。

　　高濑武次郎认为，在事功性特质下形成日本阳明学，促进了日本成功走向近代化，相反，中国沉溺在枯禅的泥沼中，导致了衰败的命运。这一观点传入中国学界后被反复引用，甚至成为中国振兴阳明心学的重要理论支撑。然而高濑的观点中本身隐含着对民族优越性的判断，具有明显的局限性，应该在学习的过程当中加以批判。

　　高濑武次郎认为，阳明心学是明治新时期教育主义所需，也就是说，日本阳明学促进了日本近代国民教育的发展。虽然西洋的智识教育很重要，但会激发学生的功利心，因此还应以德行教育来陶冶青年的心性。理想的状态是结合东西双方的优点，将西洋之智识与东洋之心法合二为一，便能培养出新时代的青年，有利于国家的发展。不仅如此，高濑还认为，在学习的顺序上，应当把德行教育放在智识教育之前。首先从治学方法来看，社会复杂，学问纷繁，在时间精力都有限的情况下，应该寻求简易直截的方法。而且，如果缺失精神修养、品行塑造，那么知识的运用将会出现偏差和障碍。因此，需要采纳阳明心学作为学习一切的基础。也就是说，高濑武次郎打算将阳明心学作为实践伦理，引入明治官方教育思想，督促明治青年以阳明心学来"修己"之身。"修己"是阳明心学实践伦理中第一层面的内容。

　　不仅如此，高濑武次郎学说的读者不仅有青年志士，还有当时处于鼎盛时期的主流政治家、军人。高濑武次郎不仅接受了三宅雪岭的观点，认为日本阳明学是明治维新动力的学说，而且将其作为阳明心学正当性的确证，意图进一步将阳明心学推向明治官学的地位，希望以阳明心学来涵养民众心性，挽救时弊。这与阳明心学实践伦理中第二层面的"治人"是一致的。高濑武次郎有意彰显阳明心学的实践性、事功性特点，从而突出政治家、军人的旗手地位。从学统上看，王阳明本人也是军事家、政治家，从幕末维新的历史来看，推动变革的政治家、军人与阳明心学有着深厚的关联。

　　在《日本之阳明学》中，高濑武次郎挑选出从江户到明治以来的 35 位日本阳明学者为他们立传，"教育性""事功性"始终是高濑安排这一系谱的锁钥。详细的系谱见图 4.4。

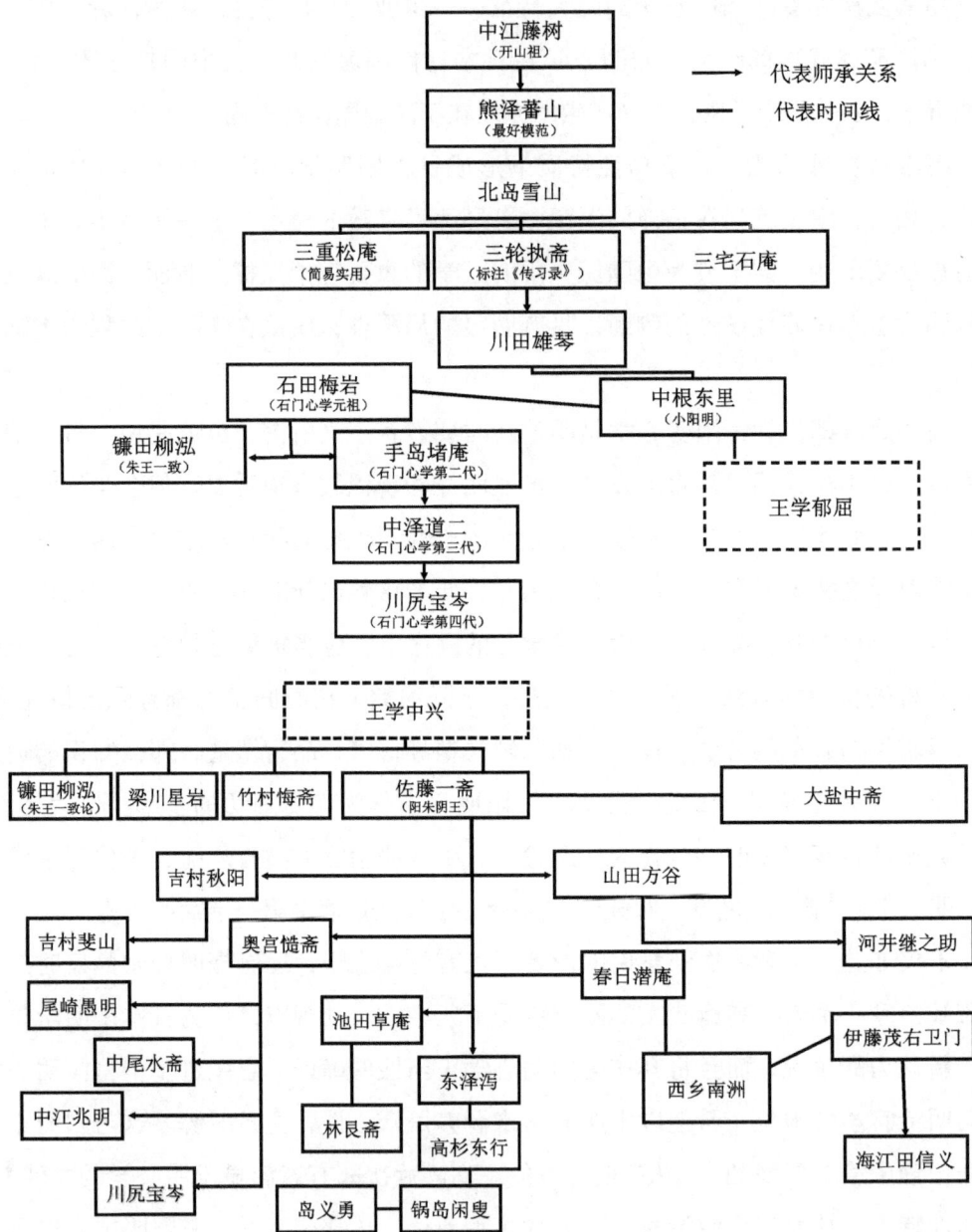

图 4.4　高濑武次郎的阳明学者系谱

四、阳明心学新论

高濑武次郎进一步丰富了"心即理""知行合一""良知"的内容。

（一）论"心即理"

不同于三宅雪岭多用西方哲学工具生硬切割阳明心学，高濑武次郎多侧重于从中国思想史内部发现阳明心学的特点，尤其擅长比较分析。从思想起源看，高濑指出阳明这一观点直接来源于陆象山的"宇宙即吾心，吾心即宇宙"，并就此比较了朱熹和王阳明的学说。朱熹主张即物穷理，即理外说；王阳明主张"心即理"，即理内论。

（二）论"知行合一"

高濑认为阳明心学以简易直截为宗旨，避开"从脞、繁衍、迂远之学理"，在政治、道德等一切人事上以实事实行为主，是勇往直前、活泼泼的、唯精唯一的、进取果断的学说，这也是最能体现实践伦理的部分。王阳明主张知行并进，他的知行合一是直觉性的，一念发动便断然而行，理论和实践合而并进。"心德涵养、实践躬行都是学问，要将学问道德事业达成一团。"可见，阳明实践伦理学匡正时弊的效用就得到了凸显。明治学界受到西方学术范式的影响，分科愈加精细，明治学人被束缚在精致的理论中，而忘却了知识的目的在于实行，伦理者也热衷于经营理论而忽略了现实社会的道德困境。高濑借阳明心学猛烈抨击了明治知识界及社会伦理的不良形态，希望能借助阳明心学的威力让真正的伦理学走出书斋、面向实践，改善国民道德。

（三）论"良知"

高濑武次郎从东西洋兼顾的视角来阐述"良知"说，想要调和两者，却没有提出具体的操作方法，只是对不同的思想进行点评。在东西洋文明二元对立的语境下，高濑将阳明的"良知"说推上了伦理学的高峰，认为良知是普遍的超越种族、阶级的非功利主义，包含了知、情、意三大范畴，提出"王阳明的良知说远超西洋伦理学说"，从而确立了阳明心学在实践伦理中的特殊地位。

五、朱王折中论

在高濑武次郎眼里，处于思想顶峰的阳明心学也并非完美无缺，尤其是在对比朱熹、王阳明的思想时，阳明心学的弊端体现得更为明显。对比朱王之学是阳明心学研究者都必然会面临的一个基本而核心的问题。高濑武次郎将朱王之别扩展为 12 条差异，整体来看，高濑试图通过还原当时的知识语境来剖析朱王各自的特色，努力保持中立客观的立场：朱子擅长穷理著述，讲究分析、归纳，思辨性较强，趋于客观世界，弊端是过于烦琐、书斋化；阳明则优于简易直截、躬身实践，偏向主观世界，弱处则在于疏于读书讲学，陷溺内观则会流于枯禅，过度激进于事功则会引发社会的不安定。

高濑建议学人根据各自的秉性不同选择学习两种学问的顺序，大体上还是应该先学朱子学，再学阳明心学。因而可以看出，高濑本人呈现出朱王折中的倾向。这也是高濑根据当时的社会现状提出的建议。

六、学习阳明心学提升个人修养

1918 年，《阳明主义的修养》在东亚堂书房出版。高濑将王阳明的良知哲学作为古今东西所有人都具有的普遍的世界观，认为世界应该平等，对四海同胞应一视同仁。同时认为，良知奠定了日本大和民族忠孝一致的国民道德基础，因此，阳明心学毫无疑问是直接与日本的国家道德相连的。高濑在 1904 年出版《王阳明详传》，通过撰写阳明传记来突出提升个人修养的重要性。

高濑武次郎认为，阳明先生豪健的气魄来源于他坚强的意志，深邃的思想和纵横的武略来源于他卓越的智慧，先生在言谈举止间会迸发出一种热情，和他谈话的人无不被他的这种热情感召，和他相处的人无不对他心悦诚服。人生成就大业离不开对时机的把握，人生百事犹如用兵，成败只在毫发之间，想要连续成功，必须对实际有敏锐的把握。但是，即使有拔群之能力，若存在一丝邪念的话，其举动也会变得丑陋不堪。从阳明先生的生平事迹中，我们可以发现并感受到先生对世界的敏锐把握、先生的勇气，以及先生内心的高洁。

英杰之士不需要外界的刺激一样能够精神振奋，这是常人难以做到的；刚毅之士不需要外界的帮助一样能够坚韧不拔，这是庸人难以做到的。而且，英杰刚毅之士越是得到外界的刺激与帮助，就越能变得勇敢豪健。阳明先生就是这样的英杰刚毅之士，从他的事迹和学说中可以感受到伟人的英灵、伟人的神韵。

但是普通人大多知识浅陋、意志薄弱，心智往往容易动摇，所以要经常求得一些外在的刺激和帮助。可通过阅读王阳明的生平事迹，体会王阳明的遗训，进而提升自身修养，提升自身品位。无论是与名人交往，还是读名人的传记或遗训，都有利于提升精神修养。对于那些意志薄弱、自制力差的人，如果不加以适当的刺激和帮助，他们就会变得放僻邪侈；对于那些彪悍狞猛之徒，如果不加以适当的控制与指导，他们就会变得残忍暴戾。

王阳明先生的生平事迹非常振奋人心，从阅读相关书籍的过程中可获得个人修养方面的提升。懒惰时会让人变得勤奋，邪念萌生时会让人归于正念，胸中沉郁时会让人变得洒脱，心浮气躁时会让人变得沉稳，想退缩时能让人变得进取，苟且求安时让人变得振奋，厌世之念生起时会让人变得乐观，不安时会让人变得安稳，怨恨嫉妒时会让人领会到自身的错误，虚荣之念浓烈时会让人归于恬淡高洁，陷入空虚时会让人归于实学，支离散漫时会让人归于简易直截。

七、对高濑武次郎阳明心学研究的评价

总体来看，高濑武次郎在近代日本"重新发现"了阳明心学，具体体现在以下四点：

第一，建立日本阳明学，凸显"日本主体性"。受到井上哲次郎的影响，他不仅建立起"日本阳明学"的概念，并区分出枯禅性、事功性两种阳明心学元素，确立了根植于文明进化论的链条制造出新的阳明心学形态，以此突出日本在新的近代亚洲文明秩序中的主导地位。高濑的阳明心学观点在近代中国知识界产生了很大的反响，张君劢、朱谦之等学者都直接引用其学说而不加甄别其帝国主义色彩。现代大学生在学习的过程中，应保持清醒的态度来看待高濑武次郎的阳明学说。

第二，高濑搭建起日本阳明学系谱的骨架，此后井上哲次郎在《日本阳明学派之哲学》中进一步丰富了系谱的内容。中国学者朱谦之、张君劢等以他们的研究为蓝本，描绘出日本阳明学的系谱图，其影响在日本学界至今依然存在。在明治时期的日本，高濑武次郎、井上哲次郎提出的阳明学派的系谱，顿时引发了当时阳明研究者的热烈讨论，形成了深远的影响，至今仍然在日本学界有着不可低估的影响力。

第三，将伦理学范畴引入阳明心学研究，突出阳明心学作为个人修养和国民道德的双重作用。1890年《教育敕语》颁布后，"孝、友、和、信、恭俭、博爱、修学

习业、启智承德、进公益开世务、重宪遵法"等国民道德的培养成为教育的重要课题，从而被纳入学校的教育体制，这标志着日本近代的伦理学教育之始，也就是教师开始身兼二职，需要同时讲述两种性质不同的道德伦理学说——伦理学和国民道德论。1891 年，井上哲次郎写成的《敕语衍义》就是这样一个典型。在这样的思想背景下，井上哲次郎、高濑武次郎师徒二人试图将阳明心学推向明治官方教育主义的形态。因此，高濑武次郎为阳明心学赋予了双重伦理学的任务，即作为个人修养的阳明心学与作为国民道德统合日本国家的阳明心学。通过将儒学中"修身、齐家、治国、平天下"的观念置换为由"修己"而至于"治人"的椭圆形实践伦理结构，阳明心学一方面可以作为青年壮士"涵养心术""修养精神""陶冶品质"的教育资源，以纠正由欧化浪潮带来的功利主义、自我中心主义、拜金主义等问题，规范个人行为规范，另一方面还可以捍卫自幕末维新以来建立的皇国体制的正当性，在国民道德层面将天皇的子民统一为一个紧密的共同体。

第四，进一步引入西方哲学理论以发掘阳明心学的近代价值。高濑武次郎将阳明心学分为哲学和伦理学两个层面。在本体论基础上展开了修身论的探索。并进一步丰富了三宅雪岭"三纲领"的内容。在"心即理"上，他将"理"视为自然法则与道德律令的统一体；在"知行合一"上，他将阳明学说与苏格拉底的"知识即美德"进行了对比研究。在论"良知"时，引入了康德哲学中的"定言命令"来加以阐发，认为良知即绝对命令，需要把行为本身视为自为的客观必然性，而与其他目的无关，从而将阳明心学的伦理学进行了直觉主义的转换。在高濑武次郎的著作中，王阳明得以与康德"邂逅"，这也深刻地影响了东亚阳明心学的研究。中国熊十力、张君劢、牟宗三、唐君毅等新儒家进一步融合中西哲学，深入细化了这一阳明心学研究的路径。

● **思考题**

1. 如何将阳明心学在修身方面提出的要求落实于我们的学习生活中？

2. 在学习高濑武次郎的阳明学说时我们应该注意些什么？应该对哪些方面保持清醒的认识？

第四节　三岛中洲的道德经济合一

一、生平简介

三岛中洲（见图4.5）（1830—1919年），名毅，字远叔，号中洲，备中（今冈山县）中岛村人，日本幕末维新时期重要的思想家、改革家、法学家、教育家，师从日本大儒山田方谷。生长于村长之家，有修养学问而有踏上仕途的机会，在幕末维新的动荡岁月，支持做过幕老的藩主。后转为明治新政府的法律官僚，又开汉学塾培育英才，后成为大学教授，曾任东宫侍讲，将阳明学带入宫中，为天皇讲学。因其引荐，大正皇太子的座右铭即为阳明四句教。

图 4.5　三岛中洲像

三岛中洲伴随在大正天皇身边近 20 年，曾为明治、大正天皇七次进讲阳明学，中洲曾自述：亲房 ① 的功绩是将朱子学介绍到宫中，我的功绩是将阳明学引入宫中。

三岛中洲创办二松学舍，并将阳明学作为校训，后发展为日本二松学舍大学。二松之名取自庭院中象征着不变的节操与坚贞的松木。当时，二松学舍和福泽谕吉创办的庆应义塾与中村敬宇创办的同志社并驾齐驱，但随着时间流逝，很多汉学塾渐渐衰落，延续至今的只有二松学舍一所。

二、三岛中洲的阳明学观

三岛中洲师从山田方谷，学习阳明学，继承方谷的"义利并举"，提倡"义利合

---

① 编者注：北畠亲房是醍醐天皇近侍，也是推动程朱理学在日本发展的重要代表。

一"说、"道德经济合一"论。三岛中洲对朱王之得失，做了深度剖析，并且主张通过"大同小异论之"的办法来化解朱王间的分歧。三岛中洲的"大同小异论"与中国阳明学折中派的朱王之辩基本一致。

三岛中洲在文章中多次提到"理者气中之条理"，他认为王阳明的气理观为"理者气之条理"，认为"气"是本来性的东西。如此一来，中洲在以"理气合一"来表现阳明学说时，所谓"合一"实际上也是理先气后，意味着不存在离开气的理。因此，有人主张把中洲的阳明学命名为"气学的阳明实践之学"。

而且中洲更看重的是王阳明的"诚意之学"，把阳明学视为"先从诚意着手的学派"，并认为"诚意二字为王学之标准"。"主诚"是阳明学的立场，"诚"着眼于人伦关系中自他之间的和谐统一性。可与中下层武士，乃至商人、农民阶层的平等意识联系在一起。中洲想用"内外合一""动静合一""心物合一"的"诚"，融合王阳明的"良知"与朱子的"敬"。而中洲的"诚意之学"，实际上是王阳明的"诚意为主"说的自然连接与展开。由此可以看出，他坚持"王朱并举、以王为重"的基本取向。

三、道德经济合一论

山田方谷的义利并举论被三岛中洲继承和发展，中洲在 1886 年和 1908 年曾分别以"义利合一论"和"道德经济合一论"为题，在东京学士会及哲学会上对方谷的义利并举思想做了宣传和诠释，而中洲的道德经济合一论，后来又成为二松学舍大学的办学理念与经济理念。

中洲对于义与利、道德与经济之间关系的思考，和阳明学的理气合一、知行合一的观点有着密切联系。中洲把天造化万物的德行称为"天之经济"，与之相对的是世间的"人之经济"。中洲认为，理与气是统一的，世间万物的复杂变化则佐证了气先理后的本源关系。

中洲不以"心学"诠释阳明学，反而将阳明学中的"气一元论"抬到首要位置。这就为其肯定人的自然本性，论证追求利益的正当性提供了理论依据。中洲又把阳明学理解为"诚意之学"，它不是向内寻求心性修养的"致良知"，而是通过知行合一贯彻自己对天道的领悟，这就对"人之经济"再现"天之经济"提出了要求。

这样看来，中洲是从天赋予人的自然本性角度理解"利"的。依循自然本性行事便是"义"，换句话说，中洲所谓的"利"指的是事物相互之间的利益关系，所谓的"义"指的是对这样一种利益关系从道德上的肯定与践行。因此，"义利合一"是作为上天不完全造物的人，贯彻"天之经济"所必需的道德品质，实现人类社会在道德和经济上的合一。

在中洲看来，出于理气而合一的"义"与"利"，在历史上的发生虽然难定谁先谁后，但从根本逻辑上说，"义利"两者是不可分离的，而且，"有利故有义，而非有义故有利，因此利先义后"。中洲认为"利先义后"的原因有以下几点：

第一，从中洲对"利"的自然性的解释来看，体现追求利益的天理、天道首先体现为人维持自身的生命存在。人们为了能够生活，首先就要生存，因此需要衣、食、住等基本物质条件，人的生存是第一性的，因此要将"利"放在前面。

第二，如果说人误认为应当"以义求利"的话，虽然看起来尊重道德，但也只是将道德理解为附于"利"之上的，把道德当作一种手段，而非本来目的去执行，不是发自内心地将"利"与"义"同等视之。而且从本体而言，"义"是寓于"利"之中的，行义必然得利，两者无法分割，只是"利"在逻辑上具有先在性。

第三，中洲所说的"义"实际上包括有利于社会全体的"公利"的含义。"公利"即是仁义。他认为"利"有公利、私利之分。既利己又利人的是公利；只利己不利人，除自己之物外还占据他人之物，是私利。中洲所说的"义利合一"，实际上是希望人们应当以谋取社会福祉为目的，从事经济活动。中洲还结合仁爱的道德观念，认为只有人与人之间相互亲爱互助，交易、借贷等经济行为才能实现。在各种事物的相互作用下，人的"自利"只有通过"他利"才能满足，因此自利他利就是自爱他爱，两者无法分割，不应该相互损害。所有道德都是经济之中的道德，围绕衣、食、住、行的道德，道德、经济本不分离。

总之，在中洲眼里，国家运转的根本在于保障人民的衣、食、住、行，承担这个任务的是经济。国家为了保障"人的经济"运转而成立，因此有了"义"的内涵："义"就是在人与人之间不可避免的经济交往中，理应怀揣的、仁爱他人的道德准则。而且，"天之理"即"人之义"，"义"是不成文之法，法是成文之"义"。也就是说，在中洲看来，法律就是体现仁爱他人的道德准则的具体化。他运用道德经济合一论来处理公利、私利的矛盾，从根本上使"义""法律""国家"三者相通。

四、评价

三岛中洲的道德经济合一论与明治时期的日本经济、政治、社会状况相适应。中洲以"利"为先，目的是解开封建主义对"利"的道德压抑，通过肯定利益追求的正当性推动经济的发展，起到了一定的资本主义启蒙作用。中洲要求国家为全体公民的公利着想，保障国民的基本物质生活，体现了民本主义的倾向。另外，"公利"与"私利"的辨明，是中洲从当政者的角度，防止个人逐利行为对社会共同利益产生破坏，实质上是保护了新兴的地主资产阶级与资本家的利益。总之，中洲的国家观并不能直接适用于现代社会，但他对国家经济性质的思考却是现代社会不可或缺的一部分。

思考题

1. 三岛中洲提出的"利先义后"有什么合理性？请结合当时的社会背景进行思考。

2. 没有道德的经济和没有经济的道德都有哪些缺陷？

第五节　夏目漱石的则天去私

一、阳明心学对日本近代文学的影响

明治维新后，日本政府推行的是全盘欧化的政策，使东洋传统文化不可避免地走向了衰退，多数儒学者在感叹世道变迁的同时，也只能得过且过，无所事事。与此同时，在日本各地还出现了导致社会动荡不安的事件。在这种状况下，三岛中洲于 1877 年创设了汉学私塾二松学舍，培养了夏目漱石等一大批人才。二松学舍大学至今仍然是阳明心学研究的重镇。

出于中洲门下的夏目漱石是日本近代文学的巨匠，他的作品受阳明心学思想的影响是显而易见的，这一点在另一位日本近代文学巨匠森鸥外身上也不例外。

二、夏目漱石生平简介及主要成就

夏目漱石（见图 4.6）（1867—1916 年），本名夏目金之助，笔名漱石，取自"漱石枕流"（孙楚语《晋书》），日本近代作家，生于江户的牛迂马场下横町（今东京都新宿区喜久井町）一个小吏家庭，是家中末子。

夏目漱石在日本近代文学史上享有很高的地位，被称为"国民大作家"。他对东西方的文化均有很高造诣，既是英文学者，又精擅俳句、汉诗和书法。写小说时他擅长运用对句、叠句，以及幽默的语言和新颖的形式。他对个人心理的描写精确细微，开启了后世私小说的风气之先。他的门下出了不少文人，芥川龙

图 4.6　夏目漱石像

145

之介也曾受他提携。他一生坚持对明治社会的批判态度。

庆应三年（1867年），夏目漱石出生。夏目家在江户地方有庞大势力，金之助是家中幺子（排行第八），由于在他出生前家境已逐渐没落，双亲并不期待这位幺儿的降生，因此他出生后一度被寄养在别人家，两岁时便被过继为严原家的养子，此后因养父母情感不睦及养父的工作影响而经常迁居。10岁时才总算回到亲生父母身边，然而这样的幸福日子极其短暂，其父兄一向与他不睦，并对他浓厚的文学志向不以为意；其母在他15岁时便因病去世，夏目漱石19岁时就离家开始其外宿生涯。这些遭遇对于他的心境及日后的创作有很大的影响。

14岁时夏目漱石开始学习中国古籍，充满兴趣，立志要成为汉文作家。21岁考入东京第一高等中学。他与同学正冈子规，也就是后来俳句运动的倡导者，结为挚友。他用汉文评论正冈子规的《七草集》诗文集，并以汉诗体作游记《木屑集》。这是他第一次使用"漱石"为笔名发表作品。

1890年，夏目漱石进入东京帝国大学英文科就读，成绩斐然。大学期间不时发表学术论文，从事俳句写作。1893年大学毕业后，他进入东京高等师范任教。1896年，转到九州岛熊本市第五高等学校任英语教师，并在家人的安排下结了婚。这时期，他专注于俳句，写了不少文学评论文章，相当活跃，声名鹊起。

1899年，夏目漱石奉日本教育部之命前往英国留学，在伦敦大学学习三年。在这期间他独自一人，生活不习惯，留学经费也不足，几乎陷入幻灭之中，他神经衰弱加剧，唯有埋头苦读。

1902年，夏目漱石回国后在东京帝国大学讲授英文，并开始文学创作。1905年，他在《子规》杂志上，连载了两回短篇小说《我是猫》。小说以猫的视角来看世界，特别是对知识分子的生活，有辛辣的讥嘲，也有悲天悯人之言。全书风趣幽默，让人忍俊不禁。一发表就在日本引起轰动，于是在编辑的鼓励下，写了第11回，终于变成长篇巨著，也成为日本文学史上的一部名著。1907年，他开始为《朝日新闻》写连载小说，持续了10年之久，包括《虞美人草》《三四郎》《从此以后》《心》等长篇，影响非常大。

1911年，夏目漱石拒绝接受政府授予的博士称号。1915年，久米正雄、芥川龙之介等人拜他为师。1916年12月9日，夏目漱石因胃溃疡引发内出血去世，年仅49岁。夏目漱石死后，他的脑和胃捐赠给了东京帝国大学的医学部，他的脑至今仍保存在东京大学。

　　1984 年，夏目漱石的头像被印在 1000 日元的纸币上（见图 4.7，2004 年改为日本医学家野口英世）。

图 4.7　夏目漱石在 1984 年版 1000 日元纸币中的头像

三、夏目漱石的写作特色

　　通览夏目漱石各个时期的主要作品不难发现，他是一位具有鲜明的现实主义倾向的作家。他的许多作品，无一不触及日本明治社会的某些本质方面，对现实生活中的庸俗、丑恶现象，以及日本"现代文明"所带来的种种弊端做了尖锐的讽刺和深刻的批判，对利己主义进行了无情的鞭挞。

　　他的作品贴近现实，表现普通人的生活，描写他们在恋爱、婚姻、家庭和社会中的各种问题，尤其是知识分子的内心矛盾及找不到出路的痛苦心情，既富有浓厚的时代气息，更具有强烈的伦理道德意识和道义。在艺术上，夏目漱石的作品继承了日本"俳谐"文学的传统，吸取了民间文学"落语"的有益成分，具有幽默、风趣的特点。在创作风格上，他是"余裕派"的代表人物，主张以旁观者的余裕心情来品味人生，从中产生回味绵长的趣味。他在一系列以爱情为题材的作品中，将"余裕派"的低回趣味与近代小说中的恋爱心理巧妙地融合在一起，清晰地凸显了漱石文学独具一格的特色。夏目漱石是日本文学界公认的首屈一指的语言大师。他的语言精确，丰富多彩，富有表现力，常常把雅语、俗语、汉语、西语等混融于作品之中，成为叙述故事情节、刻画人物形象、描绘内心世界、反映现实生活、表达人生哲理的有力手段。这一切都充分地体现了作家的创作个性，显示了相当高的艺术水平。

　　夏目漱石是日本近代文学的杰出代表。创作前期，国内黑暗现实形成的一种重压，使夏目漱石几乎喘不过气来。面对这种形势，他既感到无限愤慨，又觉得无能为力。理想与现实的冲突，乃是漱石思想意识产生种种矛盾、创作过程产生种种曲折的根本原因，也是他的作品不断寻求解决办法，但总是找不到的根本原因。后期，他在作品中批判社会的内容大大减少了，力量也大大削弱了，而集中精力以精雕细刻的手法剖析人们的内心世界，批判人们的私心，尤其是在男女爱情矛盾方面表现出来的私心，以及由此产生的苦闷、孤独和绝望，则成为漱石后期作品的主要内容。总之，如果说他的前期作品在社会批判的大胆和尖锐方面超出同时代一般作品水准的话，那么他的后期作品在剖析人物心理的细致方面和在批判人物私心的深入方面，也是同时代一般作品所不及的。

四、夏目漱石的思想——从"自己本位"到"则天去私"

夏目漱石早期的思想是"自己本位"，在这一思想的建立过程中，以儒家思想为中心的东方思想起到了至关重要的作用，同时又借鉴了西方近代哲学、近代自由主义思想。东方儒家思想是"自己本位"的根本，西方近代哲学是其方法论。夏目漱石的文学理念是以"自己本位"为出发点来构筑的，是以追求"真、善、美、庄严"为理想的。他的"自己本位"的思想，究其根源，仍然是以东方儒家思想为基础的，西洋的思想观念、西方哲学的介入，只是为他选择人生道路、构筑文学理论提供了一个方法。

夏目漱石一开始就讲明，他的这种"自己本位"绝对不是那种时时处处以自己为中心的利己主义，而是一种具备"公平"与"正义"的发展自我个性的道路。发展自己的个性，追求自己的幸福是每个人的权利，但是不能因此毫无理由地剥夺他人发展个性、追求幸福的权利。在最后他又声明，他的这种个人主义，绝非普通人所想的那种危及国家、危及他人的个人主义，而是一种建立在"道义"之上的个人主义，是以尊重他人存在为前提的。他把这种"自己本位"思想的特点归纳为三条：（1）欲想发展自己的个性，必须尊重他人的个性；（2）欲想使用自己拥有的权利，必须懂得伴随这种权利的义务；（3）欲想显示自己金钱的力量，必须重视伴随金钱力量的责任。同时，他又警告年轻人说，如果一个人没有一定程度的"伦理修养"做基础，那么他就没有发展个性的必要，也没有行使金钱力量的权力。

夏目漱石《文学论》的理论构筑有一个明显的特点是：论证方法是西方经验论哲

学及心理学理论，思想的基础却是汉学中的"文章经国之大业，不朽之盛事"（曹丕《典论》）这一经国济世的"有用之学"。书中运用的主要西方理论有：斯潘塞的经验论哲学、T. A.里博的《情绪心理学》、罗伊德·摩根的《比较心理学》、威廉·詹姆斯的《意识流》等。他在论述艺术家的创作态度和理想时，利用了心理学上的"物我"两分的方法，把"物"三分为自然、人、超感觉的世界，把"我"的精神作用三分为"知、情、意"，并进一步将其分为"真、善、美、庄严"四类。

在论述第四种精神作用时，他认为"意志"与"意志的实践"（在这里指道德）是密不可分的。他在这里提出了自己特有的基于儒家道德的文艺家的理想——"庄严"，因为这是夏目漱石论述的重点，从中可以了解到夏目漱石思想的真髓。他说，这种"庄严"理想在与"为国、为道、为人"的道义理想结合后，就能引发一种"特别高尚的情操"，即所谓的英雄主义，而"到达真正的英雄主义，就能产生一种极其壮烈的情感"，尔后他惋惜地说，"在文艺家当中，以此种情绪为理想者，在当代几乎没有"。从他的这种认识出发，我们就不难理解漱石文学中那些具有高度的社会责任感、极强的伦理道德修养的人物形象了。

"则天去私"是日本文学家夏目漱石晚年提出的一个哲学概念。最初是漱石为日本文章学院编的《大正六年文章日记》扉页所写的题词，并对其做了简单的解释："天就是自然，要顺应自然。去私，就是要去掉小主观，小技巧。即文章始终应该自然，要自然天真地流露意思。"照字面解释，即遵照天理，去掉私心。不仅如此，"则天去私"也是一种伦理道德观。夏目漱石在文学创作中始终坚持"真、善、美、庄严"四大目标的高度统一，从作品内容、形式与伦理道德的展现便可见一斑。"则天去私"既是夏目漱石文学观的集中概括，同时也是漱石人生观的最终体现。

"则天去私"肯定人的价值在于尊重人性，以"天"为道德规范和行为准则。夏目漱石提出的"则天去私"很有独善其身的性质，是漱石道德观的体现。他认为"天"是善的、公正的、诚实的，而后天人为判定的"私"是邪恶的、偏私的、虚伪的，因此他主张以"则天去私"来洁身自好。

五、夏目漱石与阳明心学

夏目漱石早年立志学汉学，特就读于二松学舍。当时，他直接向最杰出的汉学家三岛中洲学习汉学。后来进入东京帝国大学预备科学习期间，他写了一篇文章，叫《居移气说》，文中引用了王阳明的话："阳明有言：去山中之贼易，去心中之贼难。"《阳明文录》里是"破"，而不是"去"，但两个字内容相差无异。《居移气说》里边还有"虚灵不昧"一词。"虚灵不昧"是王阳明的基本思想之一，漱石将其拿过来作为自己的基本思想，直到在东京帝国大学专攻英国文学时也没有放弃，以后仍然矢志不渝。

1900 年漱石赴熊本任第五高等学校的教授，在以后的若干年间，他以《无题》命名写了五言古诗和七言律诗，诗中"虚怀役刚柔""欲抱虚怀步古今"等句子，充分反映了他的思想境界，这境界也就是阳明的"虚灵不昧"的境界。王阳明在《传习录》里说，"虚灵不昧，众理具而万事出。心外无理，心外无事"。所谓"虚灵不昧"，意思是指心体虚无而有灵妙之动。由此，"心外无理"亦即"心即理"的思想才能成立。

漱石学成于以阳明学立足的二松学舍，另外他在《居移气说》里提到"虚灵不昧"说之前，引用了王阳明"去山中之贼易，去心中之贼难"的话，这些都表明他的"虚灵不昧"之说应该是来自王阳明思想。漱石在熊本期间，还于 1896 年写过一篇叫《人生》的文章，文中说"离事物而无心，离心而无事物"。不难看出，这也是从阳明的"格物的物字，即是事字，皆从心上说"（《传习录》卷上）来的。

综上，自少年时期至熊本居住期间，是夏目漱石与阳明心学的关系较为密切的一段时期。

夏目漱石的"则天去私"观念与阳明心学"存天理、去人欲"有类似之处，晚年的夏目漱石把"则天去私"当作从思想苦闷中解脱的出路。他企图通过"则天去私"达到个性独立、精神自由，以超越和摆脱等级、宗法的束缚。"则天去私"是一个觉醒者的积极探求，他要求打破宗法制文化和思想禁锢，其探求具有积极的意义。

思考题

1. 你读过夏目漱石的作品吗？从哪部作品中可以体会到"则天去私"的思想？

2. 夏目漱石的文学作品在社会上有很强烈的思想引导作用，你可以举例来说明吗？

第六节　森鸥外的"心之诚"

　　森鸥外（见图 4.8）（1862—1922 年），日本医生、药剂师、小说家、评论家、翻译家。曾赴德国留学，深受叔本华、哈特曼的唯心主义影响，哈特曼的美学思想成为他后来从事文学创作的理论依据，著有《舞姬》《阿部一家》等。森鸥外是日本 19 世纪初明治维新之后浪漫主义文学的代表人物，他与同时期的夏目漱石、芥川龙之介齐名被称为日本近代文学三大文豪。

图 4.8　森鸥外像

一、生平简介

　　森鸥外出生于日本石见（今岛根县）鹿足郡一藩主侍医家庭，其父森静男是藩主的私人医生。母亲峰子，生性好强，一心要把鸥外培养成出类拔萃、能够扬名显姓的人才，让他自幼受到良好的国学、汉学和兰学教育。鸥外天资聪慧，勤奋好学，有神童、天才之名。他五岁读《论语》，六岁学《孟子》，七岁时入藩校养老馆，系统学习四书，八岁学习五经，九岁学习《左传》等。

森鸥外的青少年时期是在明治维新后的"文明开化"的风潮中度过的。他 10 岁随父迁居东京，入"进文学舍"学习德语，为学西医做准备。两年后入东京帝国大学医学部学习，年仅 12 岁，学习成绩却很优秀。此间森鸥外读了明初李昌棋的传奇小说《剪灯余话》、清代陈球的长篇小说《燕山外史》、笔记小说集《情史》等中国小说，并热衷于作汉诗，写汉文。

1882 年森鸥外毕业于东京第一大学医科学校，成为该校最年轻的医学学士。他在父亲开设的医院工作半年后，加入陆军。1884 年，受陆军卫生部的派遣，赴德国深造。1888 年森鸥外回国，历任军医学校教官、校长、陆军军医总监、陆军省医务局长等职。晚年担任过帝室博物馆馆长、帝国美术院院长职务。森鸥外留学归来，以启蒙家的姿态开始文学活动。他翻译西方著名作家歌德、莱辛、易卜生等人的作品，同时创办《栅草纸》等文学刊物，介绍西方美学理论，开展文艺批评，并致力于戏剧改良、诗歌革新活动，在日本近代文学中产生过较大的影响。

二、创作成名

1890 年森鸥外发表的处女作《舞姬》，连同他的《泡沫记》和《信使》被认为是日本浪漫主义文学的先驱之作。《舞姬》的主人公是一个留学德国的日本青年官吏，为了追求个性解放和纯洁的爱情，他曾爱上一个德国穷舞女，但在日本专制官僚制度和封建道德的压力下，最终抛弃了她，酿成爱情悲剧。作品反映了个性解放的要求与社会现实的矛盾，最终却与现实妥协，这篇小说成为日本近代文学初期的代表作品。

1910 年前后，森鸥外写了《青年》《雁》等取材于现代生活的小说。《雁》是他在这一时期创作的艺术成就较高的作品，描写了明治年间一个贫苦的少女沦为高利贷主情妇的悲惨遭遇，引起了当时日本文坛的强烈反响。

1910 年日本政府制造了所谓的"大逆事件"（又称"幸德事件"）。1910 年 5 月下旬，日本长野县明科锯木厂的一工人携带炸弹到厂，被查出。政府即以此为借口镇压日本的社会主义运动。同年 6 月，当局开始对全国的社会主义者进行大肆逮捕，并封闭了所有的工会，禁止出版一切进步书刊，加强了对思想文化界的专制统治。森鸥外开始转向历史小说的创作，他把自己的历史小说分为"遵照历史"和"脱离历史"两类：前者完全依据史料写作，包括《兴津弥五右卫门的遗书》《阿部一族》等；后者则借助历史事件的描述来表达作者的理想和信念，如《高濑舟》等。

三、美学思想

森鸥外强调文学理念上的真、善、美三者是存在差别的，美不是事实的摹写，而是由超越事实的"想"（审美的理念）来保证的超越价值。文学就是要创造这样的价值。也就是说，文学上的美是具有独自的意味和价值的，将善与美分开，以审美学的标准作为批评的根本依据。

同时，森鸥外受到了西方浪漫主义美学思想的影响。具体地说，在他留学德国期间，日本正处在时代新旧矛盾的持续之中，他带着那个时代日本知识分子特有的苦闷心情，从接受哈特曼的"无意识"哲学思想开始，翻译了哈特曼的《审美论》，以哈特曼的观念论、美学观为楷模，努力建立自己的美学体系。他批评了朴实的写实论，强调了艺术的感情因素、艺术与伦理道德的非从属关系，从而主张审美、伦理二学与理论哲学分立，审美与伦理二学并存。此外，他主张自然美和艺术美的关系是：自然美与艺术美是相互作用的，自然美可助艺术美，作者通过模仿或观察自然来完成艺术；艺术美可助自然美，因为自然美有待能变，作者理解艺术美的官能会使自然美丰富起来。他还主张人有感受性和制作性，同时将"无意识"哲学思想延伸至美学。

四、作品主题

森鸥外认为小说通常有这样一个惯例，即随意取舍事实，写得有头有尾。但是森鸥外坚持查看史料的时候，对它所反映的"自然"，要保持尊重，不胡乱改变它。这是其一。其次，看到现今的人如实地描写自家的生活，他就想到既然可以实写现实，那么也就应该实写过去。这表明了森鸥外对文学创作的基本态度和原则。

森鸥外根据"遵照历史"和"脱离历史"的原则对历史小说进行划分，并从事历史小说的创作。1912 年，明治天皇逝世。鸥外的故交乃木希典大将殉死，鸥外对此事件感触颇深，认为这是一种非功利的忠义行为。于是，以此为题材，写了他的第一篇历史小说《兴津弥五右卫门的遗书》。对武士殉死的所谓"忠义"行为进行赞美。此后他创作了《阿部一族》。小说通过阿部一族的壮烈悲惨，揭示了封建殉死制度对生命的蔑视及虚伪、腐朽和灭绝人性的实质，以及封建统治者的无道和残忍，在客观上否定了《兴津弥五右卫门的遗书》所肯定的武士殉死这一封建道德行为。这两个题材相同而思想相悖的作品，反映了作者对武士殉死精神的矛盾观点，但鸥外试图描写"历史的自然"的写实主义却取得了显著的效果。

森鸥外的作品侧重于体现他的伦理道德观，反映了明治时期上层知识分子思想上的矛盾，早期作品文笔优美，抒情气氛浓郁。后期大多数作品，特别是历史小说，往往采取冷峻客观的笔调。

森鸥外的作品不论近代题材还是历史题材均具有双重性。他身处时代变革的漩涡，一方面在德国接受明治维新以来西方新思想的影响，培育了自由的精神和初步自我觉醒，另一方面受到以武士道为本的国家教育，且长期在陆军为官，被灌输武士道的思想和秩序观，没有完全确立自我的主体性，从而自觉或不自觉地形成个人自由与国家秩序的矛盾和对立，并常常为寻找两者的结合却不可得。因此他的作品追求个性解放、反对旧秩序的思想并不强烈，相反，他对旧秩序采取容忍的态度，这种双重性格反映在了他的作品主题上，同时不可避免地在其创作的人物上留下影子。

在文学实践方面，森鸥外探索以汉文脉为主的日本传统文学近代化的可能性，还试图将中国文学和欧洲文学的表现特征与日本本土文学交织在一起，创造了独特的口语文体。

五、森鸥外的历史影响

作为日本近代文学的奠基人之一，森鸥外在其30多年的文学生涯中，所作文学作品涉及小说、诗歌、戏剧、文学评论，译东西方文学。他携西方的文学新风，异国情调和思想，为当时的日本文坛注入了民主新活力，使读者为之耳目一新。

作为日本近代历史变迁文化转型重要时期的一个启蒙主义者，森鸥外的作品充满了对理想的追求、强韧的道义和伦理的底蕴，反映了他对自我确立和人性解放的探索，挖掘出明治时代知识分子内心的弱点、苦闷与彷徨。如果说森鸥外30多年的写作事业，仿佛反映了近代日本的百年史，那么他的小说创作则把这段历史艺术化了。从这个意义上讲，森鸥外的作品堪称一部生动的形象化历史，它对人们了解日本近代文学和近代社会提供了极大的支持。

此外森鸥外的文艺评论和批评也是重要的一个方面，而且有着明确的目的和意识，主要是整理当时混乱的文学批评和文学理论，确立批评的原理和审美的基准。他在创作小说和诗歌方面为日本近代浪漫主义文学的发展做了大量的启蒙工作。

同时，森鸥外受到了哈特曼唯心主义哲学思想的影响，宣扬非理性主义和悲观主义，但他又以理性来洞察现实，克制其悲观主义，即企图调和理性主义和非理性主义，建立一种新乐观主义。其艺术上的浪漫思想就是从这里酝酿出来的。可以说，他将经验论和观念论结合在一起而形成的具象理想主义的美学思想和实际的艺术活动结合起来加以普及，对发展美学和发展艺术活动的功绩是很大的。甚至可以说，他的作品极大影响了同时代和下一代日本作家群。

森鸥外作为一名明治政府所赏识的高级官僚，具有倾向于保守，维护和容忍现存秩序的一面；但是，作为一个启蒙主义者，一个开明的有高度文化教养的知识分子，在一定程度上又具有敢于独排世俗之见，对现实持冷静清醒态度的一面。

六、森鸥外与阳明心学

森鸥外到 1877 年离家赴京为止，一直在家乡的私塾学校或者藩校养老馆学习汉学。当时养老馆注重山崎闇斋、浅见炯斋等的躬行实践说，并把朱子学作为学校的宗旨。因此森鸥外学习阳明心学要比夏目漱石晚一些。

森鸥外 1884 年赴德国留学，回国后写了小说《舞姬》。小说突出了"心之诚"这个在《传习录》中反复使用过的词。估计当时森鸥外已经受了阳明心学的一些影响。

森鸥外与阳明心学发生深刻关系，大概是在 1897 年以后。他在 1898 年 6 月 19 日的日记里写过："中屿直清、神保涛次郎来军校，谈及阳明学和《传习录》之事。"森鸥外在担任军医工作之外，还从事美学、文艺评论、理论研究、翻译等工作，并参加了心理学讲座和演讲等活动。他在演讲过程中曾经指出："名宋儒之理者，即如道德之源头处。近于（道）德先天主义也，陆、王亦同然。"可见，在他的生活和工作中，阳明心学影响着其思想和言行。

1901 年，森鸥外利用公务出差到福冈的机会，在福冈购得了《传习录》。虽然在 1898 年森鸥外的日记里能看到关于《传习录》的记载，但是作为藏书的却是在 1901 年购得的。他在 9 月 24 日写给母亲的信中说："这本书是王阳明的弟子对其师之言语的真实而有趣的记录，里面反复提到了'知行合一'之说。"森鸥外认为，王阳明的"知行合一"论与德国心理学家韦特海默的思想是一致的，并且还提到了阳明思想与德国哲学家哈特曼思想的关系。

这一阶段森鸥外大概已经进入了其哲学思考最旺盛的时期。做一名军医部长并不是他长久的打算，他一刻也未放弃过回东京的愿望，因而心情焦躁，度日如年，而这时正是阳明心学的思想给了他深刻的启示，使他既能基于实践之道，又能从思想深处领悟"谛念"的心境。

1914 年，森鸥外撰写了《大盐平八郎》一书。大盐平八郎是大坂著名的阳明学者，曾任大坂东町奉行与力，引退后为家塾教授于洗心洞。平八郎从未入过师门，全靠自学。他以阳明心学的"太虚"说和"良知"说为思想根基，提倡实践与学说的直接结合。

《大盐平八郎》描写了大盐平八郎率领一批感化之人，举兵袭击大坂的富豪，从成功后的救济平民到遭受挫折走向失败的过程和心境。书中在叙述平八郎后来陷于自己曾斥责过的枯寂之空的心情时指出：这是由失败和挫折感所造成的空虚及愤懑。其实这正好反映了森鸥外当时的心情。

森鸥外的代表作突出表达的"心之诚"与阳明心学核心思想高度契合，其他创作中流露出的对社会道德养成的主张，也隐含着阳明心学的影响力。他把阳明心学体现出来的哲学思想与西方哲学思想进行对比研究，形成了兼容并包的个性化哲学及美学思想。

● **思考题**

1. 大盐平八郎是日本历史上有名的阳明学者，他的思想言行与森鸥外有什么共通之处？

2. "心之诚"是森鸥外代表作中体现的核心观念，你如何理解？

第七节　西田几多郎的真的自我

一、生平及成果简介

西田几多郎（见图 4.9）（1870—1945 年），日本近代哲学史上最有代表性的哲学家，京都学派创始人。东京帝国大学哲学科预科毕业后，曾在山口高校、第四高校、学习院大学任教。1910 年起任京都大学副教授、教授。1911 年发表《善的研究》，后陆续发表《自觉的直观与反省》《无的自觉限定》《哲学的根本问题》等。试图以东方佛教思想为基础，以西方哲学思想为材料，求得东西方思想的内在统一，确立了独特的"西田哲学"体系。并培养了许多学生，形成"京都学派"。对日本大正昭和时期的哲学思想有重大影响。1940 年获日本文化勋章。

图 4.9　西田几多郎像

西田几多郎生于日本石川县河北郡的一个大地主家庭。小学毕业后，于 1883 年入金泽师范学校，1886 年转入专门学校，第二年该校移交官办，改名为第四高等学校。西田在中学时即对当时的立宪运动抱有热情，阅读了民主思想家福泽谕吉的著作。可惜后来作为维新元老的萨摩长州藩阀同盟阻碍了日本走上健全的宪政国家道路。1890 年开始，在所有学校重要活动上必须宣读《教育敕语》，将对天皇、国家的忠诚等保守的价值观设立为学生伦理准则，西田对此非常反感，与同学一起退学以示抗议，在家进行自学；此后由于父亲的事业破产，他丧失自学的条件，不得已于 1891 年转入东京帝国大学哲学科预科。

毕业后于 1895 年回乡任中学教员，第二年转任第四高等学校讲师。不久，因家庭矛盾和学校纠纷，精神上的压力使他越来越远离政治，转向佛教并决心参禅，从

1897年起过着以打坐为中心的孤独思索生活，1903年开始正式研究哲学。对费希特、黑格尔乃至当时德国影响最大的现象学均有相当了解。1909年他到东京任学习院教授，第二年任京都帝国大学文学部副教授，1911年出版《善的研究》，开始构建以"绝对无"概念为核心的哲学体系，1913年担任京都大学宗教学讲座教授，并获得文学博士学位，转而升任哲学史第一讲席教席，与同事田边元、学生西谷启治一同创建了京都学派。

二、西田几多郎的思想

西田指出，自我与非我、意识与对象要发生联系，就必须有一个把两者联系起来的"场所"，这个"场所"就是东方宗教哲学中的"无"。西田把"场所"分为"有的场所""相对无的场所""绝对无的场所"三个层次，认为"绝对无的场所"才是"真无的场所"。"绝对无"既非"有"，也非"无"，它的根本作用就是像镜子一样，把"对象按照原样反映出来"。"场所"也叫"意识之野"，它是智、情、意共同形成的所在，主观界与客观界的一切现象都在其中成立。西田的逻辑就是以这种"场所"为核心的，所以称为"场所逻辑"。这种"场所逻辑"是在命题的"主语"和"谓语"的关系上，以"谓语"为主而用"包摄判断"来说明的，所以又称为"谓语逻辑"。

西田几多郎创立了一个融合东西方思想的哲学体系，将日本近代哲学发展到了一个新的高峰。因此，西田哲学被称为"日本哲学的标志"。但是，西田哲学的形成与发展跟中国古代哲学有着密切的关系。

西田自幼就对中国哲学文化产生了兴趣，他后来回忆说："小时候因为孤单、害怕，便独自上二楼，喜欢看祖父读过的四五箱汉文书籍。"14岁时，又在学识渊博的儒学者井口孟笃先生处学习《诗经》《左传》《尔雅》等，接受儒学教育。西田对道家藐视功名、洁身自好的思想感触颇深，曾经与同学自发组织名为"尊我会"的小组，会员之间用笔名发表诗歌、游记、论文，进行思想和写作交流。在西田年幼体弱多病的阶段，庄子哲学等中国古典哲学成为西田的精神支柱之一。

西田热衷于中国古代哲学文化的学习，不是局限在上学期间，而是伴随其整个学术生涯。西田在自己的日记本封面上写过孟子的话——"富贵不能淫，贫贱不能移，威武不能屈"，以作为学习、生活、工作的座右铭。同年还在日记中写"四书、老、庄、王阳明"等字样。可见，西田在这段时间对孔孟思想、老庄哲学、阳明心学产生了浓厚的兴趣。在1907年1月的日记中，他抄写了王阳明的哲理诗："人人自有定盘针，万化根源总在心。却笑从前颠倒见，枝枝叶叶外头寻。"这一期间正是西田构思、撰写代表作《善的研究》的重要时期，他对中国古代哲学的关注不是心血来潮，而是构建自己思想体系的需要。作为一名治学严谨的哲学家，西田直率地承认中国哲学文化从古至今对日本有着重要的影响。

三、自我意识与阳明学

摆脱封建主义的束缚，培植与新时代相适应的自我意识，是日本近代化过程中迫切需要解决的课题。作为知识分子，西田几多郎对此进行了认真思索。西田哲学就是在日本迅速实现近代化所造成的混乱与焦急中，以探索日本"近代化个人"的精神支柱为出发点的哲学。因而西田哲学的深层蕴含了强烈的日本近代"自我意识"。阳明心学强调人的自觉精神，否定古代圣人的绝对权威，包含着某些促进思想解放的因素，曾在日本明治维新中起过某种积极作用，自然也成了西田自我意识的理论来源之一。

王阳明有一个重要思想，即"心外无物，心外无理"，也就是说，离却灵明的心，便没有天地万物，离却天地万物，也没有灵明的心。心的本体，就是天理。事虽万殊，理具于心，心即理也。西田吸取了这一思想，他说："我们通常称之为客观世界的东西，也如屡次所指出，并不是离开我们主观成立的。客观世界的统一力和主观意识的统一力是同一的，即所谓客观事件与意识都是基于同一之理而成立的。因此，人们才能通过存在于自我之中的理来体会宇宙成立的原理。"西田这里所说的"同一之理"是将王阳明的"心外无理"思想与费希特的"自我哲学"、谢林的"同一哲学"等西方近代哲学融合在一起，经过消化和改造而形成的。西田的"同一之理"思想，以唯心主义的形式表述了试图赶超西方文明的日本近代"自我意识"。

王阳明在论证"心外无物"时，还举了一个看花的例子，以说明客观事物在没有被心知觉时，是处于虚寂的状态的。西田也引用了这个看花的例子，他说："我们所谓认识事物，不过是说自我与事物相一致而已，在看见花的时候，就是自我成为花了。"可见，在"心"与"物"的关系问题上，西田确实从王阳明哲学中吸取了不少营养。

西田尤其重视王阳明的"知行合一"思想，他说："正如王阳明所说的'知行合一'那样，充分的知必须行。所有的知识体验之后才能称为真知识。"王阳明的"知行合一"说是一种讲内心"省察可治"的唯心主义道德修养学说，西田则在注重科学的近代知识论基础上加以吸收，强调"行"与"知"的有机联系，用"体验""实验"来说明"行"，这实际上是对"知行合一"学说的近代引申和改造。西田还进一步说："如王阳明所主张的'知行合一'那样，真正的知识必须伴随着意志的实行。所谓自己虽然那样思维但却不那样希望，这是还没有真知的缘故。由此可见，思维、想象和意志这三个统觉在其根本上都是同一的作用。"在王阳明思想的启发下，西田抓住意志在认识和行为中的重要作用，做了较为详细深入的论述。

四、"真正的善"与儒学、阳明心学

西田指出："我们的善，并不是仅仅满足某一种或暂时的要求说的，而某一种要求只有在同整体的关系上才能成为善。就像身体的善并不是身体某一局部的健康，而取决于全身的健康一样。所以从活动主义的观点看，所谓善，首先必须是各种活动的一致和谐或者是所谓中庸，所谓我们的良心就是和谐统一的意识作用。"西田在结合西方近代哲学理论的过程中，运用儒家学说，对"善"进行了理论上的论证，使其在近代哲学的水平上，保持了东方伦理的色彩。

西田在论述"善"的内容时特别强调其社会性：社会是个人生活的地方，必定会与他人产生联系。最高实践的"善"都要满足"为他人"的原则，这是道德所必需的，这样善就具备了社会性。他强调，实现个人的特性即是个人的善，而个人的特征只是在这种社会意识的基础上出现的形形色色的变化而已，任何人都无法逃离这种社会意识，个人的意识成为社会意识的一部分，因而要想实现"个人的善"，必须实现"社会的善"，这种"社会的善"的阶段中最小的是家庭。在家庭中，只有实现男女两性互相补充，才能发展为完整的人格之善。接着西田推而广之，将家庭的善扩大为社会团体的善、国家的善、全人类的善。

我们不仅仅是由于自己的满足而满足，更是由于自己所爱的东西及自己所属的社会的满足而满足，从家庭，到国家，再到全人类，分别发挥其作用，以对世界的历史做出贡献。一方面自我向内达到自我、实现自我，另一方面向外产生对人类集

体的爱，这样与最高的善的目的相符合，就是西田所谓的"完全真正的善行"。

在善与幸福、快乐的关系问题上，西田更为明显地吸收了儒家思想。他指出，善的背面一定要伴随着幸福的感情。但却不能像快乐主义所说的那样，认为意志是以快乐的感情为目的的，快乐就是善。快乐和幸福相类似，但又不相同。"幸福可以由满足获得，满足则是由理想的实现产生的。孔子说过：'饭疏食，饮水，曲肱而枕之，乐亦在其中矣。'的确如此，有时我们尽管正处于痛苦之中，但仍旧可以保持幸福，真正的幸福反而应该从理想的实现中而获得。"人们往往把自己理想的实现及要求的满足等与利己主义及任性主义等同视之。然而对我们来说，自己内心深处的要求、呼声具有巨大的威力，它是人生中最庄严的东西。西田在此借用孔子关于苦与乐的辩证思想，来说明应该如何理解"善"与幸福、快乐的关系，以认识"善"，到达"善"。这是西田试图纠正明治维新后日本国民中盲目崇拜西方思想而出现的利己主义和享乐主义道德倾向。

西田吸收阳明的"至诚"思想来作为建立自己道德论的思想资料。他说："在怎样的场合下我们才能达到这种无我的真境呢？在于'去私欲合至诚'。此可谓真正的修养。所谓至诚是指与身心打成一团毫无间隙、集中全力的状况。从学问的意义上说，是指在我们的意识内，活动状态的主观和客观统一融合、全然无别。如此便能达到与天地自然合一、无我的真境。"西田把至诚看作致善的修养方法，又作为认识阶段，使道德论和认识论得到统一。

西田认为，至诚是善行不能缺少的重要条件。所谓至诚的善，并不是因为通过它产生出的结果才能成为善，它本身就是善。中国儒学思想中把至诚看作道德修养的方法及达到的境界，西田又进一步引申，认为至诚与西方哲学的某些思想有着同等重要的意义。西田经过对传统思想的选择、扬弃和改造后与西方哲学理论相融合，使其达到近现代哲学理论思维的水平，以满足日本民族哲学发展的需要。

阳明心学中也主张"诚"，致良知的效用也包含了致善，可见阳明心学的观点也在西田"善"的理论中得到了体现。

五、评价西田几多郎的哲学

西田几多郎立志创建新的东方哲学，他有着深厚的中国古代文化功底、广博的西方哲学知识、充裕的思考时间和优越的研究条件，所以将中国的先秦儒学、庄子思想、阳明心学与西方近现代哲学内在融合在一起，最终完成了"西田哲学"的建构，使西田哲学既达到了世界近代哲学的水平，又保持了鲜明的东方文化色彩，成为"日本哲学的标志"。

● 思考题

1. 你了解西田几多郎的哲学内容吗？感兴趣的同学请课后阅读相关书籍，强化认识。

2. 关于"善"与"幸福""快乐"的关系你是如何理解的？

第八节　明治以后多样化的阳明心学

一、冈仓天心

冈仓天心（见图 4.10）（1863—1913 年），日本明治时期著名的美术家、美术评论家、美术教育家、思想家。冈仓天心是日本近代文明启蒙期最重要的人物之一，福泽谕吉认为日本应该"脱亚入欧"，而冈仓天心则提倡"现在正是东方的精神观念深入西方的时候"，强调亚洲价值观应对世界进步做出贡献。

冈仓天心一生的主要贡献是：组织了鉴画会，推动了日本美术复兴运动；创设东京美术学校，以其东方理想主义培养新一代画家；创立了日本美术院及其展览，领导新日本画的运动；向全世界宣传日本及东方文化，使之走向世界。1903—

图 4.10　冈仓天心像

1906 年，他用英文写了《东方的理想》《东方的觉醒》《日本的觉醒》《茶书》四部重要著作。传世的还有《冈仓天心全集》。

冈仓天心认为，阳明心学给日本人的精神世界带来了很重要的影响，使人拥有顽强的信念、坚强的性格、平静的气质。他认为，日本的阳明学派普遍具有"革命性格"，特别是大盐平八郎。他还认为，"没有一点私心私欲，从而能采取果断的行动主义"，这是日本阳明学的极端表现，也成为日本阳明学派的标语。

受到国际好评的《茶书》，表现出天心致力于日本美术的再度复兴，是天心主张东方文化走向世界的力作。他促进了植根于传统的日本人的意识自觉，鼓励日本人发现自我的内在实力。冈仓天心是促使日本国民意识觉醒的果敢的行动主义者，也是批判外在形式、主张本质主义的阳明学说拥护者。

二、中江兆民

中江兆民（1847—1901 年），日本明治时期自由民权运动理论家、政治家、唯物主义哲学家、无神论者。受中国传统思想影响较深，如儒家、道家等。曾任东京外国语学校校长，元老院书记官，但不久辞职。他的一生虽然只经历了 50 多个春秋，但是他却作为日本近代史上一次规模巨大的民主运动——自由民权运动的理论家而闻名于世，被誉为"东洋卢梭"。从 1881 年担任《东洋自由新闻》的主笔以来，中江兆民先后以《自由新闻》《东洋新闻》《政论》为中心，长期置身于社会舆论界的最前沿，他那犀利的评论和睿智的思想深深地影响了那个时代追求民主与自由的热血青年。他留下了数目庞大的著述，不仅在当时，而且对后世也产生了深远的影响。

中江兆民，原名笃介，出身于自由民主运动的发祥地——高知城下（今高知县）土佐藩一个下级武士家庭。自幼学习汉学，特别爱读《庄子》和《史记》。幼名竹马，继而改名笃介，先后用过的名字有青陵、秋水、南海仙渔、木强生、火之番翁等，最后专门定在"兆民"两字上。"兆民"两字出典于《诗经·吕刑篇》"一人有庆，兆民赖之"，意为"亿兆之民"，即"大众"之意。

中江兆民从 17 岁起学英、荷、法等国语言，庆应元年（1865 年），以土佐藩藩费留学生身份去长崎，会见过维新志士坂本龙马。明治四年（1871 年）被政府派往法国留学，潜心研究哲学、史学和文学，深受法国民主主义思想的影响。1874 年归国后即投身宦途，始任元老院书记官，继任外国语学校校长；不久辞职，从事教育工作，开办法兰西学塾，讲授法语、政治、哲学等，前后受教育者达 2000 余人。1881 年参加自由党，投身于政治斗争，创办《东洋自由新闻》，开始进行理论活动。奋力抨击藩阀政治，对自由民权运动理论上的影响极大。1882 年出版《政理丛谈》《自由新闻》，宣传自由民权学说。这时他用汉文译出了卢梭的《社会契约论》，附以解说，名为《民约译解》。译著发表后给日本社会带来很大的影响，有诗曰"天下朦胧皆梦魂，危言独欲贯乾坤，谁知凄月悲风底，泣读卢梭民约论"。许多热血青年，都是在中江兆民的影响下，投身于自由民权运动的。中江兆民也因此获得了"东洋卢梭"的美名。中江兆民反对君主世袭，公开鼓吹"君民共治""地方分权"，甚至说"自主"的"主"，就是在"王"的头上钉上一个钉子。当时的形势使明治统治者忧心忡忡。

中江兆民 15 岁时开始到藩校文武馆学习汉学。他在文武馆学习朱子编撰的汉学以外，还师从奥宫慥斋学习《传习录》，阅读了《王阳明全集》《王阳明靖乱录》等书籍，学习阳明心学。1878 年前后，中江兆民进入三岛中洲创办的以阳明心学为办学理念的二松学舍学习。因为这些经历，高濑武次郎在《日本之阳明学》一书中是如此记载中江兆民的——"兆民居士乃土佐人也，曾经在奥宫慥斋门下学习良知之学，有所收获"，将中江兆民列为阳明学派的一员。中江兆民用"良知"观念理解自由民主。提倡"心之自由"，主张"人民主权"思想，是儒家民本思想的体现，要求统治者依靠人民力量去实施有利于人民的方略。阳明心学中"万物一体之仁"等思想得到体现。

中江兆民被称为"东洋卢梭"，倡导人民的抵抗权、革命权，故而又被称为"革命思想的鼓吹者"。卢梭主张基于人类的性善说，听从内在良心的声音，回归本来的自己、本来的人性，与王阳明的良知哲学有相似之处。阳明学说主张的良知，是人类固有的道德直觉，具有直觉的道德力量，其中包含着情意的因素，比起单纯的理性、理智，与卢梭的"情意"最为接近。这是一种如泉水般喷涌而出的最本性的存在。

1901 年 4 月患咽头癌，医生说他只能再活一年半，他在同恶疾的苦斗中写出《一年有半》和《续一年有半》两书。出版后轰动日本思想界。中江的哲学思想的发展经历了一个转变过程。他在 1881 年还是个唯心主义者，1882 年虽认为唯物主义和唯心主义各有长短，实际上仍然倾向于唯心主义。到 1886 年，他在《理学钩玄》（意即《哲学概念》）一书中把自由民权学说同进化论结合起来，开始从唯心主义转向唯物主义。在《续一年有半》中，开始真正形成比较系统的唯物主义哲学，并且批判西方的一些唯心主义学说特别是实证主义。断言世界是"唯一的物"，提出了同自然科学的物质观有区别的"纯粹物质"观点，认为空间和时间都是客观存在的，提出精神只是身体的一种作用，从而否定上帝的存在和灵魂不灭，批判有神论，肯定物质对精神的根源性，并且由此展开他的认识论，声称观念是物质反映而成的，确立了唯物主义的反映论。

中江兆民在明治思想界的独特之处和可贵之处，在于他不为当时风靡日本全国的"脱亚入欧"思潮所诱惑，能够用冷峻的眼光对本民族进行审视和展开深刻的思考。他感叹日本人缺乏"独创的哲学"，因此"不论做什么事情，都没有深沉和远大的抱负，而不免流于浅薄"。他指出："从海外各国的角度来观察日本人，日本人极其明白事理，很会顺应时代的必然趋势前进，绝对不抱顽固的态度，然而他们浮躁和轻薄的重大病根，也就正在这里。"(《一年有半》)福泽谕吉、高山樗牛、德富苏峰等人正是这种"浮躁和轻薄"的文人，他们很能顺应当时世界上流行的帝国主义思潮，从本民族眼前狭隘的实利出发，不约而同地投入西欧国际体系的怀抱，而中江兆民高瞻远瞩，从日本民族长远利益的角度来分析问题。他认为，"我们日本正应该省悟自己的天职是什么，应该考虑自己百年后的命运如何"，因此，"不论我们国家是怎样的强盛，邻国是怎样的软弱，假如我们无缘无故派兵到邻国去，那么，结果怎么样呢？外表的事物终归是不能战胜理义的"。日本近代帝国兴衰的结局，完全证实了中江兆民的远见卓识。

三、幸德秋水

幸德秋水(1871—1911年)，日本明治时期社会主义者。原名传次郎，号秋水(其师以《南华》之"秋水"篇号之，故名)。幸德秋水是日本四国高知县(旧土佐国)幡多郡中村町(今中村市)人，出生在一个世代读书、担任村长等地方公职、从事药材兼营酿酒等业的没落商人家庭。因属商人之子，他曾以出身低微为憾，自称平民出身。幸德秋水自幼聪明好学。五岁入中村小学，八岁入汉学家木户明的私塾修明舍，读《孝经》等中国古籍。在这里，他习作诗文，初露头角。10岁入中村中学后，更以文笔流畅、才华出众而名闻乡里。他刚读完中学的第三年，学校并入县城中学，他因无力远出就读而被迫中辍。次年到县城，寄寓老师木户明的游焉义塾，走读高知中学，却又因患结核性胸膜炎而从此弃学。他没能取得毕业资格，感到这是命运不平的恨事，后来他说这是他成为社会主义者的原因之一。

幸德秋水1885年辍学后到大阪，经亲友介绍，做了自由民权运动的理论家中江兆民的学仆。从此开始到1893年8月，他三次直接师事中江。据说中江开办"法学塾"，有弟子2000人，幸德秋水最能得其精髓，因而获得中江门下"麒麟儿"的美称。

幸德受中江政治思想影响，尤其受他的名著《三醉人经纶问答》的影响，确定了做一个彻底的民主主义者。在中江指导下，他研读儒家著作，深受孟子的"民贵君轻"思想和仁政、非战等观念的影响，奠下了匡时济世、积极进取的思想性格，因而后来他说"我是由儒家进入社会主义的"。受中江熏陶，他学习汉文，熟读司马迁等人著作，研究文章作法，练就雄劲有力的文笔，成了有名的政论家。中江授他英语。1891 年，他入国民英学会深造，在翻译科毕业后，1892 年又在正科毕业，不但弥补了他没有学历的遗憾，更掌握了英语这一重要工具，为日后的工作和斗争创造了有利条件。

中江兆民对幸德秋水的一生具有决定性的影响，幸德对中江也是终生敬重，结下了非同一般的师生情谊。例如秋水这个号，本为中江壮年所用，1893 年特赠给自己的得意门生，幸德遂终生以秋水为号。再如中江最后在病中草成的名著《一年有半》正续两册，全赖幸德代为整理出版，得以在生前问世。中江卧倒病榻，自知不久于人世，曾以诗赠爱徒，幸德步韵和诗三首以答，其中《题一年有半》最能表现他对中江的深知与敬重："卅年骂倒此尘区，生死岸头仍大呼，文章意气留万古，自今谁道兆民无。"更为不凡的是，中江临终前，从箱底翻出他同冈壑谷共同完成的《译常山纪谈》10 卷，在病榻告秋水："此乃文学之至宝，今授汝，我死后切加爱护，见之犹如见我。"1901 年中江病故后，幸德接连发表纪念演说和文章，1902 年出版了他的名著《兆民先生》，以血泪文字寄托追慕之情，更以中江的坎坷一生评说日本政治的变幻，成为日本传记文学中的不朽之作，至今为人爱读。

幸德秋水是以新闻工作开始他的战斗生涯的。他主要参加过三家报社工作：《自由新闻》（1893—1895 年）、《中央新闻》（1895—1898 年）、《万朝报》（1898—1903 年），这三次都是中江兆民介绍的。在《万朝报》，他结识了堺利彦，并成为终身同志。

幸德的处女作是《二十世纪之怪物帝国主义》（1901 年）。这本书在日俄战争爆发前 三年出版，成为反对帝国主义和战争的思想先驱，在日本有一定的历史意义。在这本著作中，幸德高举反帝反战的旗帜，列举帝国主义的罪恶，并阐明为了消灭帝国主义要实行社会主义。但是，他当时没有从资本主义经济的发展规律出发，只从一般狭义的"爱国心"出发去寻找帝国主义的根源。这个缺点不久在他写的《社会主义精髓》（1903 年）一书中得到了克服。这时幸德对于科学社会主义已经有所认识，论证了资本主义社会崩溃的必然性，认为社会主义社会是人类社会发展的最高阶段。幸德的这本书畅销一时，作为社会主义启蒙著作起到了巨大的宣传作用，被公认为当时日本社会主义理论研究的最高成果，其中他从志士仁人中去找社会主义革命的动力和主体。

幸德虽然自 1905 年因笔祸坐牢后由社会主义者转变为无政府主义者，但是他对唯物主义的研究并没有停止。他的遗著《基督抹杀论》（1911 年）一书，大部分是在狱中写的。书中否定上帝的存在，主张彻底抹杀基督。这也是他对天皇制度的最后的斗争。在他的无神论著作中，以及《社会主义和宗教》（1903 年）一文中，幸德对基督教的批判是比较彻底的。不过，在这篇文章中，他虽然否定上帝的存在，但没有否定宗教本身，反而认为社会主义是一种新的宗教。尽管由于时代和阶级的局限，幸德的思想还存在不少错误和缺点，然而他的社会主义理论和无神论思想在日本明治时期达到了很高的水平，对当时中国的思想界也有一定的影响。他的《二十世纪之怪物帝国主义》《社会主义精髓》等书早在 20 世纪初就有汉译本。他还担任过中国留学生在东京组织的"社会主义研究会"的讲师，曾到该会举办的社会主义讲习会讲演。

幸德事件是 1910 年日本政府策划制造的一起冤狱，又称"大逆事件"。政府为了达到不可告人的目的，诬陷社会主义者和无政府主义者意图刺杀日本天皇，在这次事件中逮捕了 26 人，1989 人受到了监视居住，当时著名的社会主义活动家幸德秋水被定为这一事件的首犯被捕被杀，因此这一事件被称为"幸德事件"。幸德秋水是日本 20 世纪初最杰出的社会主义活动家、无政府主义者。幸德秋水一生都在用手中的笔与当时的政府作战，宣传社会主义思想，宣传马克思主义，作为一名革命者拥有着视死如归的气魄与决心。幸德秋水不仅仅影响了当时的日本，对作为日本近邻的中国也产生了一定的影响。

阳明心学以"万物一体之仁"作为追求"亲民"的手段，从这点考虑，幸德秋水是受到阳明心学影响的。幸德秋水在 1904 年就把《共产党宣言》翻译成日文介绍到了日本，中国共产主义的先驱、早稻田大学毕业的陈望道先生在 1920 年翻译《共产党宣言》时还是参考的这个译本。

◉ 思考题

1. 艺术界也能体现"万物一体之仁"，你能找到具体的例子吗？
2. 中日两国之间的文化交流从未间断，你了解多少？请举例说明。

第五章

大正昭和期——日本
阳明学全盛期

第一节　安冈正笃的精英人物学

一、生平及成就概述

安冈正笃（见图 5.1）（1898—1983 年）是日本著名汉学家、思想家、王阳明研究权威与管理教育家。他创立了日本金鸡学院、农士学院、东洋思想研究所与全国师友协会。他一生都致力于用中国文化经典去教育日本管理者，是一位深受日本政经两界领导人尊敬和信任的儒家学者。

图 5.1　安冈正笃像

安冈正笃出生于日本中部地区的豪族崛田氏家，小学时学习了四书，进一步阅读了《太平记》《日本外史》《十八史略》《三国志》等汉书，1916 年以安冈家养子的身份进入旧制的第一高等学校学习，1919 年进入东京帝国大学法学部政治学科学习，走上了日本的最高精英之路。

他在高中时写的长篇论文《苏东坡的生平与人格》曾刊登在东京帝国大学的学术刊物《东大文学》上，一度成为学术界讨论的热点，也成为世人议论的话题，读过的人都以为是东京帝国大学的专业教授写的论文。他 1922 年大学毕业，在校时出版的著作《东洋思想和人物》收录了安冈在第一高等学校和东京帝国大学学习期间在各大杂志上发表的文章，成为当时学术界和经济界惊叹的奇文。

他 26 岁那年秋天，与日本海军大将八代六郎第一次见面。八代提督是公认的阳明心学大家，阳明心学成为两个人谈论的话题，从晚饭时开始讨论，逐步深入，过了子夜依然没有停止。在提督夫人的劝说下，黎明时分，大家各持己见分手。

第二天，八代去找安冈，安冈请年长的八代上座，但八代推辞了，坐在下席开口说："安冈老师，从现在开始我尊您为师，一生跟您研习学问，请多加指教！"

1949 年，安冈正笃创办了影响日本朝野的"日本全国师友协会"，日本政界和经济界的领导阶层一万多人参加了师友会，是第二次世界大战后建立日本管理思想和弘扬中国文化的重镇。安冈之所以要建立"师友会"，其意义和目的都是源于孔子的《论语》。《论语·述而》说："三人行必有我师焉，择其善者而从之，其不善者而改之。"《论语·颜渊》说："君子以文会友，以友辅仁。"《论语·季氏》说："益者三友，友益、友谅、友直。"而《曾子》一书也提出了一个被漫漫历史证实了的用人大原则："用师者王，用友者霸，用徒者亡。"

安冈的师友会的确名副其实，二战后日本历任首相如吉田茂、池田勇人、福田赳夫、大平正芳及铃木善幸等，莫不以安冈氏为顾问，或奉他为师。吉田首相长他 20 岁，也呼之为"老师"。中曾根首相访美之前，也要亲临听从安冈的教诲。他经常用中国的经典来启迪、教化政界领袖们，可谓彻底的古为今用。

安冈正笃在日本的影响得益于他在中国儒学研究方面的成就，除宣扬儒学的修身之道外，更为重要的是，安冈正笃将中国古典经学和现代工商相结合，使儒家学说在日本，特别是经济界和政治界蔚然盛行，中国儒家的经史典籍特别是王阳明的著作成为政经界上下领导深入研究的必备之书。

作为对以中国为代表的东方传统文化有着深刻造诣的思想家，安冈正笃在二战后重新塑造日本民族精神方面曾起过关键性的作用，尤其是他将毕生精力贡献给了日本的民间教育和儒学教化事业，架起了知识界与政经界沟通的桥梁，使学术研究的伟岸殿堂有了深厚广阔的民众基础，被尊为"东洋思想的第一人"和"青年的精神领袖"。

二、安冈正笃与王阳明

1922 年，安冈毕业于东京帝国大学，并于该年出版了《王阳明研究》一书，对于王阳明，安冈是这样认为的：大凡人能够创造的最庄严的人格，都在王阳明那里得到了实现。阳明心学就是这样一种凝聚着人格创造力的熊熊燃烧着的思想体系。可见，安冈所凸现和表彰的是作为能够创造人的最庄严的人格者的王阳明，并将其思想作为自己探索的对象。

据安冈回忆说，关于王阳明，他是在少年上小学时，从一个叫冈村闲翁的阳明学者那里受到的启蒙教育。安冈和其他学生一样，在高中和大学阶段对西方的哲学、法学、经济概论等学科相当感兴趣，但是随着年龄的增长，他感到单纯使用这些东西是毫无用处的，学问和思索必须在具体事实的基础上进行才会有意义，不积累人生的经验，不抓住人的真实本质，而只局限在概论或通论里是非常有害的。他认识到了空理空论的弊害性，所以十分看重通过具体实践进行的思想活动。

在安冈渐渐明白东西教学之差异后，便开始全神贯注地倾注于中日两国的古典哲学。他首先留意到了以中江藤树先生为首的一批日本阳明学者，但是很快转向追溯其渊源——中国的王阳明先生。于是又开始了对王阳明的生平和学术的认真探索。安冈在大学毕业的同时出版了《王阳明研究》一书，从中可以看出，对安冈影响最大的思想家是王阳明。

关于阳明心学的现代意义，安冈主要是从公害、颓废和危局三个方面来加以阐述的。虽然安冈的学说距今已有几十年，很多具体事实已发生了改变，但他的思想对现在出现的新问题，仍然具有指导性意义。比如，公害就是随着文明的发展而在今天成为愈演愈烈的新问题；颓废则是随着物质生活的丰富而功利性和利己性亦随之膨胀，并在只考虑自己利益的情况下所出现的各种各样的奇怪现象和问题；至于危局，世界现在仍不太平，各地战争隐患仍然存在。为了克服这些问题，安冈正笃进行了艰苦的思想探索。他认为，无论如何都不能这样下去了。我们必须尽可能地使精神觉醒，使良心奋起。这就必须研究使人更像人的良心学问。这就是王阳明所说的"致良知"，更是学习和实践阳明心学的目的所在。为此，安冈不仅写了《王阳明研究》《阳明学十讲》《传习录》等专著，后来还监修了《王阳明全集》《阳明学大系》等书。

安冈正笃作为阳明学者，在日本二战后对教育、军事、政治、财经各界的影响都非常巨大，很多企业家也受到他的影响。"一灯照隅，万灯照国"是他的口号，他的弟子们纷纷践行了这一口号。

安冈正笃的阳明心学是成就"大人"的"帝王学"，他将阳明心学作为"帝王学"，教育人如何成为治理民众的"人上人"。践行是他学问的魅力所在。

他宣布自己追求的是关于"人"的学问，对于王阳明，他认为"简要来说，他的学问是把握自觉的实际存在和确立生的意义"，在学问中应该时常拷问自己是谁，自己应该做什么。也就是说很多日本的阳明心学信奉者，其实是将阳明心学作为儒学的一部分，来探究塑造人格之学。

安冈正笃用黑格尔派的辩证法解读东洋学，"所谓自己就是精神的统一作用，统一的进行过程就是自我的扩展。自我扩张后则包容之前他人与我的对立……大人应以天地万物为一体"。意思是，在对立中扩展自我、放大自我，就会成为"大人"，成为人上人，成为"大人"的要因，那是"仁的自然作用，仁具有与对象成为一体的作用"。这是阳明心学中"万物一体之仁"要求这样做的，所以安冈正笃是将阳明心学作为实践之学的。

安冈认为，在经营方面，公司需要团结一致。因此，首先经营者要形成高一层次的统一体，即使员工跟自己有对立，也应予以包容，应该发挥"万物一体之仁"。心之本体，本无善无恶，问题在于欲求的体系。如果整体和部分的欲求之间产生了对立，后者必须受前者的制约。当个人欲求与整体欲求发生冲突时，应该以整体欲求为准。也就是要否定自己的欲求，以满足整体欲求。

安冈的弟子遍布政界、财经界。王阳明的"天地万物一体之仁"告诉大家，政治就是人心。经营就是"事上磨炼"，每天都和"心中贼"做斗争并振奋精神。每个人的工作与整体息息相关，每一天的工作都是"实学"，应该摆正心态，发挥才能。

三、安冈正笃的思想

对安冈的思想体系进行剖析，就可以发现，其思想主要定位于为社会统治阶层服务，从哲学伦理与政治实践两个层面展开，并有以下几个支撑点：以人物学为核心内容，以道德身心为价值取向，以经世致用为根本原则，以培养社会精英为研究重点，以哲人政治为终极理想。

（一）人物学的核心内容

"人物学"是安冈思想体系的核心内容，他的一切主张均由此展开。安冈的学术生涯始终贯穿着"阳明学"和"人物学"这两条主线。他将阳明学概括为"致良知"和

"知行合一"两点，并对此进行发挥，提炼出"人物学"，其中重视道德身心的价值取向和经世致用的根本原则，形成了理论体系的双层结构。安冈认为，无论是对个人而言，还是对社会而言，"人"始终是一个最重要的因素。他对中日历史人物进行了大量的个案研究，认为政治在于人，尤其是领导人物。

安冈对人类社会，尤其是政治生活中"人"这一要素的把握应当说是比较准确的。政治是人类社会的活动，任何政治活动都由人的行为构成，人与政治的关系密切。从这个意义上说，安冈对政治核心的把握有一定的合理性。但同时，安冈对人的重视也有明显的缺陷：首先，他过分强调人对社会发展的推动作用，忽视了社会对人的影响；其次，安冈这里所讲的人主要是指政治家、英雄人物，并没有给普通民众留下太多的空间。

（二）道德身心的价值取向

在研究"人"的过程当中，安冈最重视人的道德因素。他认为，任何学问归根到底都是"身心之学"，这是他思想体系的价值取向。在他看来，人之所以成为人，主要有四个方面的因素：德行、知能、技能和习惯。安冈认为，道德不仅对个人起引导作用，还是使社会和谐的一个重要因素。道德不管大小，都是如何使人的行动自然而真实优美的做法。使人与人的关系良好，就是道德。因此，真正的学问是身心之学；任何问题，即使是政治、经济问题，归根到底都是道德问题。

（三）经世致用的根本原则

虽然身为学者，但安冈所关心的事绝不仅限于书斋之内，他认为学者研究学问不能死读书，而要经世致用。作为治学的根本原则，安岗主张学者不仅要在书本上做文章，更重要的还是要关注现实世界，关心社会政治、国计民生，要把书上的理论用到实践当中去，否则就是空谈。安冈自己的学问和人生也贯穿着这种经世致用的思想。他一直对社会实践充满兴趣。他将古典遗训的精神融于现实的形势之中去推测未来。安冈在探索古代人物的同时，又积极推进对现代人物的培养和指导，他开办了金鸡学院与日本农士学校，将自己的主张运用到现实实践当中去，试图培养更多的人才。

（四）培养社会精英

安冈对领导者在历史发展中的作用格外重视。他在研究历史人物时，只选择社会精英人物，即社会、国家的领导人或者具有领导潜质的人物进行研究。在他看来，社会的前进、历史的发展，无不是领导者的作用所致。他对领导人物的这种推崇和重视，反射出英雄主义色彩，他的目光完全集中在社会领导阶层身上，而将人民群众排除在国家政治生活之外。这种英雄史观体现了一定的荒谬性与落后性。在学习中我们应该进行正确判断，并保持警惕。

（五）哲人政治

安冈从道德本位的人物学理论出发，提出了他心中完美政治的理想形态，即由具有高尚道德品质的人来担当社会的领导者，通过他们的见识能力使整个社会得到进步，这种理想政治被称作"哲人政治"。那么，什么样的人才能够算作"哲人"呢？安冈认为，所谓"哲人"，其道德修养必定已经到达了相当高的境界。这种境界可以用"六然训"来概括——"自处超然，处人蔼然，有事斩然，无事澄然，得意澹然，失意泰然"。

从他的论述中，我们可以概括出成为哲人的要求：首先是要有高尚的道德。安冈指出，一个领导者不管是已经处在领导地位，还是有潜质成为领导者的——最需要时刻注意加强自己的道德修养，一个不勤于学问修养的人是无法成为真正的政治家的。其次是见识，也就是取舍或决定人生行动的知性能力。见识与知识不同，知识是单纯的大脑活动，而见识则进一步，是整个人的作用。有见识才能够对道德或真理做出正确判断。最后还有十分重要的一点，就是豁达的胸怀。这里的胸怀不仅是指对异己意见的宽容，还包括对于出世入世的平淡态度。虽然安冈主张学者不应该局限于书斋中，还应该关心社会，是一种积极的入世态度，但是道家思想中的超脱精神对他仍然有强大的吸引力。安冈在积极提倡入世的同时，也主张如果某种原因使自己的主张无法实施时，也要以平淡泰然之心面对。这才是个人修养的最高境界。

安冈的这种哲人政治其实是一种极权主义，很容易被别有居心的人利用。在第二次世界大战爆发前，安冈就体现出对极权政治的拥护。所以我们在学习的过程当中应该小心对待，谨慎分析。

四、"帝王学"之师

在安冈正笃的影响和积极推动下，日本企业家研读四书五经蔚然成风。企业界高阶层经营者定期聚会，邀请名师指导。安冈正笃曾为他们讲授四书五经与《十八史略》等中国经典，阐述君臣之间的经国济世之道，也就是日本所谓的"帝王学"。

二战后，在产经界出现了多个研习中国儒家学说的团体。在东京有"不如会"，会名取自《论语·卫灵公》："吾尝终日不食，终夜不寝，以思，无益，不如学也。"会员有来自野村证券、东京电力、东芝、东洋工业、大和证券、三井物产等近百个大企业的高阶层人士。"而学会"取名自《论语·学而》"学而时习之"之意。成员有西武百货董事长等大企业经营者、政府官员、建筑师、"产业新闻"及日本广播协会（NHK）的记者等，聚会场所在东京。在关西一带则有"无以会"，会名取自《孟子》："人有不为也，而后可以有为。"会员有住友人寿险、大阪屋证券、住友电气、三和银行、松下电器等大企业的经营者。

安冈正笃为企业经营者讲授"帝王学"，虽以四书五经等中国古典、先哲遗训为主，但在诠释上则以其精神适用于当前情况为焦点并对将来的发展情势提出看法，切中要害。

五、评价

距离安冈正笃去世已近40年，但其著述至今仍是许多曾担任过历届首相的政界和财经界的领袖及各界中坚人士爱读的书籍，可见安冈在日本的影响之大。儒家学说源于中国，却在日本古为今用、发扬光大，引为政经界宝典，甚至在二战后重塑日本民族精神方面作用巨大。

安冈正笃的思想体系将"人"作为研究对象，在各种构成人的要素中，把道德单独提到一个决定性的高度，将之定位为构成人的最基本的要素。具有高尚道德的人就是安冈心目中的"哲人"，这就是其积极意义所在。但是安冈的"人物学"已经将普通老百姓排除在外，又体现了它的局限性。同时他的英雄史观导致安冈正笃始终站在右翼阵营中，成为右翼思想的理论支撑。我们在学习日本阳明学体系时，应该保持清醒的头脑，对其思想做出正确判断。

思考题

1."一灯照隅，万灯照国"是安冈正笃的口号，对此你是怎么理解的？这对当代大学生的精神成长有什么指导意义？

2."六然训"包括"自处超然，处人蔼然，有事斩然，无事澄然，得意澹然，失意泰然"。你觉得哪条最难？为什么？

第二节　三岛由纪夫艺术化的"行动之学"

一、文学成就

三岛由纪夫（见图 5.2）（1925—1970 年），原名平冈公威，出生于日本东京，毕业于东京帝国大学，是日本当代小说家、剧作家、记者、电影制作人和电影演员，主要作品有《金阁寺》《鹿鸣馆》《丰饶之海》等。

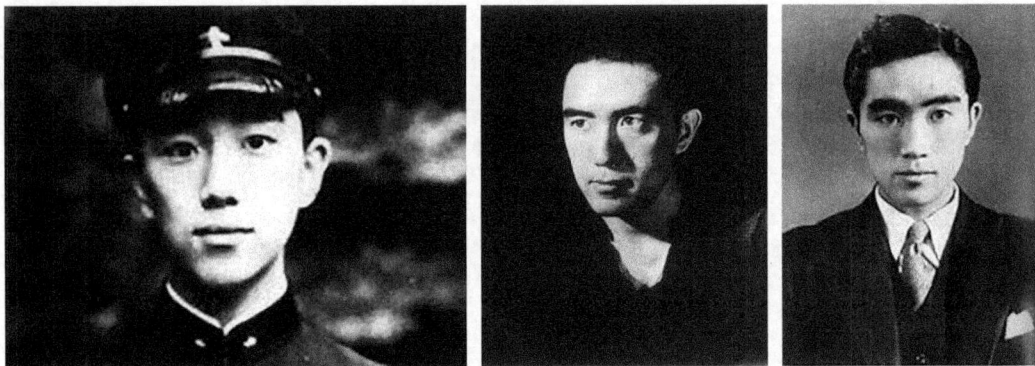

图 5.2　三岛由纪夫像

三岛由纪夫 6 岁进入学习院初等科，13 岁在学习院杂志上发表第一部短篇小说《酸模》。16 岁以三岛由纪夫的笔名在杂志上连载中篇小说《鲜花盛开的森林》。19 岁从学习院高等科毕业，由于成绩优异，天皇曾亲手奖赏给他一块银表。毕业后即正式进入东京帝国大学法学部，20 岁应征入伍，但因军医检查有误，当天就被遣送回乡。

1946 年 6 月，经川端康成推荐，三岛在《人间》杂志上发表小说《烟草》，遂登上文坛。1946 年，大学毕业后，就职于大藏省银行局，不出一年就辞职，从此专门从事文学创作。1949 年出版长篇小说《假面自白》，确立了文坛地位。1970 年 11 月 25 日写完《丰饶之海》第四卷《天人五衰》后自杀。

他一生著有 21 部长篇小说，80 余篇短篇小说，33 个剧本，以及大量的散文。其中有 10 部曾被改编成电影，36 部被搬上舞台，7 部得过各种文学奖。他是著作被翻译成英文等外语版本最多的日本当代作家。

二、生平简介

三岛由纪夫出生于东京都四谷区一个四口之家。一家之主是三岛由纪夫的祖父平冈定太郎，他出生于日本兵库县的农民家庭，从东京帝国大学法学系毕业后，进入内务省，此后平步青云，1908 年破格升任桦太厅（日本统治下的库页岛别名）长官。但是平冈定太郎在桦太厅官至第七年之际，因一宗受贿案被卷入日本政友会和立宪同志会的复杂斗争中，丢了官职，于是定太郎回到东京搞起了实业，但是定太郎的事业连连失败，最后竟落得举债度日的下场，平冈家从此家道中落。

三岛由纪夫出生时，平冈家住在一座租赁的老房子里。三岛由纪夫的祖母原名永井夏子，是永井家的长女。永井家与江户时代幕府首领德川家有姻亲关系，也是比较显赫的武士家庭。夏子小时候被寄养在与明治天皇血缘很近的亲王有栖川官家，她学习礼乐诗画，接受正统的皇族教育。贵族身份带给她强大的压力，所以她具有非常强烈的名门意识和骄矜个性。家道中落后，过惯了奢华生活的夏子心理落差极大。她把复兴平冈家的愿望寄托在了自己的儿子——三岛由纪夫的父亲平冈梓身上，但是平冈梓在太平洋战争后弃政从商，经营一家小公司维持生活，妻子倭文重喜欢艺术，秉性恬淡，夫妻二人都没有符合夏子要求的野心。于是，夏子转而把希望寄托在自己唯一的孙子平冈公威身上。

平冈公威小时候过着迥异于常人的生活，才出生 40 多天，他就被祖母夏子从母亲身边夺走了。夏子把公威的床放在自己养病的房间里，不让公威离开自己一步。有一次公威在楼梯上摔倒，受了轻伤，因此祖母夏子禁止公威上二楼，连在一楼自由活动都不行，他整天只能窝在祖母那间病房里。不仅如此夏子还不让公威接触男孩子爱玩的汽车、木枪之类的玩具，而是从邻居中精心挑选了三个小女孩陪伴公威。

祖母夏子喜欢日本传统艺术，尤其是能乐。因此公威早在幼儿时期就接受了戏剧艺术的洗礼，成为作家后也接连创作了许多戏剧作品，这与夏子给他的传统文化启蒙是分不开的。

等公威到了上学的年纪，祖母夏子费尽心力把他送进了学习院。在当时，学习院是日本真正的贵族学校，由宫内省直接管辖，就读的都是皇亲国戚子弟，是真正的名门才能进的学校。公威在这里感受到了身份的差异，他心思敏感，因而时常感到自卑。而且自小在祖母病房里长大，没有自由活动的空间，造成他体弱多病。学习院实行的是斯巴达式教育，公威根本受不了。然而祖母对他管控严格，学校组织远足等活动她一概反对，因而公威在学校里边依然是孤独的。后来情况开始好转，由于公威入学前在家里接受了相关教育，爱看书，对周围的认知细腻敏感，他的功课很好，还能帮助其他同学复习，渐渐得到大家的认可。在学校期间就不断创作作品，虽然稚嫩，但已经显示出了卓越的文学才能。

公威的文学才能得到学习院老师清水文雄的赏识，他采纳了清水老师的建议，用"三岛由纪夫"的笔名于16岁发表处女作《鲜花盛开的森林》，并沿用一生。

三、最后的演讲

1968年，三岛组织了自己的私人武装——"盾会"（见图5.3），声称要保留日本传统的武士道精神并保卫天皇。

图 5.3　盾会

经过长时间的准备，三岛于1970年11月25日将他的政变计划付诸实施。当天，在托人将他的《丰饶之海》四部曲小说的最后一部《天人五衰》交与出版社并安排好其他后事之后，他与他所组织的习武和提倡振奋日本民族精神的盾会的四个20来岁的年轻成员按照约定进入日本陆上自卫队东部方面总队总部。

在得到该总队总监益田兼利的接见之后，他与自己的同党按照预定的暗号"亮剑"，一举将益田兼利劫持为人质。三岛由纪夫随后到总部阳台上，向闻讯赶来的800～1000名自卫队军官发表演说，呼吁他们摆脱精神颓废，摆脱充当美军附属物的境地，重新发扬光大武士精神，返归强军本义，保卫日本，为修改宪法而起义，即政变。但是没有人响应。

在场的军官不要听他宣扬的那一套，对他报以嘲骂，"滚回去""下来说说""你懂什么啊""愚蠢的东西"……

三岛随后从阳台退入室内，按照日本传统仪式切腹自杀。

四、三岛由纪夫与阳明心学

第二次世界大战后，阳明学被当作右翼势力的学问即将在日本人的视线中消失之时，三岛由纪夫又重新唤起了人们对阳明学的关注。三岛由纪夫认为，"阳明学作为行动哲学已埋于尘土，束之高阁"，他分析了战后日本的思想状况，认为"马克思主义取代了阳明学，大正教养主义和人道主义取代了朱子学"。当时他还预测，"随着马克思主义神话的破灭，日本知识分子的立场和思想将呈现出朱子学各分派的特征"。而现实情况也确实如他预测的那样。那时很多知识分子局限于大学中，失去了改革社会的意愿。而且他提出"革命就是行动"，认为"以我看来，明治维新是依靠神秘主义的国学和能动性的虚无主义的阳明学从而完成了最后的准备"。

"阳明学，却是在日本的行动家的灵魂中经过一次彻底的过滤后完成了日本化与本土化的哲学。革命思想的复兴，只有从这种根植于日本人精神深处的思想出发……我们难道不应该回归阳明学这一被忘却了的行动哲学，再一次深入地重新探究在精神与政治对立中的精神的斗争方法吗？"

以上选自三岛由纪夫在自杀前发表的文章《作为革命哲学的阳明学》。从三岛的这篇文章中可看出，实际上他显然没有读过王阳明的代表作《传习录》，只是读了明治时期中国哲学研究的开山祖井上哲次郎的《日本阳明学派之哲学》并受其触动而写就的这篇文章。

井上哲次郎自身对阳明学有着自己的偏好，他从这种偏好出发将大盐平八郎的"归太虚"说与松阴的生死观等作为王阳明的哲学来介绍，而三岛在带有井上偏好的对平八郎和松阴的介绍的基础上又加上了自己的偏好，构成了自己的阳明学像。在这个意义上，三岛所理解的阳明学从中国阳明学的角度来看，是完全另类的思想。

尽管两种阳明学如此不同，但是三岛所描绘的王阳明也许因其作为作家的直觉而十分精彩。三岛抛开正统王阳明研究者们大都要叙述的部分，而采用那些研究者不太重视的花絮，反而创造了栩栩如生的人物像。

三岛由纪夫的作品《作为革命哲学的阳明学》出版后，在某种意义上说，加深了人们对阳明学的误解，但反过来又让人们反思其中的含义。三岛由纪夫展现出来的在那个时代所应有的人生态度，是将他所追求的"日本精神"用阳明学表现出来的。在书中，三岛由纪夫还探讨了推动明治维新的"大盐平八郎之乱"。他把大盐平八郎的起义定义为"致良知"的必然的、逻辑性的结果，也就是说，诞生革命的"致良知"即便导致身体破损了，那也是归于太虚。

三岛由纪夫看到日本社会中精神状况的荒芜，根据阳明学得出一个结论："有必要重新深入探讨在精神与政治的对立情况之下，如何进行精神之战。"三岛由纪夫的确展现了当时日本的精神状况，批判了所谓的进步文化人和学生在精神上的肤浅，并采用了上述那种激烈的方式，以昭示自我的奋起。

大盐平八郎对置众多平民于不顾而穷奢极欲的商人和官僚发起了起义；吉田松阴在西欧列强入侵，日本面临亡国危机时，认识到必须推翻幕府并付诸行动；三岛由纪夫面对荒芜的日本人精神，呼吁精神的崛起，不过他的阳明学和大盐平八郎、吉田松阴的有些不同。虽然说精神荒芜是很严重的问题，但不应该成为革命的对象。阳明学是为了拯救人民而不惜拼上性命的君子行为，一般民众怎么说也属于"亲民"的对象。要拯救荒芜的精神，应该采取教育和说服的手段。三岛由纪夫把日本宪法和《日美安全保障条约》看作日本受美国支配的产物，就此认为日本陷入了亡国的境地，那也应该通过向日本国民发表言论来努力改善。

因此，希望大家在学习三岛由纪夫的言行时，一定要确认：阳明心学是行动之学，而不是革命之学。去人欲而持"万物一体之仁"，是阳明心学的根本，三岛由纪夫或许正是因此而采取了自杀的行动。作为艺术家的三岛由纪夫将他的"行动"艺术化了，但这种极端政治化的行动并不是恰当的方法。

思考题

1. 你读过三岛由纪夫的作品吗？你如何评价他的人生态度？

2. 艺术世界和现实世界之间存在怎样的联系？

第三节　稻盛哲学与阳明心学

一、生平及思想简介

稻盛和夫（见图 5.4），1932 年出生于日本鹿儿岛，1955 年毕业于鹿儿岛大学。27 岁创办京都陶瓷株式会社（现名京瓷 Kyocera），52 岁创办第二电信（原名 DDI，现名 KDDI，目前在日本为仅次于 NTT 的第二大通信公司），这两家公司又都在他的有生之年进入世界 500 强，两大事业皆以惊人的力道成长。稻盛和夫建议领导者的选拔标准是德要高于才，也就是居人上者，人格第一，勇气第二，能力第三。他指出热爱

图 5.4　稻盛和夫像

是点燃工作激情的火把。无论什么工作，只要全力以赴去做就能产生很大的成就感和自信心，而且会产生向下一个目标挑战的积极性。成功的人往往就是那些醉心于所做之事的人。

二、稻盛和夫与阳明心学

日本明治维新的第一功臣西乡隆盛在流放期间，在艰苦卓绝的条件下苦读阳明心学，深得其要领，最终助其在后来的维新事业中大显身手。西乡隆盛是稻盛和夫在鹿儿岛的同乡先辈，更是他心目中的大英雄。稻盛和夫把西乡隆盛的人生信条"敬天爱人"作为京瓷公司的社训。稻盛和夫曾经浓墨重彩、精心解读过西乡的《南洲翁遗训》，从这个意义上讲，王阳明、西乡隆盛、稻盛和夫在精神上可以说是一脉相承的。

稻盛和夫把王阳明先生的"良知"称为"真我"，他把心分为本能心、感觉心、感

情心、理性心和灵性心，其中灵性心就是"真我"，知道"何谓正确"。所以"作为人，何为正确？"这一判断基准，就是用"真我"即"良知"作为判断基准的，从这一点出发来应对和解决一切问题，就是"致良知"。

测量物体的长度要以尺为基准，判断事物也有基准，好的基准使人对一切事情做出正确的判断。而对稻盛和夫来说，这个基准就是"作为人，何为正确？"依据这个基准来判断和行动，就能带来事业的成功和人生的幸福。

稻盛和夫认为自己是这个世界上最幸福的人。那么，这样的幸福来自哪里呢？他说："不管遇到任何状况，都怀抱强烈的信念，把做人应该做的正确的事情以正确的方式贯彻到底。"他不屈不挠地实践这一条信念，带来了幸福的人生。

三、稻盛哲学从何而来

（一）家庭环境自由宽松

就家庭出身而言，稻盛和夫没有王阳明那么幸运。1932 年 1 月 30 日，他出生于日本最南端——鹿儿岛的一个极为普通的平民家庭，兄弟姐妹七人，他排行老二。父亲租用一台印刷机，整天忙于工作。父母都只有小学文化，也从不督促其学习，同书香门第的王阳明家不同，稻盛和夫家里连书都没有。

稻盛和夫小时候特别贪玩，父母也无暇管束。但是他从小学一年级开始就表现出潜质中的亮点，成为孩子中的核心人物，经常组织小朋友玩游戏，像模像样。在这个过程中，他感觉到当"孩子王"也不容易，不能让别人看出自己心虚，有时候还得硬着头皮去挑战自己的极限。除了勇气以外，还格外注意人心。有东西要分给大家，宁可自己少吃，等等。

（二）身体状况带来的思想飞跃

稻盛和夫在 13 岁时患上了肺结核。当时肺结核是绝症，他的心中充满了恐惧，情绪低落到了极点。这时一个邻居给他介绍了一本心学方面的书，稻盛和夫贪婪地阅读起来，书中有一句话深深地触动了他——"自己身边发生的事情，不过是自己心中描绘的景象，在现实中的投影而已"。也就是说，包括肺结核在内，人生的一切不幸，都不过是自己的内心在现实中的投射而已。读到这些话，稻盛和夫感觉很迷茫，但通过反复琢磨，他终于明白：自己忐忑不安，刻意躲避，害怕肺结核病的脆弱的心灵招致了病菌的侵害。健康也好，人生也好，都与自己的心灵状况密切相关，这就是所谓生命的实相。不好的事情不仅不能做，连想也不能想。于是稻盛和夫开始在心里努力描画善念，而善念的最高境界就是为社会、为世人做贡献，这种觉悟是年仅13岁的稻盛和夫第一次宝贵的思想飞跃。

（三）从科学实验到稻盛哲学

稻盛和夫上高中之后开始用功读书，成绩名列前茅，但高考时却没有考上第一志愿，只上了本地的鹿儿岛大学。在大学期间学业优秀，但临近毕业时却找不到工作，他非常沮丧。这时有一位老师给他介绍了京都一家制造工业陶瓷的企业。稻盛和夫去上班后才知道，这家企业连续10年亏损，连工资都不能如期发放。虽然同期入职的人相继辞职，但稻盛和夫却努力改变自己的想法。他觉得与其说老板的坏话，骂社会不公，嫌家里没门路，怨自己命不好，还不如把年轻人的热情投入眼前的研究工作，把本职工作做好再说。于是，他全身心地投入研究。研究有了成果，他对研究工作就产生了兴趣。后来，他干脆把锅碗、铺盖搬进了实验室，废寝忘食地工作。这时他的工作和人生进入了良性循环。

就在稻盛和夫没日没夜地在实验室里进行研究的时候，一次无意的巧合实验，让他攻克了业界的难关——用石蜡解决了高频绝缘材料的技术难题。问题圆满解决，公司获得了从松下电子来的大量订单，开始起死回生。

这样的科学灵感接二连三的到来，使稻盛和夫发明了新材料，开发出新产品，从一个行业的门外汉跃升为世界精密陶瓷领域首屈一指的科学家。

稻盛和夫这种科学研究的灵感到底是从哪里来的？他发现，灵感产生时自己的心灵状态是有特点的。他认为，只要保持心灵的纯粹状态，灵感就会源源不断地产生。我们应该努力保持一颗纯洁的心，才能按照事物本来的面目来观察和认识事物。而在被私利私欲弄得浑浊的心里，再简单的问题看起来也非常复杂。

这与王阳明的观点如出一辙。王阳明说："心即理也，此心无私欲之蔽，即是天理，不须外面添一分。"也就是说，人心中的良知就是天理，"只在此心去人欲、存天理上用功便是"。只要抑制私欲，保持心灵纯粹，用功努力，就能按照事物的本来面目来观察和认知事物。稻盛和夫把科学灵感的闪现同自己的心灵状态相联系，这就是哲学的灵感。也就是说，年仅24岁的稻盛和夫在追求灵感的过程中，进入了摒除私欲的利他哲学的境界。稻盛和夫紧紧抓住这种哲学的灵感，从科学实验走进了哲学。

四、稻盛哲学的核心

（一）成功方程式

稻盛和夫 27 岁时创立京瓷公司，当时的公司成员构成非常普通：他自己是地方大学的毕业生，创业团队 28 人中 20 人是初中毕业生，有几名是高中毕业生，都是能力平凡的人。能力平凡的人怎样才能取得不平凡的成功？为了说服自己，说服一起创业的伙伴，稻盛和夫想出了人生和工作结果的方程式，又叫成功方程式：

方程式 1：人生、工作的结果 ＝ 思维方式 × 热情 × 能力

$$(-100 \sim 100)\ (0 \sim 100)\ (0 \sim 100)$$

方程式 2：成功 ＝ 价值观 × 努力 × 能力

$$(-100 \sim 100)\ (0 \sim 100)\ (0 \sim 100)$$

这两个方程式妙不可言，它的价值不亚于任何一个自然科学中的方程式。在方程式中，"能力"主要指先天的智商、健康及运动神经等，可以用 0 ～ 100 分进行打分；热情（努力）这个要素，也是 0 ～ 100 的分值，但不是先天的，可以由人的意志决定；方程式中三个要素之间用的是乘法而不是加法；更重要的是思维方式（价值观），打分区间为 –100 ～ 100，跨度最大，有正有负，它决定了另外两个要素的发挥方向是积极还是消极，所以思维方式是方程式的核心要素，也是稻盛哲学的核心之一。这两个方程式清晰地表达了稻盛和夫的哲学，也是他成功的原因所在。

正面的思维方式就是王阳明所说的"良知"，具体有以下的表现方式：积极向上、具有建设性；善于与人共事，有协调性；性格开朗，对事物持肯定态度；充满善意；同情他人、宽厚待人；诚实、正直；谦虚谨慎；勤奋努力；不自私、不贪婪；有感恩心；懂得知足；能克制自己的欲望；实事求是；等等。这种思维方式也可以说是价值观，或者说是价值判断的基准。

（二）判断基准

稻盛和夫把"作为人，何为正确？"作为判断一切事物的基准。这也构成了稻盛哲学的核心之一。

"知善知恶是良知"。这与西乡隆盛提倡的"敬天爱人"何其一致。遵循天理良知办事，就是"敬天"；为全体员工的物质和精神幸福、为人类社会的进步发展做贡献，就是"爱人"。而这两点合起来就成了京瓷公司的经营理念。

"作为人，何为正确？"的具体表现有：

作为人应该正直不应该虚伪；

作为人应该勤奋不应该懒惰；

作为人应该谦虚不应该傲慢；

作为人应该勇敢不应该卑怯；

作为人应该知足不应该贪婪；

作为人应该乐观不应该悲观；

作为人应该自利也利他，不应该损人利己、损公肥私。

以上这些作为人的原则每个人都能认同，只要付诸行动就行。

所谓"大道至简"，正因为这些原则至简，才能为全体员工所共同拥有、共同实践。依据"作为人，何为正确？"进行判断，采取行动，就是王阳明所说的"致良知"。

五、谦虚——良知的重要项目

谦虚是良知的重要项目，傲慢遮蔽良知。成功容易使人滋生傲慢，逐渐蒙蔽良知，对事物做出错误判断，从而带来重大失败。王阳明认为谦虚是"知之真切笃实，行之明觉精察"。他在建立赫赫战功后，道出了"破山中贼易，破心中贼难"的名言，深刻至极。"破心中贼"也意味着要破除傲慢，保持谦虚。那如何才能做到保持谦虚呢？王阳明给出的点睛之笔是：无我自能谦。也就是说，无私忘我的人才能始终保持谦虚。

稻盛和夫就是做到这一标准的人。当他在科学研究方面接二连三取得突破，企业飞速发展的时候，也有片刻的飘飘然，他沾沾自喜，开始迷信自己的能力。但他很快就意识到，失去谦虚，怠惰起来，最终必然没落。于是他深刻反省，提出才能不可私有化。才能是上苍所赐的，不属于自己，将本来不是自己固有的东西据为己有，就违背了上苍的意志。

"不可把自己的才能私有化"，这一思想要付诸实践，就要强制自己采取非常严格的生活态度和生活方式。不允许将才能当作自己的东西使用，就意味着要舍弃个人，为社会效劳，就必须对自己严加管理。抱有这种"才能观"的人不容易骄傲。一旦冒出骄傲自满的苗头，立即进行反省，把自我反省当成每天的功课。这就是稻盛和夫的宝贵经验，正因为领悟了这一点，稻盛和夫后来的人生才能如此顺畅，如此幸福。

持续实干，干出成就又始终保持谦虚的人，甘心把自己的才能用于为他人、为社会服务的人，就是受人尊敬的人，就是"无我自能谦"的品德高尚的人。

六、攻心——重建日航的九条良知

所谓攻心，就是做思想工作，也就是用自己的良知来唤醒对方的良知。哪怕对方是盗贼，也相信他有良知，只要喻之以义，动之以情，晓之以利害，就能让他良心发现。在这一点上，王阳明不愧是洞悉人心、善于做思想工作的超级大师。

而稻盛和夫在接手日本航空公司的重建工作过程当中，也发挥了攻心的强大魅力。稻盛和夫当然知道重建日航的艰难，但他抓住了事情的本质：只要日航的全体员工热爱日航，愿意为重建日航不遗余力，日航就一定能成功重建。热爱日航、成功重建日航符合日航员工的利益，本来就是日航员工的愿望，也就是他们的良知，问题是怎么把这种良知激发出来，变成他们的自觉行动。为此，经过调查了解，稻盛和夫提出了九条建议。

（1）反省。真诚反省到底哪里没有做好，把病根找出来。

（2）谦虚。人是脆弱的动物，出现问题时往往首先是责怪别人，而不是反省自己。如果都把责任推给对方，忽略反省自己，那重建日航就是不可能的。

（3）勇气。在经过反省之后，就知道应该怎么办了。但是事情做起来会有阻力、有难度，因此一定要有坚决进行改革的勇气。

（4）坦诚。要如实承认自己的不足，认真听取别人的意见。坦诚地向别人学习，不断成长。

（5）努力。领导者必须站在第一线，付出不亚于任何人的努力。

（6）梦想。领导者必须向部下诉说梦想，提出光明的前景，让这个梦想转变成正能量，使部门里边充满朝气。

（7）感谢。这是最重要的。对来搭乘日航的客人要表示感谢。抱有感恩之心，人就会变得谦卑，就会待人亲切，就会发自内心地用笑容来待人接物，就能打动乘客，重新获得客人的信任。

（8）核算。具备经营者的核算意识，了解收支情况，了解亏损原因，做出正确的对策。

（9）体制。变更组织体制，根据收支数据开展经营，削减成本，达到目标。

稻盛和夫相信人的良知，相信每个人都可以成为圣人。他自己率先垂范，一心一意，不屈不挠，终于用自己的良知唤醒了日航干部员工们的良知，大家认真实践"反省、谦虚、勇气、坦诚、努力、梦想、感谢、核算、体制"九条建议，齐心协力改革改进，业绩节节攀升，不到一年就做到了世界第一。

七、乐天派的贵人相助

王阳明 29 岁时落马吐血，30 岁时发病咳嗽不止，肺疾跟了他一辈子。35 岁时政治上遭到严重打击，受刑后被贬谪荒蛮之地。后来虽然东山再起，却军务压身，不胜其烦。之所以能够挺住并成就其心学伟业，保持乐观心态是重要原因。乐观是良知，是生存智慧，"吾心自有光明月，千古团圆永无缺"，有此见识和信念的人，自然能够保持光明乐观的心性。

同样，稻盛和夫也有乐观开朗的天性，并且已经成为他的信念。出身贫困、升学失利、患肺结核、经历战争、求职无门、进入亏损企业、被迫辞职等等，稻盛和夫的青少年时代充满挫折。他受过痛苦，经历煎熬，但他从来没有被痛苦压倒，即使处在人生的谷底，也没有丧失对未来的希望。他是一个乐天派，从不服输，在逆境中依然努力奋斗。即便身处在别人看来是灾难般的境地，他照样乐观开朗，积极面对，甚至把灾难看成是促进自己成长的机会，因而心存感激。稻盛和夫认为抱有这种心态，人生就会时来运转。

稻盛和夫在人生的每个困难关头，都有贵人相助。小学毕业时升学失利，发烧卧床，准备放弃时，班主任老师硬拽着他去参加考试；高中毕业时，父亲不让他考大学，老师专程家访，硬是说服了他的父母；大学毕业求职无门时，班主任的热心帮助、介绍，使他总算有了工作。创业时没有资金，又有友人不仅出资，而且拿自己的房屋担保从银行借出流动资金。乐天派的稻盛和夫，人生当中拥有了更多幸运的因素。但是在经营企业的过程当中，难免遇到种种挫折。经营是苦差事，需要坚强的意志，需要压倒一切困难的勇气。所以，稻盛和夫说，"以乐观态度面对困难和逆境，是人生成功的铁则，是经营者生存的智慧"。

八、"致良知"商业案例

"致良知"如何在企业经营中得以实现？稻盛和夫创办 KDDI 公司的生动案例，就是把阳明心学"致良知"的理念在现代商业领域中发挥得淋漓尽致的经典。

明治维新以来的 100 多年中，日本的电信电话事业一直由国营的电电公社一家垄断。任何事业，如果只有一家独占，不许竞争，就会形成大锅饭、低效率的局面。因此，当时日本的电话费高得离谱。于是，在 1984 年，日本政府终于决定打破垄断，在实施电信经营民营化的同时，允许其他民营企业参与通信事业的建设。稻盛和夫十分期待日本大企业踊跃响应，参加竞争，以便降低日本的通信费用。但是日本的大公司全都按兵不动，因为同国营企业相竞争，风险巨大。这时一贯痛恨官僚垄断的稻盛和夫挺身而出，决心参与通信事业，为降低国民的通信费用而奋斗，然而受到了社会的一片讥讽之声。稻盛和夫并没有理会外界的声音，他做的事情是叩问自己的良知。每晚临睡前他反复叩问自己的内心："我投身电信事业真的是为了民众的利益吗？我的动机纯粹吗？没有一点儿私心吗？不是为了自己赚钱吗？不是想出风头吗？不是为了名留青史吗？"他每晚都不停地逼问自己，达半年之久。最后，稻盛和夫确认自己动机至善，私心了无。敢向天地神明宣誓，没有一丝一毫私心杂念，于是焕发热情和勇气，下定决心参与竞争，排除万难去争取胜利。

稻盛和夫用半年时间来逼问自己的参与动机，有这个必要吗？其实，逼问动机的过程就是叩问良知的过程，让良知清澈的过程。因为稻盛和夫知道，京瓷作为京都地区一家中型企业，要参与连一流大企业都望而生畏的国家规模的事业，如果领导人有私心，那么在今后遭遇的无数困难中，一定会判断失误、矛盾百出，导致失败。叩问良知的过程就是彻底排除私欲的过程，没有私欲之蔽，就能依据"作为人，何为正确？"的基准，对接踵而来的问题不断做出正确的判断。

稻盛和夫的良知不仅唤起了第二电电全体员工的良知，而且唤起了广大日本国民的良知。人们纷纷出手支援，第二电电旗开得胜，开张一年后在同期竞争的新公司中一枝独秀，业绩遥遥领先。后来以第二电电为核心组建了 KDDI 公司。虽然中间遇到了各式各样的困难，但是"良知无敌，真心通天"。KDDI 很快进入世界 500 强的行列，而且几十年来发展顺利。

王阳明先生曾说过："千圣皆过影，良知是吾师。"简单明了就能古为今用。稻盛和夫说，他在中国文化中学到的最根本的一条就是"致良知"。"致良知"与稻盛和夫"敬天爱人"的人生信条是统一的。

九、开创阿米巴经营体系

与王阳明提倡"知行合一"类似，稻盛和夫说："人生仅有激情与信念是远远不够的，如果不付诸行动，也只能是纸上谈兵，解决不了实际的问题。"于是在经营京瓷的过程当中创新并实践了自己的经营模式。稻盛和夫清楚地意识到，有了一个明确的方向，接下来就必须朝着这个方向不断前进。只有坚持不懈，成功才会越来越近。那如何才能提升员工对工作的热爱与活力，从而最大限度地发挥出个人能力，让员工体会到工作的幸福呢？

稻盛和夫经过反复思考，终于找到了答案，他在脑子里形成了一种大胆的概念，即将公司分割成一个个独立的部门或小组，让全体员工都参与公司经营，像经营小超市、小商店那样的规模进行自主经营，形成各自独立的工作分配与成本核算，每个个体都有一个独立的营利中心，发挥出自主管理、自主参与、自主判断、自主创新的主人翁精神，从而在最大程度上施展出一个经营者的才华与魅力。稻盛和夫将自己的创意命名为阿米巴经营体系（阿米巴是一种古老的变形虫，身体柔软，能任意改变形态，身体可向任意地方伸出为体，变化无常，遇到恶劣环境时，它就变化成圆形的囊，外面会形成一层保护膜，以便渡过危机。当环境好转时，囊又会裂开，重新变回虫。它最大的特性是能随着环境的变化而不断地进行自我调整，来适应复杂的生存环境）。1963 年，工程师出身的稻盛和夫推出了单位时间核算制度的整套方案。1965 年，京瓷公司正式导入阿米巴经营体系，以单位时间核算制度作为衡量经营状况和员工价值的重要标准。

与其说阿米巴经营是一种将企业进行有机整合的管理体系，不如说是一种生存哲学体系的核心思想，它以热爱为前提，以人心为基础，把信任作为维护的纽带，本着对社会有利、对公司有利、对员工有利的共同目标，调动各个组织的积极性和主动性，从根本意义上达到把公司当作家来经营的目的，如此一来，全体员工之间的人际关系也会像家庭成员一样高度默契与信任，从而更加紧密地团结在一起。在阿米巴经营模式下，每位领导人就如同管理着一个小企业、小商铺一样经营着自己的工作，并不断把激情与活力传递给下一位领导人。在怀着同一个信念，朝着同一个目标经久不息的奋斗中，涌现出一种因共同的思想而产生共鸣的集体力量，进而萌发出"自己的人生自己去打造"的自主意识与精神，这就是阿米巴经营体系的优势之一，竭尽全力让阿米巴经营体系渗透到公司的各个角落，源源不断地为公司培养具有创新改革精神和企业家潜质的下一代年轻团体。

在阿米巴经营体系中，每一次的改善都能通过单位时间核算制度完整有效地体现出来，每个人的价值成果都是高度透明的，因此整体效益也就更明显。与此同时，阿米巴的成员与领导人也就更加拥有自信和活力，感受到达到目标的成就感，意识到智慧的源泉在于自身不断的努力与提高，认识到只要肯努力，一切都有可能。为成为又一个阿米巴领导人而努力奋斗。阿米巴小组根本容不下懒于思考的员工，每个阿米巴必须通过精确的成本核算，赚取更大的利益。在对外市场环境的残酷竞争中，在内部组织间的良性竞争中，调动了每位员工的自主性和积极性。

阿米巴经营体系，不仅提高了员工的成本意识和经营意识，员工的人品修养和职业道德也得到了提升，这两方面相辅相成，促成了阿米巴人性化经营系统的成功。阿米巴经营体系之所以会成功，除了"以心为本的全员式经营"和"培养卓越的领导人才"之外，稻盛和夫所推出的"单位时间核算制度"也起到了至关重要的作用。难能可贵的是，阿米巴模式能够很好地深入基层员工，就连只有初中文化的人也足以将其执行得很成功，这就是所谓的大道至简吧。

十、大学生眼中的稻盛和夫

稻盛和夫是世界著名实业家、哲学家。稻盛和夫的释义涵盖了生活态度、哲学、思想、伦理观等因素。稻盛和夫把科学灵感的闪现同自己的心灵状态相联系，并将其作为哲学的灵感。

他提出的"纯净"是大学生可以学习的重要方面。稻盛先生小时候的生活环境并不好,他在生活工作中不断磨炼,在纵横交错的商场中摸爬滚打,但是他的良知没有被蒙蔽,反而悟出了一套摒弃私欲的利他哲学。这就是纯净,"心纯见真",即清澈纯粹的心灵可以看见事物的真相,而一颗自私自利的心,就只能看到复杂的"相",将一切事物蒙上一层阴霾。他在《人为什么活着》中指出:"成功和失败都是一种磨难。有人成功了,觉得自己了不得,态度变得令人讨厌,表示其人格堕落了;有人成功了,领悟到只凭自己无法有此成就,因而更加努力,也就进一步提升了自己的人性。而真正的胜利者,无论成功还是失败,都会利用机会,磨炼出纯净美丽的心灵。"

稻盛哲学的"成功方程式""敬天爱人"与王阳明的"致良知"有着异曲同工之妙。他提出的"以心为本",即遵循天理、良知办事,为人类发展做出了贡献。王阳明与稻盛和夫共有的品质为:正义、谦虚、攻心、知足、勤奋、勇敢、坚忍、纯净、乐观、积极,以及敬畏。成功的人往往都是那些沉醉于所做之事的人,而且他认为幸福的来源是做正确的事,并以正确的方式贯彻到底。

但随着时代的进步,想在这个浑浊的时代里保持一颗纯净的心是相当困难的。我们要学习稻盛和夫的成功方程式,用积极幸福的生活态度去面对和迎接接下来的道路,并保持和他一样的善念:为人类社会做贡献,将自己的创意付诸行动。

● **思考题**

1. 你认为幸福来源于哪里?

2. 关于稻盛和夫提出的"才能不可私有化",你怎么认为?

第四节 涩泽荣一的"《论语》+算盘"

一、一生业绩非凡

涩泽荣一（见图 5.5）（1840—1931 年），日本明治和大正时期的大实业家。拥有"日本企业之父""日本金融之王""日本近代经济的领路人""日本资本主义之父""日本近代实业界之父"等桂冠。他大力支持和赞助过社会福利、教育活动等社会公益事业，曾为东京高等商业学校（如今的一桥大学）的创设而奔走呼号，还筹集资金成立麻风病防治协会，并担任过二松学舍（现在的二松学舍大学）的财团法人二松义会的会长（即学校经营者）。他所涉及的领域达 600 余项。

图 5.5 涩泽荣一像

1868 年，涩泽荣一创立日本第一家银行和贸易公司。1869 年到大藏省任职，积极参与货币和税收改革。1873 年因政见不合辞职，任日本第一国立银行总裁。创办大阪纺织公司，确立他在日本实业界的霸主地位，此后，他的资本渗入铁路、轮船、渔业、印刷、钢铁、煤气、电气、炼油和采矿等重要经济部门，1916 年退休后致力于社会福利事业，直到 91 岁去世。

他一生业绩非凡，参与创办的企业组织超过 500 家，包括东京证券交易所。这些企业遍布银行、保险、矿山、铁路、机械、印刷、纺织、酿酒、化工等日本当时最重要的产业部门，其中许多至今仍在东京证券交易所上市。更重要的是，他热衷于西方经济制度的引进和企业形态的创新，创办了日本第一家近代银行和股份制企业（第一国立银行），率先发起和创立了近代经济团体组织。在实业思想上，他把来自中国的儒家精神与效仿欧美的经济伦理合为一体，奠定了日本经营思想的基础。

涩泽荣一曾是日本资本主义的最高领导者。第二次世界大战后日本的商业模式是在涩泽荣一创立的模式基础之上发展起来的。从微观角度看，战后日本高速经济增长的基础是涩泽荣一创立的公司制度。从这个意义上说，日本经济与经营发展中没有任何一位实业家的贡献能够超过他。另外，他还从事众多的社会事业，非常重视女子教育的发展。

日本宣布将于 2024 年启用新版纸币，其中 10000 日元正面人物将采用涩泽荣一的头像（见图 5.6）。他以基于《论语》精神的经营哲学教导后辈。在担忧全球资本主义过度化的声音日益高涨的今天，提倡经营活动要追求"公益"的涩泽荣一的理念，再次受到关注。

图 5.6　涩泽荣一在 2024 年版 10000 日元纸币中的头像

二、成长及学习《论语》的经历

涩泽荣一 1840 年出生于武藏国榛泽郡（今埼玉县深谷市）血洗岛，其祖辈世代从事农业、养蚕业，并兼做"蓝"染料生产与贩卖，经济上颇为宽裕。到涩泽荣一父亲市郎右卫门这一代时，又开始经营杂货及金融。父亲逐渐成为地方上的富商而崭露头角，并担任一村之长。在这种环境下成长的涩泽荣一因需要经常跟随父亲出远门，有机会接触各种人物和事情，逐步懂得了何为经营。

涩泽荣一从少年时代开始就操持家业。他的父亲不仅勤勉于家业，而且喜欢学问和武艺，读过不少四书五经等汉籍，并且还喜欢书法和俳谐，表演过净琉璃（日本专业的傀儡戏）中的义大夫节和村戏剧中的女木偶。其母荣心地善良，以慈悲为怀。邻居家有一个比荣年长的女人得了麻风病，遭到人们的嫌弃，但荣却不忌病毒，既送东西给她，又与之共浴，该女人拿来的谢礼，荣也是面无惧色地通通吃了。后来涩泽荣一之所以能在社会福利事业方面做出很大的贡献，其母亲对他的影响不可小视。

涩泽荣一的汉学教育与家庭环境有着密切的关系。他六岁时由父亲实行启蒙教育，所用的教材是《三字经》。在此后一年的岁月中，他又陆续诵读《孝经》《小学》《大学》《中庸》。他的父亲喜欢《论语》，并且是个极其严厉的人。在涩泽荣一小时候，他稍有过错，父亲就直接引用《论语》来批判，从而使涩泽荣一从小就受到了耳濡目染的儒学影响。他七岁时又跟着堂兄学《大学》《中庸》《论语》《孟子》，后来决定以《论语》为学习的重点。至于钟情于《论语》的理由，涩泽荣一解释道，"《大学》以论治国平天下之道为重点，比起修身齐家来，它更重视政治方面的教诲。《中庸》站在更高的角度论'致中和，天地位焉，万物育焉'，它离修身齐家之道更远。至于《论语》，它是每字每句都能在日常处事生活上运用的教诲，是'朝闻之，夕可行'之道"。因此他相信，用《论语》作为日常修身之法，就能使万物圆通，不论何事有多难判断，用《论语》这个尺度进行衡量，一定能够顺利解决。

1867—1868年，涩泽荣一随幕府使节参加巴黎万国博览会后，用近两年的时间对欧洲各国进行了详细的考察，深入了解西方近代文明，尤其是经济和企业方面的情况。他参观了钢铁厂、造船厂、兵工厂、银行、学校、博物馆、动物园，会见了意大利女王，参观了国会议事堂、报社、图书馆、港湾等。由于他协助过家庭经营，又对日本当时最发达的城市——大阪的经济状况有感性的认识，已经具有了一定的经济基础，因而很容易就接受了欧洲的新事物。尤其是"合本组织"（股份公司）的经营模式、比利时女王对实业活动的热衷、欧洲社会的"官民平等"等给他留下了深刻的印象和强烈的思想冲击。他基于日本的社会实情接受了欧洲的思想及经营方式，并注意融合各种思想的长处进行吸收，这一时期他的思想发生了巨大的变化。

即使涩泽荣一成年后参加了工作，也没有停止学习《论语》。据他自己介绍，他已经跟五位先生学习过《论语》了。可见，学习《论语》贯穿了涩泽荣一的一生，孔子的思想已经深深渗透在他的灵魂之中。特别是成年之后旅欧归国和辞官之后的学习，是一种凭着丰富的人生体验和为了解决思想困惑的主动学习。

三、"《论语》+算盘"思想

为了使日本近代经济和企业顺利地发展，涩泽荣一认为要扫清两种思想障碍：一是日本传统中的空谈修身养性，不讲物质欲求和经济利益的"求义观"；二是西方近代商业和企业活动中出现的尔虞我诈、不讲道德的"求利观"。针对前者，他对孔子《论语》的义利观做了新的诠释，为了纠正后者，他又提出了"道德与经济合一"的"《论语》+算盘"的思想。

（一）经营哲学

涩泽荣一将《论语》作为第一经营哲学，他的著作《论语与算盘》总结自己的成功经验就是既讲精打细算赚钱之术，又讲儒家的忠恕之道。涩泽荣一提出了"《论语》+算盘"的儒家式经营理论。《论语》是记载孔子言行的儒家最高经典之一，而算盘则是算账的工具，把两者相提并论似乎有些不伦不类，但是涩泽荣一强调算盘要靠《论语》来拨动，同时，《论语》也要靠算盘才能从事真正的致富活动。因此，可以说《论语》与算盘的关系"远在天边，近在咫尺"。涩泽荣一提倡将两者相结合，反对所谓经济活动与伦理道德不相容的旧观念。他将《论语》和算盘统一起来，以《论语》为从商宝典，一手抓《论语》，一手抓算盘，主张道德伦理与经济的统一。在他看来，不合乎伦理道德的发财致富都是暂时的，都不能使人成为真正的商人和实业家。他认为一个人的财富越多，从社会获得的助力也越多，回馈社会的也应该越多，参加救济事业是应尽的义务。只要是一个有能力的人，都应该为社会贡献一份力量。涩泽荣一曾经说过，"我一生之志，旨在于为国家竭尽全力"。新办银行、经营公司都是为了国家，绝不是为了谋求一己之利，当然为国尽力的同时，自身也获得利益，这是不争的事实。

涩泽荣一认为，传统观念总把"义"与"利"对立起来，这从中国古代到西方古代都有种种说法，如中国儒生有"为富不仁"之说，古希腊的亚里士多德也有"所有的商业皆是罪恶"的论述。这些观念的形成当然是与一些不法商人的种种不当牟利有关，以致形成"无商不奸"的看法。但是，当把这种观念绝对化之后，对国家和社会的发展却产生了极大的害处。因此，他认为自己的工作就是要通过《论语》来提高商人的道德，使商人明晓"取之有道"的道理；同时又要让其他人知道"求利"其实并不违背"至圣先师"的古训，尽可以放手追求"阳光下的利益"，而不必以为道德有亏。

涩泽荣一认为，"缩小《论语》与算盘间的距离，是今天最紧要的任务"。不追求物质的进步和利益，人民、国家和社会都不会富庶，这无疑是种灾难；而致富的根源与延续的法宝就是"仁义道德"和"正确的道理"，这样也才能确保其财富持续下去。为此，他提出了"士魂商才"的概念。也就是说，一个人既要有"士"的操守、道德和理想，又要有"商"的才干与务实。"如果偏于士魂而没有商才，经济上也就会招致自灭。因此，有士魂，还须有商才。"但"只有《论语》才是培养士魂的根基"，因为"所谓商才，本来也是要以道德为根基的。离开道德的商才，即不道德、欺瞒、浮华、轻佻的商才，所谓小聪明，绝不是真正的商才"。

他认为，后儒对孔子学说的误解最突出的是富贵观念和理财思想，他们错误地把"仁义正道"同"货殖富贵"完全对立起来。所以，涩泽荣一对孔子的财富观做了一番论证和说明。他对《论语》和《大学》有关论述的分析表明，孔子并无鄙视富贵的观点，只是劝诫人们不要见利忘义，不要取不义之财，也就是《论语·泰伯》所说的"邦有道，贫且贱焉，耻也；邦无道，富且贵焉，耻也"。人们对孔子"义利观"最严重的误解是把"利"与"义"完全对立起来，结果是"把被统治阶级的农工商阶层置于道德的规范之外，同时农工商阶级也觉得自己没有去受道义约束的必要"，"使得从事生产事业的实业家们的精神，几乎都变成了利己主义。在他们的心目中，既没有仁义，也没有道德，甚至想尽可能钻法律的空子去达到赚钱的目的"。但这种利己主义会把国家送上不归路，正如《大学》所说："一人贪戾，一国作乱。"就是说，任由个人的贪戾这种细微小事发展下去，就会导致国家动乱这类惊天动地的大事。所以，修身养性、提高道德是不能忽视的。进一步地，他认为空谈心性、鄙视实业，也是导致国弱民贫的一个重要原因，所以他强调指出："仅仅是空理空论的仁义，也挫伤了国家的元气，减弱物质生产力，最后走向了亡国。"

他主张，"谋利和重视仁义道德只有并行不悖，才能使国家健全发展，个人也才能各行其所，发财致富"。他还以自己的经验来说明《论语》与"算盘"可以一致、并行不悖，并明确表示一定要把《论语》作为商业上的"经典"。他的工作"就是极力采取依靠仁义道德来推进生产，务必确立义利合一的信念"。

全体国民都希望富有，但人有贤与不贤之别，有能与不能之差，谁都不应期待与某某一样富有，而且，财富的平均分配只能是一种空想。

（二）重视公益

涩泽荣一在经济思想上肯定人的私利，但否定不受限制的私利。也就是说，人不能违背正义，应怀有慈爱之心，并在此原则下从事各种活动。而爱己利己之心要受到义务的限制。同时他还强调公共利益高于私人利益。

涩泽荣一对"道德经济合一"学说的阐释有如下三点：

（1）如果道德丧失，则无论经济上有何种巨大的发展，都必将产生战争，战争反过来也会破坏经济。

（2）如果仅仅顾及道德，不发展经济，那么道德便是没有任何物质基础的空洞之物。即使弘扬高远，事实往往力不从心。

（3）道德与经济两者必须统一，一个国家应该如此，做人也应该如此。

涩泽荣一追求仁义道德与商业经济的同时提升，并强调，实业经济家必须要做一个为国家目标而奉献的商人。涩泽荣一体现了超越时光的爱国企业家的理想形象，因而两次被推荐为诺贝尔和平奖的候选人。

涩泽荣一是较早提出通过民间财富的积累实现公益的思想家之一。他提出的命题不仅适用于今天，而且为今天的核心课题提供了解决办法。涩泽荣一最基本的想法是，商人与实业家的壮大将带来国家的繁荣，因此他努力主张经济与道德的统一。

涩泽荣一将孔子的《论语》按照自己的理解进行重新建构和阐释，提倡"《论语》+算盘"学说，或者说是"道德经济合一"。他认为，在经济活动中，与经济理性相比，应该优先考虑伦理问题。涩泽荣一对《论语》的解释，是将其作为商业经济活动的伦理之争，作为应用于实践的伦理规范。对涩泽荣一而言，他并不在乎自己的《论语》阐释是否符合学术界的要求。他认为，作为实践道德，只要能够真正指导实业家们的商业经济活动就足够了。

经常可以看到这类案例，企业或其经营者为获得更大利益，不惜犯险做坏事，结果反而导致企业破产，甚至有时对整体经济造成沉重打击。我们有必要再次倾听涩泽荣一的教诲："只要诚信就一定能够获利，而且所获利益是持续不断的。"这一教诲并非道学家的说教，而是作为一位创办了众多企业、为近代日本产业和经济打下基础的实业家和经营者——涩泽荣一通过自身实践证明了的，并向大家传递的一个信念。

遵守规则开展经济活动，原本也是理所当然的。主张自由市场理论的亚当·斯密提出要"公平竞争"，也把不做坏事作为开展经济活动的前提条件。斯密还认为，只要每个个体专注于追求自己的私利，市场这只"看不见的手"就会发生作用，使社会整体实现有序和繁荣。根据斯密的说法，个体没必要总想着公益，甚至不那么做更有利于社会。这一点，可以说不仅仅是斯密的主张，更是现代市场经济的常识。

但涩泽荣一不这么认为。他认为参与经济活动的人们都必须负有积极道德的义务。他期待人们开展事业活动时，能够想着使大家都富有幸福这个公益目标。社会如果变得富足，作为结果，个体也能变得富有。在他的设想中，是先公益后私利的顺序。

而斯密设想的则是先私利后公益的顺序，而这个顺序成立的关键是市场这只"看不见的手"。但是，在目前的市场经济环境下，令人遗憾的是，"看不见的手"未能充分发挥作用。贫穷、收入差距、环境破坏等问题滋生，人们正苦于如何缓解和解决这些问题。涩泽荣一重视的通过商业活动追求公益的理念，有可能为今后的全球经济指明一个光明的方向。

只是，在此需要特别说明的是，他的"道德经济合一"论并不是禁欲式地单纯追求公益。他是完全认可参与促进公益事业的人们的私利的，只要这种私利不是通过不诚信或通过排挤他人、以自我为中心得到的，因为私利是促使人们倾力追求公益的原动力。

因此，说"道德经济合一"论的精髓为"公益第一，私利第二"是妥当的。所谓"私利第二"，并非说"私利是次要的，无所谓，要藐视它"，而是说私利和追求公益是同等重要的，但在顺序上应该把私利作为公益的自然结果来看待。

"公益第一，私利第二"的理念，为思考今后资本主义的形态和新兴国家经济的发展方略提供了一种方向或启发。"《论语》+算盘"潜藏着贡献世界的可能性。

四、与阳明心学的渊源

涩泽荣一研读阳明心学的时间是在 1846 年，那时他正进入尾高新五郎的私塾（在埼玉县手计村）。在学习《论语》的同时，他还接受了阳明心学的启蒙教育。

后来，受到阳明学者三岛中洲的影响，涩泽荣一确定了著作的书名为《论语与算盘》，形成了自己的经营理念。两人在 1883 年左右认识后，关系密切。他曾应中洲的恳请，出任二松学舍财团法人二松义会会长之职务，并为该校的经营发展用尽了自己的力量。两人彼此欣赏，并且在主张把握《论语》、算盘而求得富裕的问题上一点都不矛盾，可以说，"仁义"乃是实业界的指导思想。在《论语讲义》之一的《论语总说》里，记载了涩泽荣一、三岛中洲关于《论语》与经济相一致的思想，并且还提出了用王阳明的"知行合一"说理解《论语》的主张："中洲先生也好，我也好，都主张把学问与事业结合在一起，皆欲达到知行合一的极地。我咀嚼《论语》时实际上立足的是知行合一思想，直到84岁的今日，仍以此为公私内外的准则而尊奉之，并致力于富国强国以平天下的事业。其他的同胞实业家也应该好好读读《论语》，希望民间能辈出信奉知行合一的实业家，进而涌现出一些品位较高的先觉者。"

关于富贵与道德的关系，涩泽荣一在1909年3月21日的阳明学会上曾发表过以下演讲："所谓唯利是图云云，就是在物质知识丰富和各种后生事业发展的同时，往往导致道德心的衰落。在今日世界，此类情况的确比比皆是，但应该看到，这种弊害是任何社会都难以避免的，究其原因，乃是由于一方面没有真正的富裕，而另一方面亦无真正的道德可言。因此，若能完全依赖学问，而不是完全追求事业，那就会在学问和事业趋于一致的同时，必定能使道德和富裕并行不悖。这是我发表演讲的目的，所以借此机会，我要竭力向全社会宣传阳明学，而我自己也打算好好研究一下阳明学的学理。"

涩泽荣一曾经以"仁义道德与事业功名"为题，对"仁"在学问与生计中究竟是否有必要的问题，发表了如下评析："我现在想说的一句话就是，虽然王学原本就是以仁义道德之修行为主的，但其仁义道德之修行的目的是如何干事业，因此对我来说，首先考虑的是以"事"为主义。……王阳明之说强调的是仁义道德与事业功名的相辅相成。……若把生产之事置之度外，那还能广施于民、救济大众吗？国家富强了，才能施众救民。而要实现国家的富强，若离开了生产事业便无从谈起。……王阳明学说完全是对应于现实事功而提倡仁义道德的，所以我最为敬服的是阳明学说"。可见，涩泽荣一所活用的《论语》是建立在王阳明及阳明学说的基础之上的。

涩泽荣一对《论语》的解释，受三岛中洲的影响极大。在1921年3月13日的阳明学会上，涩泽荣一还发表了以下这番讲话："我常以实业家的身份，与具有学者之见地的三岛中洲翁讨论问题，结果提出了'《论语》＋算盘'的观点，这种说法是否得当尚可讨论，然其深意之所在是强调事实必须与理论相一致。也就是说，行则必知，知则必行。我认为这类思考方式其实是与阳明学主义相一致的。我所说的仁义道德应该与经济相一致的观点，若能有幸与阳明学的趣意融合在一起，那么即使说我的研究很浅薄，也算不了什么。"

涩泽荣一对阳明学的认识，除了中洲所起的作用外，还与东敬治的影响有很大关系。

东敬治（1860—1935年）是阳明学者东泽泻的长子。他的学术生涯经历了明治、大正到昭和初年的过程。他到达东京后，就为刊行《王学杂志》（东敬治编辑，东京的明治学舍刊行。后来由于明善学舍改名为阳明学会，于是刊行了《阳明学》杂志。因此，《王学杂志》第三卷第八号被改为《阳明学》第一号。涩泽荣一则根据东敬治及其他友人的要求，在担任阳明学会评议员期间，曾对该会的发展做出过重要的贡献）而接受了涩泽荣一的援助。阳明学会的正常经营，得益于涩泽荣一的大力支持。由此可见，为了阳明学的兴旺与发展，涩泽荣一真可谓是鞠躬尽瘁。为阳明学会做贡献是他终身的追求。

涩泽荣一通过与阳明学者三岛中洲、东敬治的亲密接触，确立了借助阳明学来诠释《论语》的思想方法，并且以大企业家的战略眼光把阳明学运用于实际。当他从企业家的职业引退后，又以二松学舍为阵地而从事教育事业和社会福利活动，并把社会公共事业作为自己的人生追求。

五、著名言论

涩泽荣一的著名言论广为流传，摘取若干如下。

（一）**富强篇**

个人之富即国家之富，个人如无欲求富，国家之富如何可得？正因为国家之富与个人之荣达，人人才能夙夜匪懈，自我勉力。

（二）**竞争篇**

每天比人早起，将事情做好一点，以智慧和努力胜过他人，就是好的竞争。若以仿冒、掠夺的方式，将别人努力的成果拿来当作自己的，或用旁门左道的方式侵犯他人，以博取声名，就是不好的竞争。

如果竞争的性质不善，虽然有时会使自己得到很多好处，但多半是既妨害他人，也会最终让自己蒙受损失。而且，此弊病不止限于自己和他人之间的关系而已，有时也将祸延整个国家。

所谓避免恶性竞争，也就是尊重彼此间的商业道德，而且以此作为信仰，也就不至于因努力过度而导致恶性竞争。

（三）精神篇

以妨害的方式来夺取他人利益的竞争，就是恶性竞争，反之，对产品精益求精，不做侵犯或吞并他人利益范围的事，就是善意的竞争，两者间的分界能用良知去判明并能谨守，就是商业道德了。

● 思考题

1. 儒学对商业的影响有很大的积极体现，你能列举具体案例吗？

2. 从个人到国家，都需要在道德的前提下发财致富，否则终将没有善果。你能举出具体实例吗？

第五节　冈田武彦与九州学派

一、主要学术成就

冈田武彦（见图5.7）（1909—2004年），日本儒学家。主要著作有《王阳明与明末儒学》《续东洋之道》《现代的阳明学》《儒教精神和现代》《王阳明纪行》等。

冈田武彦是国际上享有盛誉的当代日本著名阳明学家。以他为首的九州学术圈，在为学方法、致思理路等方面有许多共同点，以至于在一定程度上显示出有别于东京、京都等地学术圈的学派雏形，人称"九州学派"。冈田先生是自幕末维新时期由楠本端山、楠本硕水兄弟开始的，到端山之孙楠本正继承续的九州地区新儒教运动的主

图5.7　冈田武彦像

要推手，也是九州学派的主要代表。但冈田先生却谦虚地将此学术思潮用其恩师楠本正继的名字命名，称之为"楠门学"。后来冈田先生的学生又在"楠门学"之后加上了"冈田学"，想用"楠门学"和"冈田学"来概括和统称九州学派。

二、生长环境及坎坷的求学之路

冈田武彦出生在姬路市郊一个渔村——白滨村，距海边只有咫尺之遥。他的祖辈几代以来一直以儒医为业，也就是一方面教授儒学，一方面行汉医，为人医病的职业。他父亲虽然仍担任村里小学的教师，还教本村青年读《论语》（没有工资的义务教学），被称为"白滨圣人"（因他曾跟隐居于白滨的"播磨圣人"龟山云平学习儒学），但已经抛却了医生的职业。由于父亲好酒，因此家中不仅素无积蓄，连日常生

活都过得十分清苦。他在兄弟姐妹六人中排行倒数第二,是男孩中的老末。据亲戚们说,冈田武彦小时候非常讨人喜欢,平素温柔待人,从无甚怒。

因为家境贫寒,冈田武彦在上小学三年级时还曾经到火柴厂做童工。后来,他在回忆这段生活经历时说,他自小是一个体弱文静的孩子,虽然经历过生活的艰难,但很多愁善感,那时他对春去秋来的四季大自然时序的变化十分敏感。在中元节看到河面上漂流的河花灯顺流而下,不知流向何方,何时到达彼岸,不禁发出伤感之情。

冈田武彦的童年时代是大正民主时期,他是在自由氛围中成长起来的。他的家庭虽不富裕,却是一个简朴互助的家族。他所受的家庭教育,乍一看属于放任主义,但却蕴含着内在深沉的慈爱之情,显示出宽容和大度。静默而心肠温和的祖母,温和而笃行孝道的父亲,被邻村有钱人收养长大,但属贤妻良母型的母亲,朴直互爱的兄弟姐妹。冈田武彦就是在这样的家庭环境中成长起来的。温和而极尽孝道的母亲,据说还是个具有儒者气质的人,因而极富道义精神。母亲是位很有理智的女性,对孩子们的教育本着"不能过分溺爱,又不能过分斥责"的宗旨。家庭环境与成长经历与他将来的人格形成有着莫大的关系。

小学毕业后,冈田武彦连续考两次才考上姬路市中学。在中学时曾向做过禅僧、深得禅理的校长了解禅学、宋明理学,这是他受到关于宋明理学的第一次启蒙教育。中学时代的冈田武彦对知识十分渴求,而且已经认识到求学机会的不容易,所以读书十分用心,对时间抓得很紧。在读高中时,每天下午放学后,他常常留在校内的图书馆读书,直到晚上九点闭馆才离校,骑着自行车回到十公里以外的家中。在这段时间的苦读中,他坚持不懈地几乎把图书馆内所有明治时期、大正时期著名哲学家的哲学著作都读遍了。虽然那时都不是很理解,但这一苦读的习惯使他增长了哲学知识,为以后从事哲学研究打下了基础,并且也让他养成了自学的良好习惯。

由于家庭经济状况没有好转,中学毕业后家中无力继续供他读高中。这时冈田武彦本已做好准备去考职业学校,但是在大阪一家公司工作的长兄听说后,愿意资助他继续升学,这样他才得以考入高等学校(日本的高中)。不料在读二年级的时候,长兄由于患肺病不幸逝世,这对武彦来说是一次非常大的打击。勉强读完高中,冈田武彦又面临失学的情形。加上他的次兄反对他继续升学,主张他应该早日担起赡养父母、维持家计的责任。这时他长兄生前工作过的公司科长渡边斌衡先生表示愿意慷慨解囊,资助这位品学兼优、颇有发展前途的青年继续深造,这才帮他渡过了人生重要的一关，考入九州大学。冈田武彦后来始终对渡边斌衡怀着十分感激和怀念的心情。

冈田武彦的书斋里挂着两个恩人的照片：一位是在自己因为家庭负担，准备放弃大学入学机会的时候积极鼓励其上大学，并在学费上、生活上给予经济援助的日本电气社长渡边斌衡；另一位则是人生、学问之师楠本正继。

冈田武彦与楠本正继的相会，是一种偶然，却又是命中注定的相逢。那时刚入大学的冈田武彦常为人生矛盾所苦恼，逐渐成长为一个探究根源性存在的哲学青年。对他来说，大学里的课程似乎并不能使他感到满足。因此，在大学第一个学期，他都是闷闷不乐的。但到了第二个学期，听到了楠本正继讲的《传习录》课程后，他感到无比激动，于是暗暗发誓：这位先生无疑可作为自己终生的导师。就这样，自从与楠本正继相逢后，他的学习生活便更加充实了，而且研究志向终生没有改变过，就像命运的安排一样。

三、潜心研究阳明心学

阳明心学是在江户幕府初期传到日本的，从此之后的几百年来，得到了广泛的推广传播，对日本社会影响非常深远。作为日本儒学家，冈田武彦对王阳明怀有深深的敬意，一生都在虔诚地践行阳明精神，对于推动阳明心学的发展和传播做出了卓越贡献。冈田先生在年轻时非常敏锐地发现，阳明心学是极为深刻的体认之学，在思想界极具价值，不但对过去，而且对现代和未来，都具有重要意义。于是他以心学，尤其是阳明心学为毕生研究对象，开始了漫长的探索和研究实践。

在研究方法上，冈田武彦也遵循了阳明心学"事上磨炼"的思想，所以才有了他历经10余年，走访国内各地的历程。功夫不负有心人，经过多年的研究，冈田武彦的《王阳明与明末儒学》一书问世，由此奠定了他阳明学大师的地位，也成为当代日本阳明学研究的扛鼎力作。

冈田先生系统而深刻地分析了阳明心学产生的时代背景，以及对当时社会的影响。他还在对后世阳明心学流派的分类中，创造性地应用了新方法。之前的很多学者，都是根据心学门人所归属的地域划分流派，而冈田先生则是根据对待良知的立场进行划分，分为现成派、归寂派和修正派。这一划分法为后来的很多学者所沿用。

除此之外，冈田先生还对王门各派的理念异同，以及和其他儒学流派的思想差异，做了详细的分析和对比，使读者更系统地了解明代儒学，特别是阳明心学的发展和演变历程。

冈田武彦虽然是一个日本学者，研究王阳明在语言上有很多障碍，但是他取得的成就丝毫不逊于，甚至还超过了中国国内的阳明学者。这当然有历史的原因，但更重要的还在于，他真正践行了阳明心学的精神，亲身体悟，在实践中学习和探索。这是非常难能可贵的，给当地阳明心学的爱好者做出了榜样。

冈田先生为了研究和推广阳明心学，曾 6 次组织考察王阳明遗迹，走访中国国内 8 个省、近 90 个县市。冈田 68 岁提笔，93 岁完成，花费了 25 年的心血，完成了《王阳明大传：知行合一的心学智慧》一书，为传播阳明心学做出了巨大贡献。

冈田先生不但在传播阳明心学上身体力行，不遗余力，在王阳明遗迹的修复过程中还曾 3 次筹集善款。1989 年 3 月，冈田先生发起，在日本全国筹集 300 万日元，资助中国浙江绍兴县修复王阳明墓。冈田先生，能够如此恭敬虔诚地践行阳明心学，在令人感动之余，也足以看出王阳明和阳明心学的魅力。

在老一辈日本学者中，冈田武彦是来华访问次数最多的人之一。1934 年 1 月，他从九州大学毕业后，曾跟随恩师楠本正继到过北京进行研修旅行。中日恢复邦交后，他也是最早到访中国大陆的著名日本学者之一。他生前曾到过浙江 5 次，贵州 2 次。1989 年 3 月 28 日—4 月 4 日，冈田先生率领 30 多人的"王阳明遗迹第二回考察团"探访了修文县的阳明洞，还参拜了贵阳的阳明祠和甲秀楼等名胜。

1996 年 10 月 31 日—11 月 5 日，冈田先生参加完浙江余姚王阳明故居瑞云楼的修复落成典礼后，带领大阪将来世代国际财团理事长矢崎胜彦一行，飞赴贵阳，赠送王阳明铜像。该铜像是根据中国当代著名画家范曾于 1995 年所画的"阳明先生遗像"而制作，被称为传世之作。冈田还答应担任修文县平地村的中国第一家民办阳明书院——阳明精舍的名誉院长，并为其题写了匾额。1989 年在冈田倡议下创办的《阳明学》杂志，至今仍是海内外数一数二的阳明学专业刊物。

四、提倡"身学"说

冈田武彦所提倡的"身学"说是他本人为学之道的总结。有学者将冈田武彦的学说归类为"身的阳明学"。冈田武彦是当代日本最负盛名的思想家之一，是一位具有日本特色的儒学思想家和教育家，他的思想是对第二次世界大战后日本社会及当代人类命运的反思和总结，对中国的教育亦有借鉴作用。

（一）"身学"的含义

冈田先生对"身"的概念做了这样的阐释："此身虽不过七尺之躯壳，其体虚灵不昧而内藏万里，外应万事，亘与古今，万物为一体。故学之要，致身尽焉。若能致此身，则不啻保全吾身命，亦可以化育天地，为万世开太平矣。盖致身也者，本体工夫。然体立而用达，学者须要兀坐，以培此身命之根也。"

上文把儒家"致知""修身"说融合演化，形成"致身"理念。"学之要"为"致身"，"身"者"心"也，故为本体，"致身"者爱身与尽心也，故为"工夫"。按照王阳明提出的"本体工夫合一"的思路，可谓"致身也者，本体工夫"。王阳明有诗云："潜鱼水底传心诀，栖鸟枝头说道真。莫谓天机非嗜欲，须知万物是吾身。"最后冈田先生把自己的为学之道，归结为简易直截、平淡寻常的"身学"说："自阳明子出，提倡良知之说，心学乃大明于世矣。曰良知二字，千古圣圣相传一点滴骨血，体大思精，寰宇赓继相承，以是为本体工夫，则圣人之学致知尽焉，圣人简易之学于斯极矣。余谓天地万物会归于心，心归于身，身是心之本源，宇宙生气之充实处也，故曰学也者，身学也，致身尽焉，然初学者，宜兀坐以培其身命之根，应宇宙在手，万化生身，其功切至矣。"

上文中，"天地万物会归于心，心归于身，身是心之本源，宇宙生气之充实处也，故曰学也者，身学也，致身尽焉"，指明了"身学"的意义，也明确了与"心学"的关系。阳明学是体认之学，是培根之学，是身心相即、事上磨炼之学。体认，即以体认之，所谓身体力行也，并非止于智识认知。"培根"即"培养根本"之说，其倡导的是"诚意"，到王阳明晚年时逐渐演化为"致良知"说。换言之，做事也好，求学也罢，最根本的是内心的良知不被蒙蔽，具体采取的方式方法则为"枝叶"，"根"充盈润泽了，自然"枝繁叶茂"。成事向学之心足够笃定，必然能指导人们选择正确的方式方法，从而实现事业学业的长进。

"身心相即，事上磨炼"，表达的就是"知行合一"，"心归于身，身是心之本源"，"身者，心也"，身心本一体，"身学"与"心学"在名称上虽然有异，但内核却是一致的。中国的阳明心学具有理论与实践齐头并进的特质，但日本阳明学则以实践为主。

阳明心学给日本思想界带来的影响主要是有关"实践躬行"的内容，因此，阳明心学在日本发展一两百年后，在冈田武彦的学说中形成"身学"之说属水到渠成之果。故"身学"的含义可以概括为：为学应爱身尽心，身体力行，超越智识，持续实践。

冈田先生在强调"身学"这一为学宗旨的同时，还将其付诸教育实践。他指出：在当今科学教育十分发达的条件下，要十分注重这种以"身学"为内涵的人文精神的培养，只有把科学教育和"身学"教育统一起来，才能培养出"爱人"又"崇物"的新型人格，即"身学"不仅是学者该有的治学之道，也应该推广到教育领域，让学生在求学的过程中以"身学"的要求培育"知行合一"。

（二）"身学"教育的意义

"身学"教育的目的就在于达到一种自然生命的"忘"的境界，也就是自然无为、顺人之天的境地。换言之，就是在教育的过程中磨炼自己的意志和才能，将理论付诸实践，反复尝试、反复改进，最后磨己而忘、践履而忘，而忘的境界又是为了"活泼泼地发挥人本来所具有的生命力，从而使人能够美好地生活"。这里的"忘"，意味着已经成为自觉行为，学习成为生活的必需，和空气、水一样不可缺少。作为教育的两大主体，教师和学生都应该通过"身学"达到理想的境界。

五、九州学派的心之力

冈田武彦出身日本当代学术三大流派之一的"九州学派"。"九州学派"是指由楠本正继创立，到冈田武彦、荒木见悟成熟，以"楠本学"和"冈田学"闻名的日本思想学派，以九州大学为学术阵地，形成于 20 世纪 60 年代，兴盛于世纪之交，在日本现当代思想史上影响力巨大。冈田武彦是"九州学派"的著名学者，他学贯中西，精通宋明理学和阳明心学，被学者尊称为"儒学祭酒"，为世界第一流的阳明学大家。他认为"阳明学是体认之学，是培根之学，是身心相即、事上磨炼之学"，是"行动哲学"；其徒钱明先生说"冈田学"实质是"体认之学"和"培根之学"。

九州学派的发展过程可以分为两个阶段。从楠本正继创设到冈田武彦、荒木见悟继承，以九州大学为中心，引领九州学者开展宋明理学及九州儒学研究，此为第一阶段；从冈田武彦晚年起转向市民圈，开展儒学普及运动，践行阳明精神、体验生命哲学，此为第二阶段。而九州学派的传人们也因此而被区分为两种选项和追求。

民间人士，包括一部分学者坚持走冈田武彦的道路，而大部分学者坚持走荒木见悟的道路。冈田武彦基本上属于阳明学的践行态，而荒木见悟则属于阳明学的学问态。所以，前者宏识博通，而后者绵密精微；前者倾向于阳明精神与神道教的结合，致力于阳明学的日本化和庶民化，而后者倾向于阳明学与佛学的整合研究，致力于阳明学的理论化和精致化。如果说荒木是学术大师的话，那么冈田就是思想大师，几乎所有接触过他的人都能从他身上感受到一种充满关怀意识的思想活力。若能深入其宽阔奔放的精神世界，则能领悟到东方哲学的独特魅力。

应该说，冈田式和荒木式这两条道路都不好走，冈田之路需要具备许多条件，没有冈田先生这样的人格魅力和学术名望是很难走得通的，荒木之路看似"老陈"，又有楠木正继以来几代人的学术积累，然而当下日本的学术环境已今非昔比，不为生计而奔忙的潜心研究谈何容易，这也是冈田先生时常感到寂寞而困惑，荒木先生常常显得担忧而无奈的根本原因。

有学者以为，冈田武彦在当代日本的作用堪比涩泽荣一和安冈正笃。比较而言，涩泽荣一是从企业家的立场来推动儒学普及的社会活动家，安冈正笃是从政治家的立场来推动儒学普及的社会活动家，而冈田武彦则是从纯学者的立场来推动儒学普及的社会活动家。他们三人都相当长寿，经历了日本改新崛起的全过程，是日本现当代史的见证人，并且都信奉阳明学，只不过一个身处日本刚刚跻身强国之列，尚处于不成熟的资本主义发展初期的"战前"，一个身处日本转向军国主义，处于从不成熟走向失败的资本主义发展中期的"战中"，一个处于日本重新崛起，处于从失败中汲取教训，并走向成熟的资本主义发展后期的"战后"。所以，一个被誉为"日本资本主义之父"，一个被誉为"昭和的教祖""政治家的指导者"，一个被誉为"精神领袖""思想泰斗"。如果说涩泽荣一是资本与儒学相结合的化身，倡导的是经济伦理，安冈正笃是政治与儒学相结合的化身，倡导的是政治伦理，那么冈田武彦便是社会与儒学相结合的化身，倡导的是社会伦理。涩泽荣一不是资本家，却能成为产业界的领袖；安冈正笃并非政府要员，却能成为政治家的导师；冈田武彦不是公众人物，却能成为真正的社会活动家。日本社会的集团意识，使之需要精神偶像，需要思想权威。他们三人能先后出现在日本现当代的历史舞台上，绝非偶然，它与日本社会特有的文化心理密切相关。而在日本社会走向后现代的过程中出现冈田武彦，就如同在日本社会走向近代化的过程中出现涩泽荣一、安冈正笃一样，都是时代的选择。

冈田武彦毕生致力于研究儒学，尤其是阳明学。他是一位主张"神儒共体"的、具有日本特色的儒学思想家和教育家。他的思想是对第二次世界大战后日本社会及当代人类命运的反思与总结，在他身上真切体现出了儒学的日本化。在冈田武彦看来，儒学与西学的根本区别在于，西学乃是"实证之学"，所追求者为"知识"；儒学乃"体认之学"，所追求者为"成德"。"体认"也就是以体认之，就是所谓的身体力行。冈田武彦以"体认之学"践行"知行合一"。

特别要提出的是，冈田武彦始终对中国人民、中国历史和文化怀有笃厚的友好情谊，这一点与他为人正直，在学术研究中一贯坚持求实精神是分不开的。他从事理学研究，一开始就十分注意从基本材料出发，从学术资料和真实的观点出发，这正是科学精神的表现。

二战后，日本经济崩溃，日本政党、企业家借鉴阳明学在明治维新的成功经验，以当代"九州学派"为思想阵地，以阳明学为精神力量，躬身实践，再次实现了经济起飞。在日本，无数的政治家、企业家们将王阳明及阳明心学奉若神明。在日本被誉为"经营之圣"的稻盛和夫，三菱集团创始人岩崎弥太郎，早稻田大学创始人大隈重信、日本国立银行创始人及实业巨擘涩泽荣一等人就是其中的典型代表。

遗憾的是，由于种种因素，九州学派现已逐渐衰微。尽管如此，形成于20世纪60年代、兴旺于世纪之交的九州学派，能够在"楠本学"和"冈田学"的旗帜下，在日本现当代思想史上，尤其在宋明理学研究领域保持近半个世纪的影响力，这种影响力还在对近世东亚思想文化的不断追问中，以及在当代中日韩三国的密切互动中实现的，其历史价值和现实意义本身就值得认真研究和适当评价。

● 思考题

1. 求学之路坎坷，身体状况不佳，家庭条件不良，都没有阻止冈田武彦的学习和研究之路。结合冈田武彦的经历，请你结合自身实际思考一下，如何通过持久的学习实现自己的梦想。

2. 阳明心学是"身心之学"，冈田武彦经过自己的理解，形成了以"体认之学"践行"知行合一"的独特方式。在我们的现实生活中，如何身体力行地做到"身心之学"呢？

第六章

结语——阳明心学
与日本人的心

就日本人的精神气质来说，阳明心学比朱子学更能得到日本人的喜爱，它更加适合日本人的思维习惯。

一、阳明心学与日本传统精神的结合

通过前面的学习，我们了解到，江户时期之后，阳明心学成为塑造日本人精神的重要支柱之一。在江户武士社会，阳明心学并非处于正统地位，它之所以能够通过私塾等机构得到推广，多半是因为王阳明的"文武兼修"哲学与武士精神产生了强烈的共鸣。"万物一体之仁"的思想对草木亦有顾惜之情，这跟日本神道所蕴含的日本人的传统精神是一致的，正是这种亲和性，让很多日本人加深了对阳明心学的关注。

日本阳明学者的阳明心学，是王阳明从"万物一体之仁"出发，并从"心即理"发展到"致良知"的治学态度。阳明心学之所以能够打动日本人的心，就是因为它与日本人的传统思想息息相关。

（一）资本主义经济与现代制度的缺陷

资本主义经济的基础是分工。分工能够保证较高的生产率，并且能够降低成本。明治时期以后，日本积极引进欧洲的近代思想，却将自己的传统彻底改变了。今天的日本社会所面临的最大问题是，对于个人来说，无法了解社会的全貌。人们在组织中作为一个零部件，按各自的分工做事。但是，生活在以现代资本主义经济制度为基础所构成的社会里，人们无须了解社会整体的变化，只要知道自己所承担的工作就可以生活。因此，为了理解整个社会而去努力钻研的人变得越来越少，不管社会发生什么事情，都觉得那是"别人的事"，甚至在自己单位发生的事情，也觉得与自己无关。这就导致人们只知局部，不知整体，对自己以外的世界漠不关心。

在当代日本社会，人们仅有一部分常识就可以生活，于是对于整体社会的认知自然就变得匮乏。这就意味着人们对"万物一体之仁"的理解力趋于低下，也就意味着人们对社会、对自然的"顾惜之心"会逐渐褪尽。现代社会的很多人割裂了"知"和"行"的关系，"万物一体之仁"逐渐被人们淡忘。现在存在的很多社会问题都是由社会结构中的"知"和"行"被割裂开来所造成的，日本的国民精神本来是"与自然万物融为一体"，这也变得越来越模糊。

然而，现状是即便在学术界也很少有人关注社会问题，大学生学习经济学是为了拿学分，拿学分是为了毕业，毕业是为了找工作。学习的理由和想要研究经济学毫无关系，因此很多企业出现道德问题，一般人不仅无动于衷，而且作为公司的一员还若无其事地予以认可。这样的行径能够坦然为之，叫人难以置信。人们把为社会工作、为他人工作当成过时的行为，面对社会的变革，认为自己力量微小，所以无计可施。面对如此盛行的虚无主义，又该如何理解呢？特别是现在，日本很多年轻人都持有这种态度，让人感觉到社会的危机。

日本出现这种现状，不过是因为人们不敢正视自己的"良知"罢了。应该首先深究自己的良知，正如王阳明所说，万物以"心"相连，"心"即上天赋予的"性"，因此只要人们正视自己的"心"，就可以得到天理，赋万物以仁，这就是良知。只要人们有良知，就能付诸行动。阳明心学提示人们，要通过行动唤醒自己的人生。

今天的社会基本被庞大的组织机构左右，身处其中，要认识"良知"，"去人欲""存天理"，并非易事。王阳明所提倡的"知行合一"，为人们的社会行为提供了强有力的指针和勇气。王阳明的名言引导人们付诸实践。"去人欲""存天理"，这对于享受着物质富足和高消费经济的当代人而言，意义非同一般。

阳明心学也可以解决当代日本社会所遭遇到的文明方面的问题。比如今天的科学遇到了瓶颈，以分工为中心的资本主义也遇到了各方面的巨大障碍，而要突破这种障碍，需要范式的转换。阳明心学有望帮助人们重新审视传统科学，以及资本主义的工作方式。

王阳明的万物一体论超越了西方科学分析的界限，作为一种新型的范式具有重要的意义。阳明心学是自由开放的，可以基于当代社会进行新的解读。它是当代人重新思考人生的一面镜子，借助王阳明的思想探究活在当下的智慧，同样是很重要的。

（二）现代化与儒学

明治维新以后，通过制定《教育敕语》等官方文件，儒学逐渐渗透到日本国民的思想中。明治政府希望通过儒学来培养怀有日本传统之心的现代人。特别是《教育敕语》，它以《孝经》为思想核心，不仅用于教育，而且被当作日本人精神及行动方式的根本。它以现代化思想与日本传统思想共存为目标，指引日本发展方向。内容方面，以国学式的思维讲述了日本传统的根源所在，接着讨论忠孝，并以《孝经》作为人伦的根本。讲述了兄弟、夫妇、朋友等五种人伦关系，以君臣之义、父子之亲、长幼有序、夫妇有别、朋友有信，将儒学中的基本人伦关系，按照日本式的表达重新做了编排。同时引入"博爱"这一日本传统思想中所缺乏的欧洲启蒙思想的概念，教导国民要遵守公益、宪法、国法，这些都是欧洲近代国家的基础。制定《教育敕语》的目的是为日本的现代化进程提供精神支柱，以保护日本人不被现代化的浪潮吞没。

《教育敕语》中的"一旦缓急则义勇奉公"，则是号召人们为国献身。这里的"为国献身"要求包括农民、商人在内的全体日本人都做到"武士精神"。也就是把全国人民都归为武士，这怎么看都是很勉强的。"一旦缓急则义勇奉公"是武士的理想，对农民、商人而言却要求过高了。

虽然封建社会分为士、农、工、商几个等级，但是商人有商人之道，农民有农民之道，其中优秀的思想家在商人界有石田梅岩，农民界有二宫尊德，可见在儒学思想的影响下，各个阶层都在追求"以善为生"的生活方式。所以明治政府在富国强兵的政策下，企图让全民武士化，这一点是很难做到的。从根本上说，《教育敕语》还是属于幕府末期思想的延续，它希望借助欧美技术和儒学思想来保护日本。从这个意义上来看，儒学的确在日本现代化进程中居于中心位置，是很重要的精神支柱。

（三）教育的本质

在现在的日本社会中，"心灵教育"一词广受热议，但振兴儒学却还任重而道远。其实儒学本来就是心之学，是每个人思考人生的根本。今天的社会物质极为丰富，国家长治久安，但人们却常常变得焦虑，疏于思考人生。心灵的复活，需要共鸣的力量和感动的力量。在现实生活中，儒学思想的衰退导致了律己精神的衰退，日本式的经营体制也失去了精神基础。由此可见，在教育中复兴儒学是至关重要的。教育的本质本来就是让人们终其一生反复思考自己。

二、作为日本式领导者精神的阳明心学

正确引导社会是领导人的责任。正如王阳明所言，只有摒弃"货（财产）、色（色欲）、利（利益）、名（名声）"这几大人欲，才能做一个像样的领导。所谓肩负日本未来的社会领导者，必须是能摒弃"货、色、利、名"的人，所有行动必须凭自己的真心，也就是良知，而非人欲。这不仅限于政治世界，在经济界、政治界、新闻界、学界等所有领域都应该通用这条原则，因为再也没有比权力更容易获得"货、色、利、名"的了。

日本历史上出现的像西乡隆盛这样的大人物，他们对人生有深度的思考，至今仍然值得大家学习。通过回顾他们的深度思考，可以预见日本未来的发展方向，这里我们应该关注的是王阳明对他们的思考发挥了什么作用。

（一）日本式领导者精神

仅仅以"市场法则"来选拔社会领导人，仅靠经济激励机制来鼓励从根本上来说是错误的，领导者必须重视"心"的修养，必须具有不滥用激励机制的心。社会需要培养拥有自制力并能思考"万物一体之仁"的人。

（二）精英教育

要培养社会领导者，需要实施所谓的精英教育。武士社会的精英教育就是以儒学为手段开展的，包括阳明心学在内的儒学提倡"修己治人"，这原本就是精英教育的立场，为日本人的精英教育提供了手段。

但精英教育并不等同于社会领导者教育。社会领导者需要接受精英教育，而接受了精英教育的人不一定要做社会领导者。比如特定文化的继承人也必须是精英，他们并不是任何单位的领导者。当然，改善百姓的生活不过是精英工作的一部分，精英们最重要的工作是为国家精神培养传承者。

精英教育，不是为当时的社会创造价值，而是要培养能够在社会历史大潮中独立思考人生的人。只要做到了这一点，任何知识都可以掌握，教育所给予的是基础

的基础。精英教育必须以继承民族和国家精神为根本，这是显而易见的。

（三）"万物一体之仁"的行动学

对精英教育发挥重大作用的，是阳明心学的"万物一体之仁"思想。作为阳明心学的根本思想，"万物一体之仁"不仅指的是天地、万物和他人，还包含历史和社会。幕府末年的爱国志士在遭受欧洲威胁的情况下，努力推进日本改革，他们将自己与日本历史、日本社会融为一体。塑造日本人精神的不仅包括阳明心学，原本富足深厚的日本人的心灵，借助中国和印度的思想得到进一步的丰富和发展，阳明心学的"万物一体之仁"就是其精神之一。

而在如今的日本，"万物一体之仁"精神的逐渐衰退，不仅让人们逃避改革，而且让人们丧失了对经济前景的展望。因此，社会科学需要使用知识唤起行动的阳明心学。也就是说，敢于直面社会矛盾的人才能称得上是社会工作者。如果没有与社会一体化的意识首先存在，潜心治学等不落到行动上也是徒劳。如果缺乏社会行动，就不可能亲身感知社会是什么。

王阳明的"万物一体之仁"思想要求人们从内心生起对所有人和物的怜悯之情。如果在万物一体中遭受困顿，"心"才能想到必须有所作为，心动才能行动，这就实现了"知行合一"。

社会的改变始于"个人"。明治维新就是源自山口县荻市的乡下青年——吉田松阴开始的运动。日本的资本主义经济要归功于涩泽荣一等人的热情。构建第二次世界大战后日本经济的是井深大、本田宗一郎、松下幸之助等实业青年家。"行动"不仅限于经济界，环保问题等方面也有很多个人在发挥着积极的引导作用。要改善环境必须通过行动来实现，也就是通过王阳明的"万物一体之仁"来唤起行动。既然个体和环境是一体的，我们只能去改善环境。

（四）阳明心学产生的"蝴蝶效应"

一个变化会引发一连串的变化，这就是所谓的"蝴蝶效应"。一个人的行动会影响其他人，其他人再影响另外的人，逐渐引发全社会的变化。王阳明所说的行动指的就是发动其他人改造社会，其他人再发动另外的人，社会随之发生改变，其根本原理就是一个人的行动能够影响和改变社会。人们之所以能够受他人行动的影响，是因为人有"良知"，一个人的"良知"可以激发其他人的"良知"，这就是被动的"致良知"。越来越多的人被行动起来，社会开始需要新的秩序，其发端则是"遵从良知的行动"。

如前文所说的那样，阳明心学产生了很多"蝴蝶效应"。在老家为居民传授儒学的中江藤树被称为"近江圣人"，是日本阳明学的开山祖。大盐中斋并没有受到当时被特权商人支配的社会的支持，他的反抗活动在当时社会并没有引起任何反响，但后人却继承了他的思想，并据此推翻了幕藩体制。继承其思想的吉田松阴在老家向周围的人推行教育，由此改写了日本历史，当时吉田松阴并不具备扭转乾坤的领导能力，是接受教育的年轻人用满腔热血改变了社会。同一时代的西乡隆盛，身为军中大将，发起明治维新运动。与西乡隆盛出生于同一地区的稻盛和夫，继承西乡隆盛的"敬天爱人"思想，创办京瓷，开创稻盛哲学，等等，都是阳明学产生的"蝴蝶效应"。

儒学教给日本人的是"好好生活"，阳明心学则教育人们要对自己的"实践"抱有信心和勇气。

三、做自己喜欢的事

阳明心学提倡的"知行合一"的意思是，离开了"行动"，"知"便无从谈起。虽然有很多人认为"像我这样的人干不成什么大事"，但是时代却逐渐让个人成就大事变得可能。"行动就是做自己力所能及的事"，一个人的努力带动了别的人，社会由此得到发展。

按照王阳明的话说，这是"致良知"的结果。如果一个人的行为遵从良知，就会影响其他人，继而推动社会的进步。因此，做自己喜欢的事情，意味着我们应该做的是"我们所热爱的合乎良知的事"。

《论语》说，"知之者不如好之者，好之者不如乐之者"，只要喜欢，就可以学到很多知识，只要内心愉快，就可以做很多事情。现代很多年轻人不清楚自己喜欢做什么，不知道自己做什么才高兴。王阳明"知行合一"的意思是"知源于行"，"行动"就是寻找发自良知的个人意愿，就是认识自己喜欢做什么事情。

不过，如果行动来自人欲，良知就会失去作用。人们应该从根本上做到剔除人欲，追求良知。发挥良知的作用，可以让人们喜欢做更多的事情，可以让人们的行动领域进一步拓宽。遵从道德的行为才是"做自己喜欢的事情"，从人欲出发的个人爱好并不是真正的爱好，只不过是受了欲望的支配而已，通过学问和实践去了解自己应该努力做什么，这是发现"喜欢做什么"的根本。而其中的乐趣，只有本人去做了才能体会得到。

首先应该"行动"，而且是遵从"良知"的行动，是基于"科学分析"的行动，这才是人们应该持有的人生原则。支持国家的发展，希望改变国家面貌的想法就是一种良知，而且是对国家传统、历史、未来实施的"万物一体之仁"。要将这种想法变为现实需要"行动"，做自己能做的事情，这就是阳明心学。

思考题

1. "阳明学的蝴蝶效应"也可以落实到大学生的言行中，请你寻找一下有哪些实例。

2. "做自己喜欢的事"，需要遵从良知而非人欲，请你谈谈你是如何做自己喜欢的事的。

参考文献

安藤英男.日本における陽明学の系譜 [M].东京:新人物往来社,1971.

北京知行合一阳明教育研究院.醒来:知行合一传习读本 [M].修订版.北京:机械工业出版社,2018.

本尼迪克特,新渡户稻造,戴季陶,蒋百里.看不懂的日本人 [M].郑星季,译.北京:新世界出版社,2009.

毕文龙."善"的奠基——西田几多郎之"善"的建构 [J].大众文艺,2019(21):253-254.

曹岫云.稻盛哲学与阳明心学 [M].北京:东方出版社,2018.

陈景彦,王玉强.江户时代日本对中国儒学的吸收与改造 [M].北京:社会科学文献出版社,2014.

陈涛.安冈正笃思想体系探析 [J].日本问题研究,2008(4):51-54.

淳于森泠,赵泽洪,李忠荣.日本现代职业观念形成的历史渊源——石田梅岩及其心学运动 [J].重庆大学学报(社会科学版),2001(2):64-66.

大桥健二.良心と至誠の精神史 日本陽明学の近现代 [M].东京:勉诚出版社,1999.

稻盛和夫.敬天爱人 [M].曹岫云,译.沈阳:万卷出版公司,2011.

丁为祥.王阳明的教育思想 [J].贵州文史丛刊,2017(4):1-11.

冈田武彦.陽明学の世界 [M].东京:明德出版社,1986.

冈田武彦.兀坐与身学 [J]."东洋之心学生会"会刊,1997(6).

冈田武彦.阳明学讲座:朋 [J]."东洋之心学习会"会刊,1999(2).

冈田武彦.王阳明大传:生涯与思想 [M].东京:明德出版社,2002.

冈田武彦.王阳明大传:知行合一的心学智慧 [M].杨田,译.重庆:重庆出版社,2015.

冈田武彦，等．日本人与阳明学 [M]．钱明，编译．北京：台海出版社，2017．

高濑武次郎．王阳明详传 [M]．杨田，译．北京：台海出版社，2017．

高伟高．山田方谷"诚意本位"思想研究 [D]．贵阳：贵州师范大学，2018．

顾鸿安．阳明学及其传播 [M]．杭州：浙江大学出版社，2015．

关松林．论中江藤树的教育思想 [J]．日本学刊，1994（1）：146–155．

郭勇．论报德与公益的伦理思想之源——以二宫尊德与涩泽荣一为中心 [J]．大连近代史研究，2012（11）：433–439．

韩立红．石田梅岩的"商人道"思想 [J]．日本研究论集，2001（1）：160–176．

韩立红．石田梅岩思想的公共性 [J]．世界哲学，2012（2）：113–120．

韩贞全．试论夏目漱石的"则天去私" [J]．山东师大外国语学院学报，2000（1）：23–27．

吉田公平．日本における陽明学 [M]．东京：ペリカン社，1999．

吉田和男．塑造日本人心性的阳明学 [M]．张静，明磊，译．北京：东方出版社，2016．

蒋四芳．中江藤树的"权"思想 [D]．广州：中山大学，2010．

金银松．论中江藤树的阳明学思想 [D]．延吉：延边大学，2001．

李今山．日本当代儒学家冈田武彦 [J]．国外社会科学，1987（8）：43–49．

李甦平．中日心学比较——王阳明与石田梅岩思想比较 [J]．中国哲学史，1996（3）：114–121．

李甦平．中江藤树的儒佛融合思想 [J]．中华文化论坛，2002（2）：116–119．

李燕．从大盐中斋看日本阳明学的事功特色 [D]．延吉：延边大学，2004．

李莹．《都鄙问答》与石田梅岩的哲学思想 [J]．广东工业大学学报（社会科学版），2007，7（2）：63–65．

李莹．熊泽蕃山的"神道"与"易道" [J]．周易研究，2020（1）：61–66．

李月，刘家鑫．吉田松阴教育思想的双重性质论析 [J]．语文学刊（外语教育教学），2011（8）：133–135．

李征．评述《西乡南洲遗训》的修身思想 [J]．日本问题研究，2015（2）：45–54．

梁漱溟，等．此心不动、随心而动：听大师讲阳明心学 [M]．北京：新世界出版社，2017．

林丹．日用即道：王阳明哲学的现象学阐释 [M]．北京：光明日报出版社，2012．

刘拓 . 石田梅岩经济伦理思想研究 [D]. 保定 : 河北大学, 2017.

鲁霞 . 松下村塾教育的历史断想 [J]. 大连大学学报, 2005, 26 （3）: 87–89.

罗智 . 阳明如镜修我心 [M]. 北京 : 中国友谊出版公司, 2016.

马洪林 . 吉田松阴《幽室文稿》与中国传统文化 [J]. 学术月刊, 1990 （10）: 69–74.

马丽芳 . 从中江藤树的 "孝" 思想中看其教育思想 [D]. 长沙 : 湖南大学, 2017.

钱明 . 一生践行阳明精神的冈田武彦先生 [J]. 贵州文史丛刊, 2015 （1）: 5–9.

钱明 . 阳明学在域外的传播、展开与影响 [J]. 人文天下, 2017 （23）: 18–29.

秦颖 . 二宫尊德 "分度伦理" 的社会文化基础 [J]. 外国问题研究, 2010 （1）: 40–43.

秦颖 . 论二宫尊德身份人格形成的风土文化因素 [J]. 湖南科技大学学报（社会科学版）,
　　2012 （3）: 135–137.

秦颖 . 二宫尊德研究与现代中国 [J]. 大连近代史研究, 2014 （1）: 424–432.

沈迪中 . "则天去私" 与中国传统文化 [J]. 现代日本经济, 1987 （2）: 35–38.

石川康 . 稻盛和夫全传 [M]. 北京 : 现代出版社, 2013.

史小华 . 自我本位的叙事心理与则天去私的人生归宿——再读夏目漱石忏悔录《心》
　　[J]. 长春理工大学学报（社会科学版）, 2018, 31 （6）: 148–151.

束景南 . 王阳明佚文辑考编年 [M]. 增订本 . 上海 : 上海古籍出版社, 2015.

松川健二 . 三岛中洲的儒学 [C]. "明治时代的儒学" 国际学术研讨会论文集, 2004 :
　　36–52.

唐利国 . 兵学与儒学之间 : 论日本近代化先驱吉田松阴 [M]. 北京 : 社会科学文献出版
　　社, 2016.

唐松林, 范春香 . 身体 : 教学世界蕴藏其中 [J]. 教育研究, 2012 （4）: 98–102.

王家骅 . 儒家思想与日本文化 [M]. 杭州 : 浙江人民出版社, 1996.

王家骅 . 中日儒学 : 传统与现代 [M]. 北京 : 人民出版社, 2014.

王凌皓 . 中日阳明学派道德教育理念比较研究 [J]. 河北师范大学学报（教育科学版）,
　　2007, 9 （1）: 47–50.

王守仁 . 王阳明全集 [M]. 上海 : 上海古籍出版社, 2012.

王守仁 . 王文成公全书 [M]. 北京 : 中华书局, 2015.

王秀文 . 二宫尊德及其思想综述 [J]. 大连民族学院学报, 2005, 7 （2）: 33–36.

王迎迎 . 基于 "孝" 相关主客体间关系性视点的藤树和蕃山 "孝" 本质的考察 [D]. 长

沙：湖南大学，2019.

王颖 . 从《翁问答》看中江藤树的学问观 [D]. 北京：北京邮电大学，2018.

王哲 . 浅议日本西南战争 [J]. 赤峰学院学报（汉文哲学社会科学版），2014，35（6）：
    45–47.

魏常海 . 吉田松阴的王学思想 [J]. 延边大学学报（社会科学版），1987（Z1）：97–104.

吴笛 . 吉田松阴对外思想前后期的转变及其原因述析 [D]. 上海：复旦大学，2011.

吴颖惠 . 从言传身教的职业诉求看师德建设 [J]. 中国教师，2018（9）：14–15.

习近平 . 在北京大学师生座谈会上的讲话 [N]. 人民日报，2018–05–03（02）.

小岛毅 . 近代日本の陽明学 [M]. 东京：讲谈社，2006.

小野进 . 道德资本主义的经济学：涩泽荣一的道德经济合一论 [J]. 日本研究，2015（3）：
    77–96.

徐倩 . 日本明治时期的阳明学研究——以三宅雪岭、高濑武次郎、井上哲次郎为核心
    [D]. 武汉：武汉大学，2017.

徐水生 . 西田几多郎与中国古代哲学 [J]. 日本学刊，1994（3）：98–108.

徐水生 . 中国哲学与日本文化 [M]. 北京：中华书局，2012.

杨丹 . 日本江户时代阳明学派教育思想特质 [J]. 广东外语外贸大学学报，2018（4）：
    89–96.

于海鹏 . 试论西乡隆盛的人生悲剧 [J]. 文学界（理论版），2011（2）：1–2.

岳倩 . 从《女训》看吉田松阴的女子教育论 [J]. 黑龙江教育学院学报，2018，37（1）：
    107–109.

张博 . 二宫尊德对儒学的吸收与改造 [J]. 日本问题研究，2012，26（2）：38–42.

张杰 . 西乡隆盛"敬天爱人"与"征韩论"的矛盾统一 [J]. 文史博览（理论），2008（10）：
    35–37.

张宪生 . 二宫尊德思想简论 [J]. 日语学习与研究，2007（5）：27–31.

张熊 . 浅谈日本阳明学的经济伦理思想——三岛中洲的"义利合一论"研究 [J]. 文教资
    料，2020（14）：56–57，81.

张艳茹 . 过渡时代之英雄——梁启超眼中的吉田松阴 [J]. 日本问题研究，2001（2）：
    49–52.

赵慧，安善花 . 二宫尊德经济思想的时代调和性 [J]. 大连大学学报，2010（4）：49–52.

朱江华，宋秋香．核心素养教学：身体在场与生命意蕴——以孔子的身教为鉴 [J]. 教育理论与实践，2018（34）：8–11.

朱玲莉．中江藤树的伦理思想述评 [J]. 伦理学研究，2016（4）：73–75.

朱文富，郝雪．日本幕末教育家吉田松阴的教育理念与办学实践 [J]. 河北大学学报（哲学社会科学版），2019（3）：16–21.

佐久间正．论石田梅岩的思想 [J]. 孙道凤，译．世界哲学，2012（2）：121–135.